现代物流新技术丛书

PRINCIPLE AND METHOD OF COLD-CHAIN TRANSPORTATION

冷链运输原理与方法

谢如鹤　主编
邹毅峰　刘广海　副主编

化学工业出版社
·北京·

本书密切结合我国冷链运输理论和技术体系构建的现实需要，借鉴和吸收国内外相关研究与实践经验，从冷链运输的概念、现状与发展趋势，易腐货物的理化性质、冷藏原理、冷链运输条件、制冷原理与制冷系统、冷链运输装备与节能，易腐货物的冷链运输组织、冷链运输安全与风险管理、冷链运输信息化等角度，系统地论述了冷链运输的概念体系、基本原理、操作技术与方法，具有较高的学术价值与实用价值。

本书的特点是理论与实践相结合，宏观管理与微观操作相结合，经典知识与研究创新相结合。可作为培养冷链物流专业人才、面向高等院校相关专业的学生及研究人员的教学参考书，也可供冷链物流行业、企业与政府部门管理人员参考。

图书在版编目（CIP）数据

冷链运输原理与方法/谢如鹤主编. —北京：化学工业出版社，2013.1（2025.7重印）

现代物流新技术丛书
ISBN 978-7-122-15908-3

Ⅰ.冷… Ⅱ.谢… Ⅲ.冷藏货物运输 Ⅳ.U

中国版本图书馆 CIP 数据核字（2012）第 282353 号

责任编辑：宋湘玲　　　　　　　　　　　文字编辑：余纪军
责任校对：吴　静　　　　　　　　　　　装帧设计：张　辉

出版发行：化学工业出版社（北京市东城区青年湖南街13号　邮政编码100011）
印　　装：北京虎彩文化传播有限公司
787mm×1092mm　1/16　印张 13¾　字数 354 千字　2025 年 7 月北京第 1 版第 11 次印刷

购书咨询：010-64518888　　　　　　　　售后服务：010-64518899
网　　址：http://www.cip.com.cn
凡购买本书，如有缺损质量问题，本社销售中心负责调换。

定　　价：46.00 元　　　　　　　　　　　　　　　　　　　　　　版权所有　违者必究

前　言

　　近年来，冷链物流由于其对食品安全的重要性而越来越引起社会各界的高度重视。冷链运输对于涉及面广、范围大、时间长的生鲜易腐食品物流过程而言，往往是关键环节。在评价冷链物流效率的指标中，冷链运输率是关键指标，是降低易腐货物腐损率、提高冷链流通率的重要因素。冷链运输是一个空间巨大而又充满挑战和竞争的领域，冷链运输在冷链物流体系中具有不可替代的重要地位与作用，只有构建冷链物流体系，才能快速、有力地支撑与保障我国易腐货物的供应与安全，从而解决"一流原料、二流加工、三流包装、四流贮运、五流价格"的状况；而冷链运输的有效运行，必须要兼顾技术性、经济性与时效性，实现真正意义上的冷链运输。

　　冷链运输是一个复杂的系统工程。实践表明，冷链运输需要明确的重要问题是，易腐货物理化性质、制冷系统与制冷原理、冷链运输装备、冷链运输组织、冷链运输条件，冷链运输安全、风险及追溯技术。编者在20世纪80年代起就已经开始从易腐货物的冷链运输条件、铁路冷藏车与冷藏集装箱等运输装备技术、易腐货物在冷链运输中的变化，到21世纪初研发冷链运输单元模拟试验台、公路冷藏多温车等，对冷链运输进行了大量的理论与实证研究。基于冷链运输装备与冷链运输组织运行的实际操作需要，以及节能、安全的独特视角，本书对冷链运输原理与技术体系进行了重构，并率先对冷链运输条件与节能、冷链运输安全与风险进行了深入探索。

　　本书配套有立体化电子教案，为选用本书作为教材的老师免费提供，如有需要请联系1172741428@99.com或登录化学工业出版社教学资源网下载www.cipedu.com.cn。

　　本书是在编者多年的研究基础上不断地发展、完善而形成的，编写工作历时一年，凝聚了很多人的劳动与研究成果。本书的具体分工是：谢如鹤负责总体策划、大纲制定和全书的统稿、修改、定稿工作，并负责第1、5、8章的编写；刘广海负责第4、6章的编写；邹毅峰负责第3、7章的编写；屈睿瑰负责第2章的编写；于荟萃参与了第1、5、8章的编写和全书的汇总与编辑。

　　由于编者水平所限，书中不妥之处在所难免，敬请读者批评指正。同时对为本书的编写与出版提供帮助的单位和个人以及书中所引文献和资料的作者和单位表示衷心的感谢。

编者
2012年12月

目 录

1 绪 论

1.1 冷链运输的概念及分类 ········· 1
1.2 国内外冷链运输的现状 ········· 18
1.3 冷链运输的发展趋势 ··········· 23
复习思考题 ······················ 25
扩展阅读:《农产品冷链物流发展规划》纲要 ····· 25
参考文献 ························ 26

2 制冷原理与制冷系统

2.1 热质传输基础 ················ 28
2.2 制冷原理 ···················· 33
2.3 制冷系统 ···················· 39
复习思考题 ······················ 47
扩展阅读:制冷空调行业制冷剂发展方向与展望 ···· 48
参考文献 ························ 50

3 易腐货物的理化性质与冷藏原理

3.1 易腐货物的化学成分及其性质 ······ 51
3.2 易腐货物的物理性质 ············ 55
3.3 易腐货物的腐败及其控制机理 ······ 58
3.4 易腐货物的冷却过程及原理 ········ 68
3.5 易腐货物的冷冻与解冻原理 ········ 74
3.6 影响易腐货物冷链运输品质的因素 ···· 79
复习思考题 ······················ 82
案例分析 巴氏杀菌乳冷藏配送期间的温度及品质变化 ··· 83
参考文献 ························ 85

4 冷链运输装备与节能

4.1 冷链运输装备基本要求及分类 ······ 87
4.2 冷链运输装备技术参数及测试方法 ···· 89
4.3 冷链运输装备结构 ·············· 100

4.4 冷链运输工具热计算 …………………………………………………………… 106
4.5 冷链运输装备节能 ……………………………………………………………… 108
复习思考题 …………………………………………………………………………… 114
扩展阅读：国外冷链运输装备现状与发展 …………………………………………… 114
参考文献 ……………………………………………………………………………… 116

5 易腐货物冷链运输组织

5.1 概述 …………………………………………………………………………… 117
5.2 易腐货物承运 ………………………………………………………………… 119
5.3 运输工具准备 ………………………………………………………………… 123
5.4 易腐货物预冷 ………………………………………………………………… 125
5.5 装卸转运 ……………………………………………………………………… 129
5.6 运行组织与服务 ……………………………………………………………… 136
复习思考题 …………………………………………………………………………… 139
案例分析 欧洲的冷链物流 …………………………………………………………… 139
参考文献 ……………………………………………………………………………… 140

6 易腐货物冷链运输条件

6.1 易腐货物运输包装 …………………………………………………………… 142
6.2 运输装载条件 ………………………………………………………………… 146
6.3 运输温湿度及气体成分条件 ………………………………………………… 149
6.4 冷链运输技术条件相关标准 ………………………………………………… 152
6.5 冷链运输实例 ………………………………………………………………… 154
复习思考题 …………………………………………………………………………… 159
案例分析 葡萄运输事故分析 ………………………………………………………… 160
参考文献 ……………………………………………………………………………… 161

7 冷链物流安全与风险管理

7.1 冷链物流安全和风险管理的内涵 …………………………………………… 162
7.2 食品冷链物流的安全管控体系 ……………………………………………… 164
7.3 易腐食品冷链风险管理原理与方法 ………………………………………… 170
复习思考题 …………………………………………………………………………… 182
案例分析 跨区域蔬菜物流系统安全性调查分析 …………………………………… 182
参考文献 ……………………………………………………………………………… 186

8 冷链运输信息化

8.1 冷链运输信息化技术 ………………………………………………………… 187
8.2 冷链物流信息管理系统 ……………………………………………………… 194
8.3 冷链温度监控 ………………………………………………………………… 199

8.4 物联网与追溯技术 ··· 203
复习思考题 ·· 209
案例分析 北京奥运会的食品安全 ·· 209
参考文献 ··· 209

英语缩写词汇索引表

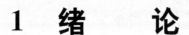

1 绪 论

本章介绍了易腐货物冷链运输的概念及分类;分析了易腐货物冷链运输的作用和意义;介绍了易腐货物冷链运输的概念比较与评述、内涵演变历程、应用范围与原则及特点;分析和介绍了各种冷链运输方式的技术经济特点、适用范围和优缺点;阐述了冷链构成、实现冷链所具备的各种条件要素。

通过本章的学习,应了解易腐货物冷链运输在国民经济和人民生活中的作用和重大意义;掌握冷链运输的概念与范畴体系并能够清晰地论述;了解易腐货物冷链运输的特点;了解各种冷链运输方式的技术经济特点、适用范围及其优缺点并能够比较;重点了解冷链构成和冷链实现条件。

麦当劳:冷链物流保证产品新鲜

1990年,中国的第一家麦当劳餐厅在深圳开张。喧嚣背后的产品究竟如何保持新鲜?

为了炸制出符合质量要求的薯条,麦当劳要求供应商提供的土豆型号控制在一定范围之内而且有量化的要求。在面包生产过程中,麦当劳要求供应商在每个环节加强管理,如装面粉的桶必须有盖子,而且要有颜色,不能是白色的,以免意外破损时碎屑混入面粉而不易分辨;各工序间运输一律使用不锈钢筐以防杂物碎片进入食品。当时麦当劳采用 HACCP(危害分析和关键控制点)程序,面包需要经过金属探测器的检查。鸡蛋由专业养鸡厂提供,经过特殊的消毒工序杀菌。麦当劳的供应商必须在鸡蛋产下来3天内运到工厂,按标准检测鸡蛋的大小、新鲜度,然后清洗、消毒、打油(起保护膜的作用),冷藏保存。麦当劳还要求所用鸡蛋在冷藏条件下必须在45天内用完以保持新鲜美味。麦当劳运输鸡块的冷冻车内温度需要达到 $-22℃$,并为此统一配备价值53万元的8吨标准冷冻车,全程开机。同样的路程,尽管用5吨的平板车盖上棉被也可以操作,成本可以节省一半以上,但却有可能影响最终产品质量。麦当劳对于这种可能影响最终产品质量的行为坚决禁止。

资料来源:http://bbs.foodmate.net(作者有删节)

1.1 冷链运输的概念及分类

冷链运输原理与方法是研究易腐货物运输基本理论、操作技术、运输条件和运行组织的一门应用科学。它主要涉及运输组织、食品科学、制冷技术等学科领域。其目标是综合保证各种冷链运输条件,最大限度地保持货物的原有品质,安全、迅速、经济、便利地将易腐货物送达消费者,更好地满足人民日益增长的生活需要,促进国民经济的发展。

冷链运输与易腐货物在冷库中的静态贮藏有所区别,它是一个随机、动态的过程。不同种类的易腐货物对冷链的要求大有不同,甚至同一种类不同批次要求也会不完全一样。更重要的是，冷链中对不同的加工环节、不同形式的温控设备和不同的处理流程，有特别的温度控制要求。很多类别的产品都需要通过冷藏供应链以达到其市场流通寿命的最大化。同一类别不同类型的产品因各自的产地、目标市场以及是否经过冷加工处理等因素的不同而有不同的冷链处理要求，故同种类别的冷链间也存在一定的差异。

每一种冷链运输的动态过程控制主要有以下两个方面难以把握。

第一，在冷链运输过程中，温度控制难以把握，而温度波动是引起食品品质下降的主要原因之一，因此对照美国食品药物管理局所描述的冷链定义"贯穿从农田到餐桌的连续过程中维持正确的温度，以阻止细菌的生长"，使整个冷链物流的连续性得以实现，即实现冷链的"不断链"、"无缝衔接"以及"平稳、无波动的传递"这样的理想状态，需要在冷链物流中加强和重视冷链运输的作用。

第二，在冷链运输过程中，运输温度是易腐货物保质保鲜的基本条件。在我国目前冷链物流方兴未艾之时，冷链运输市场内绝大多数是以自营方式存在的小批量、多品种运送方式，冷链运输环节还很薄弱，标准缺乏，装备不足，特别是许多新的生鲜食品尚缺与之相应的条件参数，运输条件更加难以保证。

1.1.1 冷链运输的作用

（1）冷链运输是冷链物流系统的重要环节

冷链物流系统是以冷冻工艺学为基础，制冷技术为手段的低温物流系统，涵盖冷藏、冷链运输、冷链配送与冷藏销售等过程。

冷链运输是构建和完善冷链物流系统的必要环节和首要条件。目前，我国冷链运输装备无论在数量上还是在质量上都比地面冷藏设施差，特别是在冷库与冷链运输衔接的作业中，最容易使货物暴露在高温下。此外，作为果蔬冷链运输的先导环节的预冷站建设尚是空白。

冷链运输受到各种各样人为和非人为因素的制约。人为因素有管理者和运送者为达到"低成本"目标所采用运输手段的调整，人工等附加费等费用的变化，客户定制化的个性需求，以及销售终端货物送达的时间变更等，任何一个人为因素或者突发性的事件都有可能造成冷链运输停滞不前。比如，跨区域的易腐货物运输，不同城市交通管制的区别，常常使冷链运输承运人陷入最后一公里瓶颈的困境。非人为因素有燃油、设备、技术等内在因素，以及由于交通拥堵、突发事件等外在因素引起的配送间隔变化等。在我国，要实现真正意义上的冷链物流，要配备和应用高成本的设施设备与技术，这是一个长期的过程。因此，首先处理好冷链运输环节的诸多不可控因素，是解决冷链物流运作的关键问题和主要问题。

（2）冷链运输可以实现易腐货物时空位移，调节市场需求

易腐货物原料在我国的生产区域分布十分广泛，运输流向按照不同的自然地理环境划分极为复杂。比如南菜南果的北运，四川、湖南、湖北等地的冻肉外运等。在运转过程上突破了时空限制，即易腐食品生产原料的产地格局、季节变化限制，加速农产品进入大生产、大流通的进程。从而使区域生产规模和品种结构趋于优化，促进经济增长，更好地满足人民生活需要、丰富人民的菜篮子。

随着我国经济的快速发展和繁荣昌盛，城市化进程的加速，人民群众消费水平的提高、生活节奏的加快，人们对各种加工食品如调理食品、冷冻食品、方便食品要求更高，需求趋向于多品种、小批量、高品质。同时，食品业在质量、价格、新产品等方面，各业种、各厂家之间的竞争日益激化，在竞争中唯独冷冻食品仍保持着持续高速增长的趋势。这就需要冷链运输发挥改变时空的位移作用，迅速地将易腐食品快速、安全地送到顾客餐桌，并起到调

节品种、适应不同季节变化与稳定物价的作用，加速易腐货物从实物到价值的转换，将冷链变成价值链。

（3）冷链运输可以降低易腐货物物流过程损耗，节约食品资源

易腐货物在整个供应链的各个环节都可能产生损耗。主要是由于冷链运输环节操作不当，导致产品质量下降、重量损失、数量减少。比如果蔬在贮运过程中的损耗体现在三个方面：微生物活动导致腐烂造成数量的损失，蒸发失水引起重量的损失，生理活动自我消耗引起的营养、风味变化造成商品品质上的损失。造成损耗的原因有多种，比如由于缺乏恰当温度控制而导致的产品腐坏。值得提出的是，易腐货物在到达消费者之前，因水分流失造成的损失相当巨大。比如果蔬产品的水分流失会导致明显的萎蔫、变色、表皮起皱、过分萎缩等现象。产品质量和价值的损失造成客户满意度的下降和品牌信誉的下降，整个冷藏供应链上的生产商、运输商、经销商都要受到供应链整体利润减少的影响。

在许多地区，农产品生产是当地的主要经济来源。农产品从"农场"到"餐桌"，即从生产者到消费者，不可避免地要进行一次或多次集散，由于没有足够的冷链运输能力和科学的冷链运输方法，很多生鲜农产品不得不在常温下流通，流通中的巨大损失导致生产势必受到限制。比如两广的香蕉就有"香蕉大丰收，运输不畅使人愁"而不得不砍掉香蕉树改种粮食的历史，使得当地的自然优势得不到充分发挥。

冷链运输是保质、保鲜、安全地实现易腐货物的时空位移的重要手段，最大程度地在过程控制上保证温度、湿度等条件，最大程度地提供理想的冷链环境，降低由于发生化学变化、生物变化、物理变化导致易腐货物变质的诱因。冷链运输贯穿了从供应地到需求地的整个过程。冷链运输能够保证适宜的运输条件，减少易腐货物在运输过程中品质、风味和鲜度的损失，大大降低易腐货物在流通过程中的损耗，节约食品资源。

1.1.2 冷链运输的定义

（1）概念比较、评述与内涵

① 冷链运输与运输　根据《物流术语》（GB/T 18354—2006），运输是指用专门的运输设备将物品从一个地点向另一个地点运送。其中包括集货、分配、搬运、中转、装入、卸下、分散等一系列操作。冷链运输是指使用装有特制冷藏设备的运输工具来运送易腐货物。在整个运输过程中，通过低温降低货物的新陈代谢，抑制微生物的生长，以保持易腐货物的良好外观、新鲜度和营养价值，从而保证货物的商品价值，延长货架期。

冷链运输与普通意义上运输比较而言，强调以下三点：

第一，使用装有特制冷藏设备的运输工具；

第二，运送的对象是易腐货物，包括易腐食品（如水产品、畜产品、水果和蔬菜等生鲜食品）以及花卉苗木、药品（如疫苗）等；

第三，在整个运输过程中要保证适宜的低温条件，以保持食品的原有品质，包括鲜度、色、香、味、营养物质等。

② 冷链的内涵变迁历程　一般认为，冷链是指"采用一定的技术手段，使易腐货物从采收加工、包装、贮藏、运输及销售的整个过程中都不间断地处于一定的适宜条件下，尽量降低货物质量的下降速度，最大程度地保持货物最佳质量的一整套综合设施和手段"。

在低温下产、供、运、销易腐食品的系统称为冷链。它是以制冷技术和设备为基本手段，以加工、贮运、供销易腐食品及其全过程为对象，以最大限度地保持易腐食品的原有品质、提供优质食品为目的的冷藏贮运设施与机构。相关概念的表述如下。

- 保鲜链是指"综合运用各种适宜的保鲜方法与手段，使鲜活易腐食品在生产、加工、

贮存和销售的各环节中，最大限度地保持其鲜活特性和品质的系统"（谢如鹤，1998）。
- 冷链是"使食品在整个生产和流通范围内保持均衡低温以获得最佳品质的一种系统设施"（吕峰，2000）。
- 食品冷藏供应链是指"易腐食品从产地收购或捕捞、加工、贮藏、运输、销售，直到消费前的各个环节都要处于适当的低温环境之中，以保证食品的质量，减少食品的损耗，防止食品的变质和污染"（张英奎，2001）。
- 2001年国家标准《物流术语》（GB/T 18157—2001）对冷链的定义为：易腐食品从生产到消费的各个环节中，连续不断采用冷藏的方法来保存食品的一个系统。
- 2006年国家标准《物流术语》（GB/T 18354—2006）对冷链的定义为：根据物品特性，为保持其品质而采用的从生产到消费的过程中始终处于低温状态的物流网络。该标准也对物流网络做出了明确定义，"物流网络是物流过程中相互关联的组织、设施和信息的集合"。
- 2010年《农产品冷链物流发展规划》指出"农产品冷链物流是指使肉、禽、水产、蔬菜、水果、蛋等生鲜农产品从产地采收（或屠宰、捕捞）后再产品加工、贮藏、运输、分销、销售等环节始终处于适宜的低温控制环境下，最大程度地保证产品品质和质量安全、减少损耗、防止污染的特殊供应链系统。"
- 欧盟对冷链的定义为：冷链是从原材料的供应，经过生产、加工或屠宰，直到最终消费为止的一系列有温度控制的过程。由于涉及的国家众多，更加注重冷链的操作，促进了冷链的运作在各国间的有效衔接，推动了欧洲冷链标准的进程和对接口的管理。
- 美国食品药物管理局对冷链的定义为：冷链是贯穿从农田到餐桌的连续过程中维持正确的温度，以阻止细菌的生长。美国物流的发展模式对世界其他国家和地区有很大影响，其冷链定义体现了供应链的管理思想。
- 日本明镜国大辞典对冷链的定义是"通过采用冷冻、冷藏、低温贮藏等方法，使鲜活食品、原料保持新鲜状态由生产者流通至消费者的系统"。日本大辞典对冷链的定义是"低温流通体系"。强调冷链技术的发展，普遍采用包括采后预冷、整理、贮藏、冷冻、运输、物流信息等规范配套的流通体系，更加注重流通。
- 中国台湾低温食品物流管理作业指南定义"冷冻（藏）链是指低温食品在制造完成后，经贮存、运输配送、销售到消费者手中的一贯过程，其作业处理均可使低温食品品温分别维持在7℃到冻结点之间或－18℃以下，确保低温食品的安全及质量系统"。
- 加工、贮藏或运输易腐食品并具备不同温度带的各种装置（或环节）所组成的连续流通系统统称冷链，又称低温链。食品冷链为开式链，在这个"冷链"中各类食品在不同的温度条件下流通，直至被人们消费而"消失"（康景隆，2005）。
- 冷链是从原材料的采购到产成品被消耗的整个过程中，物品始终处于维持其品质所必须的可控温度环境下的特殊供应链（孙杰，2008）。
- 冷链是对特定物品在生产制造、流通、物流、应用和消费过程中使用的链式低温保障系统（王之泰，2010）。
- 冷链是在食品冷冻工艺学基础上，以制冷技术为手段，使易腐农产品从生产者到消费者之间的所有环节，即从原料（采收、捕捞、收购等环节）、生产、加工、运输、贮藏、销售流通的整个过程中始终保持合适的低温条件，以保证食品的质量，减少损耗。这种连续的低温环境称为冷链（刘宝林，2010）。

③ 冷链运输与冷链　冷链运输是冷链必不可少的一个环节，随着科技进步、经济发展，冷链的内涵随之发生改变，不断标准化、规范化，冷链运输的适用范围、功能作用将有更

新、更深的内涵。

从以上不同角度所关注和研究的冷链内涵变迁历程可以看出，随着冷链内涵的演进、深入，冷链运输的运作功能不断增强、服务层面更加多样化、延伸和覆盖的范围逐步扩大，但仍存在局限。

第一，冷链运输随着冷链涉及的实体范围扩大，运送的对象从易腐食品扩大到适用于低温运输的货物、物品。

第二，冷链运输随着冷链涵盖的不同过程增加，运送的地点转移涉及生产制造过程、物流过程，包括商流的流通过程的全部环节。没有冷链运输贯穿全程，冷链无法成为"链"。

第三，冷链运输随着冷链涵盖的功能作用增强，从单纯的"运输"变成重要的"功能要素"。从此地到彼地的单线运输与传递，到连接各设施、各产地、各工厂、各配送中心、各销售点的"物流网络"和贯穿整个供应链，到全程控温的特殊物流系统的重要"过程控制功能要素"。

第四，冷链运输随着易腐货物从供应地到达需求地，其冷链效果目前存在局限性。"民以食为天，食以安为先"，人民不仅对易腐货物的要求（如营养价值、风味口感、外观特征以及食用安全方便等）有提高，更喜欢未冷冻的鲜活食品。人民对易腐食品的"鲜活"需求相当可观。目前的冷链有待于进一步从理论、技术方面实施低温控制以外的保鲜手段，比如可借鉴菲律宾蛤子低温保鲜技术使蛤子从起捕、海水冲洗、暂养吐沙、挑选、包装、运输、销售的全过程中一直处于鲜活的状态，即形成一个保鲜链。通过试验研究，其最佳的保活方法是降温冷藏法，在 $2\sim2.5℃$ 下，可保活10天以上，存活率达90%以上。易腐食品的"鲜活"将成为未来冷链发展的重要方向。

（2）冷链运输的定义、适用范围和原则

① 定义　冷链运输是指使用专门的冷链运输装备，按照冷链物流的基本要求，将易腐货物在其适宜的低温条件下从供应地向需求地完好地运送的专门技术与方法。

② 适用范围　冷链运输中的易腐货物若按一般条件运输极易受到外界条件的影响而腐烂变质。冷链运输常见的易腐货物一般分为三类。

a. 初级农产品。动物性食品包括：肉（禽畜肉类）、鱼类、蛋类、鲜乳等；植物性食品包括：各种水果和蔬菜等；其他包括花卉、苗木等。

b. 加工后的食品。如速冻方便调理食品、肉制品、鱼制品、蛋制品、水产品，部分罐头食品、糖果、冰淇淋等。

c. 特殊商品。包括某些化学品、药品和疫苗等。

③ 原则　第一，进入冷链运输前的易腐货物原料和产品的初始质量应该是好的，首先是质量和新鲜度要好，因为如果易腐货物已经变质，则不可避免地会造成腐烂损失。用低温控制的冷藏不能使产品恢复到初始状态，也不能提高其质量，只能最大限度地保持现有质量。农产品应当依据合理的种植管理方法种植，应当没有影响食品安全的有毒微生物，没有超标的农药残留、没有受到病理性疾病、生理失调或者虫病的影响。其次是要保证包装要符合易腐货物的特性和冷链的要求。这一原则十分重要，不按照此原则，不但要承担不必要的费用，还有使完好食品受污染的风险。

第二，冷链运输前要进行运输工具的预冷和易腐货物的预冷。冷链运输的目的不是为了冷却货物的温度，而是维持货物的温度。预冷运输工具可以大大减少运输途中继续冷却车体的冷消耗，易腐货物在生产、收获、收集后应尽快地予以冷加工处理，尽可能地保持最好的品质，去除加工热、田间热，从而减轻运输工具的热负荷。

第三，易腐货物的性质要求易腐货物的冷链运输要连续不断地保持适宜的温度、湿度等条件，同时，控制低温要保证适宜、稳定不变和连续性。

　　a. 适宜的温度。果蔬如温度过低，就会因冻结而破坏其呼吸功能，失去抗病性，同时因冻结破坏其组织结构而降低其耐藏性，风味品质就会发生很大变化，解冻时会迅速腐烂。

　　b. 要保证温度的平稳。温度上下波动、忽高忽低，不但会使微生物的活动和呼吸作用随着温度的升高而加强从而大量繁殖，同时还会引起冻结食品内部的重新结晶，使冰晶进一步扩大，食品的不可逆变化加深。

　　c. 要保证连续性。易腐货物在冷链运输过程中应保持冷藏条件的连续性，如果由于各种偶然因素断链，那么易腐货物就有可能在这个环节中迅速腐败。

　　第四，要求快速运输。即符合著名的"T.T.T"理论［即时间（Time）、温度（Temperature）、耐藏性（Tolerance）］。其理论要点是：对每一种易腐食品而言，在一定的温度下，食品所发生的质量下降与所经历的时间存在着确定的关系。易腐货物即使处在要求的条件下，其品质仍在不断地降低，因为呼吸作用等生化变化以及微生物繁殖仍继续进行，只是进行的速度相比通常条件下较为缓慢。某些娇嫩易腐货物在要求条件下只能保管几天，超过这个时间，货物品质就会显著降低其至失去食用价值，因此易腐货物本身的特点要求快速运输。

　　（3）我国冷链运输的特点

　　冷链运输是一个不容易控制的复杂过程。其主要的特点如下。

　　① 易腐货物品种繁多、流向复杂、流量分散　我国地域辽阔、地形复杂，海岸线长达1.1万公里，兼有寒、温、亚热带三种气候区，因而物产十分富饶，易腐货物原料资源丰富。如鱼类有2000多种，水果有300余种，蔬菜有几千种，其他如畜禽蛋类农产品也极为丰富。

　　几乎所有的易腐货物都可以通过冷链运输来调节消费市场，除少数大宗货物从大生产区到消费区之间由于供求关系逐渐形成较为明显和稳定流向之外，大多数的易腐货物流向和流量都较为分散。运输小批量化，经销个体化。对易腐货物品种及包装的要求往往更多更严格。

　　② 运输量不均衡、波动系数大　易腐货物生产有地域性，其运输流向极不均衡，因而造成的车辆空载率较大；又由于生产具有季节性，其运量在季节上波动较大，因而要求冷链运输设备有较大的后备能力。

　　③ 易腐货物的冷链运输率不高　在铁路易腐货物运输中，冷链运输率只有20%左右，大部分是通过棚敞车直接运送或采取"土冰保鲜"的方式运送；在公路运输中冷链运输率更低，目前我国冷藏保温车有5万多辆，冷藏保温车占货运汽车的比例仅为0.3%左右（发达国家是2%~3%），而且其中只有一小部分是配备了制冷设备、能够达到一定规模和吨位的专业冷藏车辆。

　　④ 易腐货物的运输由铁路运输为主向公路运输发展　铁路冷链运输在国计民生中占有不可低估的地位，20世纪80年代和90年代初铁路担负的易腐食品运量约占总运量的80%~90%，由公路汽车担负的约10%，而水路和航空的运量则很少。

　　近年来人们对于冷藏冷冻产品的需求量日益增加，这极大地带动了冷链运输发展。由于公路运输与铁路运输相比，时效性更强，而且相对灵活，可以实现门到门服务，因此公路冷链运输近年来得到了迅速发展。目前，冷藏运输市场以公路运输为主（约占80%），许多长距离、高附加值、当季的水果、蔬菜公路运量也很大。

　　⑤ 组织工作复杂、技术性强　我国气候的一个重要特点是夏季南北各地普遍高温，冬季则气温相差悬殊。总的趋势是从南向北，从沿海向内陆降低，温差大。因此同一地区在不

同季节的运输方法不同,并且同一季节在车辆经过不同地区时所需要的条件也不尽相同,在一次运程中可能兼有冷藏、保温和加温等多种方法。我国国土辽阔,易腐货物有的运距长达三四千公里,虽然随着我国农产品的产业化、规模化生产以及设施农业和大棚生产,各地生产的农产品品种逐渐增多,减少了长途调运的运量,缩短了内销货物的平均运距,但仍有大量的易腐货物需要长途冷链运输,这就使组织工作复杂化。在整个冷链运输过程中,冷链所包含的制冷技术、保温技术、产品质量和温度控制及检测技术是支撑冷链运输的技术基础。不同的易腐货物都有其对应的运输条件。

⑥ 冷链运输有时间限制　由于易腐货物的不易贮藏性,要求冷链物流必须有一定的时效性。企业要求冷藏车准时准点到厂装货并在规定时间内将货物送到目的地,超过一定的时限,货物就可能腐烂变质、失去商品价值。

⑦ 冷链运输成本高　冷链运输成本高主要是因为冷链运输设备的购置成本较高、需要投入的资源多、组织工作复杂、损耗大等。一般冷藏车要比普通货车的造价高数倍甚至十余倍,因而其折旧和大修费用也高得多;另一方面是与运输配套的地面设施多,因而其投资及分摊的折旧与运营费也多;此外,运输的技术要求高,需要采取特殊的运输条件(冷藏、气调、加温等);运行组织难度较大,需要快速组织冷藏运力资源进行快速运输以降低运行成本。我国地处北温带,南方更属亚热带,因此平均温度较高,运输中损失的冷量较大,维持低温需要耗费的电费和油费都较高。

⑧ 没有形成真正的"冷链"　我国易腐货物的产贮运销各环节在冷链运输装备的技术水平、数量、运输组织上不协调,例如没有果蔬预冷设施,运输环节的能力薄弱、冷链运输率低。

1.1.3　易腐货物的特性及冷链实现的条件

(1) 易腐货物的特性

① 易腐货物的热状态　易腐货物根据其性质和状态,在运输、贮存和分配过程中,必须特别加以照料,并往往需要保持与周围环境不同的温度和湿度以限制其质量变化。根据《易腐货物控温运输技术要求》(GB/T 22918—2008),按其加工处理后的热状态的不同,可分为三类。

冻结货物是指通过前处理后快速冻结至-18℃及以下的易腐货物。冻结货物的温度如果升高,食品的汁液就会流失,质量就会降低。温度越高,汁液的流失就越多,反之越少。

冷却货物是指在装车(箱)之前,采用天然或人工的办法进行冷却至冰点以上但未冻结的适宜贮运温度下的易腐货物。如夹冰包装的鲜鱼虾,冷却到11~15℃的香蕉,冷却到0~4℃的水果蔬菜等,都属于冷却货物。

未冷却货物是指未进行任何冷加工,按自然温度状态提交运输的易腐货物。如采收后即提交运输的生鲜水果、蔬菜等,也包括某些腌制品和熏制品。根据热状态易腐货物由于其特性对冷链运输的特殊要求如表1-1所示。

表1-1　根据热状态易腐货物的特殊运输要求

货物类型	易腐货物的特性	特殊运输要求
冻结货物	冻结货物的温度升高,食品的汁液就会流失,质量就会降低。温度越高,汁液的流失越多	为了保持货物质量,应尽量降低冻结货物的出库温度,运输温度最好与库温相等,并应保持稳定
冷却货物	由于已经预冷,果蔬的呼吸热大为降低	要保持适用的运输温度和运输方法,避免冷害或冻害。应积极开展冷却货物的运输,降低能源、节约运输成本
未冷却货物	易腐货物有田间热、加工热以及呼吸热	需要采取额外冷源(如冰块)进行快速冷却,要求运输工具有较大的制冷能力

② 易腐货物对冷链运输的特殊要求 易腐货物的特点是易于变质,变质是由于微生物作用、呼吸作用、化学作用及其联合作用而导致的。其化学成分和物理性质对易腐货物的加工、贮存和运输都会产生重要的影响。从化学成分、物理性质的特性方面分析,易腐货物对冷链运输的特殊要求如表1-2所示。

表 1-2 根据化学成分和物理特性易腐货物的特殊运输要求

性　　质	特性要素	特殊运输要求
化学成分	有机物	蛋白质、脂肪类、糖类	适宜的温度——保持其营养性
		维生素	适宜的温度——在冷链运输过程中应设法使维生素免受损失,适当低温具有重要意义——特别是维生素C极不耐热,最易破坏;维生素A易被氧化,易被紫外线破坏
		酶	适宜的温度——酶对高温极为敏感,低于0℃或高于70℃时,酶的催化作用变得缓慢或完全丧失活性,40~50℃时活性最强
	无机物	水、矿物质	适宜的温度——各种食物中的含水量对于保证易腐货物的新鲜度具有重要意义
物理性质	比热容		适宜的温度和湿度——同一易腐货物的比热容随着温度的降低而减小,与其含水量关系最大
	热传导系数		热传导系数对易腐货物有很大的影响,其他条件相同时,热传导系数越大,冷却和冻结的过程就进行得越快,反之越慢
	冻结温度		不同易腐货物冻结温度不同,热状态不同,相应的装运条件和装载方式不同
	比重		比重越轻,越娇嫩,怕压,装运时不能紧密挤压。不同易腐货物的比重决定于它的化学成分,特别是水的含量

（2）冷链构成

① 冷链固定装置或称冷链地面设施 包括易腐货物的收集、加工、贮藏、分配等各环节的机构与设备。

② 冷链流动装置或称冷链运输工具 包括铁路、公路、水路、航空冷链运输工具和冷藏集装箱。从产地生产或加工或由设在产区的预冷站加工出来的易腐货物,经由长途冷链运输（铁路、水路）运到贮藏性冷库长期贮藏,再（或）运到大中城市的分配性冷库或港口冷库暂时贮存。当需要时,由短途冷链运输（公路）从分配性冷库运到各销售点的小型冷库或冷柜再销售给消费者。

③ 冷链的实现过程 如图1-1所示。

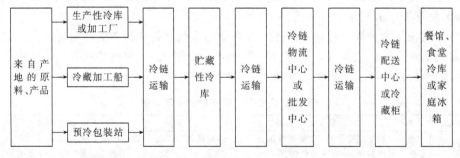

图 1-1 冷链各环节及过程

（3）实现条件

虽然不间断的低温是冷链的基础和基本特征,也是保证易腐食品质量的重要条件,但并不是唯一条件。因为影响易腐食品贮运质量的因素还很多。必须综合考虑、协调配合才能形成真正有效的冷链。归纳起来实现冷链的条件有以下几方面。

① "三P"条件　即易腐食品原料的品质（Produce）、处理工艺（Processing）、货物包装（Package）。要求原料品质好，处理工艺质量高，包装符合货物的特性。这就是食品在进入冷链时的"早期质量"要求。

② "三C"条件　即在整个加工与流通过程中对易腐食品的爱护（Care）、清洁卫生（Clean）的条件，以及低温（Cool）的环境。这是保证易腐食品"物流质量"的基本要求。

③ "三T"条件　即著名的"T.T.T"理论[时间（Time）、温度（Temperature）、容许变质量（或耐藏性）（Tolerance）]。早在1948～1958年间，美国西部农产物利用研究所阿尔斯德尔（Arsdel）等人通过大量的实验，总结出了对于冻结食品的品质保持所容许的时间和品温之间所存在的关系。其理论要点如下。

第一，对每一种冻结食品而言，在一定的温度下食品所发生的质量下降与所经历的时间存在着确定的关系。根据大量的实验资料（主要是通过感观鉴定和生化分析），大多数冷冻食品的品质稳定性是随着食品温度的降低而呈指数关系增大。温度对于冻结食品品质稳定性的影响，用温度系数 Q_{10} 来表示。Q_{10} 是指温差10℃，品质降低速度的比，亦即温度下降10℃，冷冻食品品质保持的时间比原来延长的倍数。如 Q_{10} 的值为5，品温从 -15℃降到 -25℃，品质降低的速度减少到原来的 1/5，或者说冷藏期比原来延长5倍。Q_{10} 值随食品的种类而异。在实用冷藏温度（-3～5℃）的范围内，其值为2～5。

第二，冻结食品在贮运过程中，因时间温度的经历而引起的品质降低量是累积的，也是不可逆的，但是与所经历的顺序无关。

第三，对大多数冻结食品来说，都是符合T.T.T理论的。温度越低，冻品的品质变化越小，贮藏期也越长。它们的温度系数 Q_{10} 值几乎都在2～5之间。但是也有温度系数小于1的食品。此时T.T.T理论就不适用了（例如腌制肉）。冻结食品从它刚生产出来后直到消费者手上，如果品温能稳定不变，则是保持食品质量的理想条件，但在实际的流通过程中，在贮藏、运输、销售等各个环节，温度经常会上下波动。这对冻品的品质会带来很大的影响。因此了解冻结食品在流通中的品质变化，在实用上就显得十分重要。把某个冻结食品在流通过程中所经历的温度和时间记录下来，根据T.T.T曲线即可计算确定食品的品质情况。

T.T.T计算方法是根据食品的温度时间经历所带来的影响累积变大的原则来进行的，在一些例外的情况下，其实际发生的质量损失要比如此计算的质量降低量更大。

例如冰激凌由于温度反复上下波动，温度升高时达到其融点而融化或变软，温度降低时又再一次冻结变硬。这种反复如果频繁就会产生大冰晶，原来滑溜的口感变得粗糙降低了商品品质。

再如冷藏室内如温度波动并且湿度过小，冻品内的冰晶成长，表面冰晶升华。干耗也就特别严重。其结果不仅食品重量减轻，而且质量恶化，比用T.T.T计算方法所求得的质量降低率损失要大得多。

④ "三Q"条件　冷藏设备数量（能力）（Quantity）的协调就能保证易腐食品总是处在低温的环境之中。因此要求产销环节的预冷站、各种冷库、铁路的冷藏车、运输公司和公路的冷藏汽车、水路的冷藏船，都要按照易腐货物货源货流的客观需要，互相协调地发展。

在设备的质量（Quality）标准上的一致，是指各环节的标准应当统一，包括温度条件、湿度条件、卫生条件以及包装条件。例如包装与托盘、车厢之间的模数配合就能充分发挥各项设备的综合利用效率。

快速（Quick）的作业组织，是指生产部门的货源组织、运输车辆的准备与途中服务、换装作业的衔接，销售部门的库容准备等都应快速组织并协调配合。

"三Q"条件十分重要，并且有实际指导意义。例如冷链各环节的温度标准若不统一则会导致品质的极大降低。这是因为在常温中1小时的暴露的质量损失量可能相当于在-20℃下贮存半年的质量损失量。因此应避免冻品在高温下的暴露,或者尽量缩短暴露时间。由于成本、空间、水源等一系列的问题,运输工具难以保持与地面冷库完全一致的温湿度条件。这时的补救办法就是尽量加快作业过程与运输速度,例如在铁路冷链运输中可缩短装卸时间、加速车辆取送挂运。

⑤ "三M"条件 即保鲜工具与手段(Means):在"保鲜链"中所使用的贮运工具的数量要求、技术性能与质量标准等均应协调一致;保鲜方法(Methods):在保鲜贮运过程中所采用的气调、减压、保鲜剂、冰温、离子和臭氧、辐照和冻结真空干制等保鲜方法应符合食品的特性并应能取得最佳保鲜效果;管理措施(Management):要有相应的管理机构和行之有效的管理措施,以保证各作业环节之间的协调配合,并促成各环节的设备能力、技术水平和质量标准的协调发展与统一。

(4) 操作流程举例

不同种类的易腐食品冷链流程有一定差异,主要品种的流程举例如下。

① 冷鲜肉冷链物流操作流程,如图1-2所示。

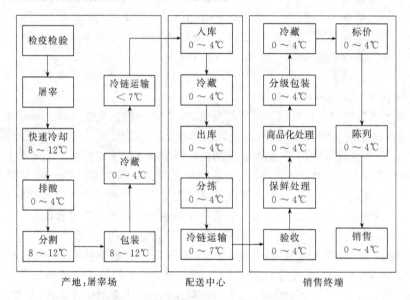

图1-2 冷鲜肉冷链物流的具体操作流程

② 水产品冷链物流操作流程,如图1-3所示。

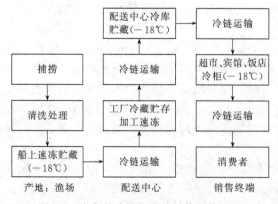

图1-3 水产品冷链物流的具体操作流程

③ 以批发市场为中心的果蔬冷链物流操作流程，如图1-4所示。

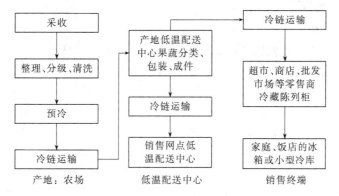

图 1-4　以批发市场为中心的果蔬冷链物流操作流程

④ 乳制品冷链物流操作流程，如图1-5所示。

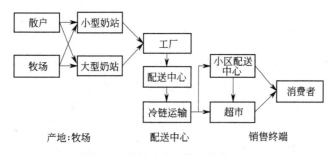

图 1-5　乳制品冷链物流操作流程

⑤ 速冻米面食品的冷链物流操作流程。

在我国，速冻米面产品种类分别有饺子、汤圆、包子、馄饨、馒头、花卷、烧麦、粽子等，其冷链流程如图1-6所示。

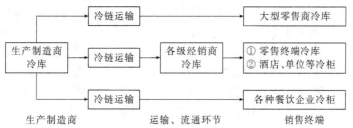

图 1-6　速冻米面食品的冷链物流操作流程

⑥ 疫苗冷链物流操作流程，如图1-7所示。

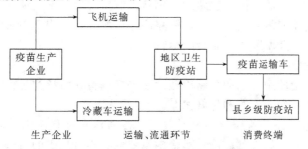

图 1-7　疫苗冷链物流操作流程

1.1.4 冷链运输的分类

（1）铁路冷链运输

铁路冷链运输是指运用铁路冷链运输工具在铁路上进行的易腐货物运输的方式。铁路冷链运输工具包括铁路冷藏车、铁路冷藏集装箱等。

① 技术经济特点　适应性强、运输能力大。铁路冷链运输适用于易腐食品所分布的不同生产区域，具有较高的连续性，适合于各类不同重量和体积的易腐货物的双向运输。铁路是大宗、通用的运输方式，铁路运输能力取决于列车重量和每昼夜线路通过的列车对数。每一列车载运货物的能力远比汽车和飞机大得多。目前采用的机械式制冷铁路冷藏装备能够担负大量的易腐货物的运输任务。机械冷藏车车体隔热、密封性能好，并安装了机械制冷设备，具有与冷库相同的效应，能调控适宜的贮运条件，保持品质、减少损耗效果好。

运送速度较高、运输成本较低。对于常年消费的、大宗的来自原料产地、季节性较强的易腐货物，托运者十分重视冷链运输的大量性、连续性、低廉的运价以及运送速度。运输成本中固定资产折旧费所占比重较大，而且与运输距离长短、运量大小密切相关，运距越长，运量越大，单位成本就越低。一般地说，铁路的单位运输成本比公路运输和航空运输要低得多，有的比内河航运也低。

安全性高、能耗小、受环境污染程度小。众所周知，在各种现代化运输方式中，按所完成的旅客人公里和货物吨公里计算的事故率，铁路运输是很低的。铁路机车车辆单位功率所能牵引的重量约比汽车高10倍，从而铁路单位运量的能耗也就比汽车运输小得多。在环境方面，对空气和地表的污染最为明显的是汽车运输，喷气式飞机、超音速飞机等使噪声污染更加严重。相比之下，铁路运输对环境和生态平衡的影响程度较小，特别是电气化铁路这种影响更为减少。

运价上缺乏灵活性，内部比价不尽合理。由于易腐货物受季节性、运输质量、时效性影响大，在不同的季节、不同的运输质量和运输期限下，市场价格相差较大，而铁路运价相对固定，形成旺季不能提价增收，淡季价高赶走货源的局面，不利于拓展易腐货物运输市场。铁路运输的运价一般都是由铁道部规定，无法随意调整运价。

运输工具不适应市场要求。二十世纪后期，我国冷链运输一直以铁路冷藏车运输工具为主。随着易腐货物运输市场的变化，大宗货物量减少，加冰冷藏车的运用受到了制约，车辆运用率大幅下降；同时，由于受车辆自身技术条件限制要中途加冰，致使货物运抵速度大大降低，不利于易腐货物的时效性要求，目前已经被淘汰。而成组机械冷藏车一次装载量过大，单节机械冷藏车的技术状态不良，这些都导致运输量急剧下降，铁路冷藏运输严重亏损。运输易腐货物不同于普通货物，需要构造精良的冷链运输装备和运输管理机制，才能有效完成货物的保鲜质量和运输的经济效益。

② 适用范围　在国土幅员辽阔的大陆国家，铁路运输是陆地交通运输的主力。即使是在工业发达的幅员面积小的岛国，铁路运输仍然占有重要的一席之地。在我国易腐食品生产区域分布广泛、运输流向复杂的情况下，铁路冷链运输方式适用于中长距离、经常、稳定的大宗易腐货物运输，以及城际间易腐货物运输。

（2）公路冷链运输

公路冷链运输是指使用专门的公路冷藏运输装备进行易腐货物运输的方式。公路冷藏运输装备分为冷藏汽车、保温汽车和保鲜汽车。

① 技术经济特点　适应性强、机动、灵活。冷藏汽车具有使用灵活、建造投资少、操作管理方便等特点，它是易腐食品冷链运输中重要的、不可缺少的运输工具。它既可以单独使用进行易腐货物的中、短途的直达运输，也可以配合铁路冷藏车、水路冷藏船和航空运输

进行短途接运和换装。公路冷链运输可以减少中转环节及装卸次数，可实现"门到门"的运输。在经济运距之内可以深入城乡，直送销地，在无水路和铁路运输的偏远城镇或工矿企业更显出这一优势，公路运输在时间上的机动性也较大，对货物的批量大小有很强的适应性。

送达速度快、货损货差小。易腐货物特别是小批量的订单频繁、时效性要求高，公路冷链运输灵活方便，一般不需要中途倒装，中短途送达速度快，从而有利于保持易腐货物的质量，加速流动资金的周转。

技术经济指标好、技术改造容易。为更好地适应社会发展对运输的需要，冷链运输车在载货吨位、品种、技术性能等方面需要向多温制冷、低能源消耗方向发展。

能耗高、污染环境。车辆制冷消耗能源多，运行持续性较差，运输成本高昂，尤其是长途运输的单位运输成本比铁路和水运要高得多。

易腐货物运送量有限，只适合小批量的运输；受气候、自然灾害、突发事件等不可控因素以及城市交通管制等因素制约较大，及时性和稳定性差；路面不平时振动大，产品易受损伤、制冷能耗大、运送成本高，运行持续性较差。

② 适用范围　从世界范围来看，各国公路运输的适用范围与各国技术经济发展水平、经济结构、自然条件以及居民消费水平有着密切的关系。

由于公路所具有的技术经济特征，冷藏汽车在中短途运输中的效果最突出。冷藏汽车短途运输通常指50km以内，中途运输则指50～200km。短途运输效果好是因为其站场费用低，经济灵活。而在长途冷链运输方面，冷藏汽车设备购置成本高昂，途中耗用燃料多、人员费用高、设备折旧率高，并不占优势。

公路冷链运输主要功能之一是补充和衔接其他冷链运输方式，例如担负铁路、水路运输达不到的区域以及起终点的接力运输。在没有铁路、水路运输方式的区域，在某些特殊地区，虽有水路或铁路运输，但由于受自然地理条件等因素制约，公路冷链运输的经济运距可能达到200km以上。在多种运输方式并存的联合运输条件下，公路冷链运输的合理运距大体为100～200km。对于易腐货物，由于其价值较高，而且公路运输速度快，不必换装，可减少货损，并可直达易腐食品的产区与销售地，因此采用冷藏汽车直达运输的经济运距可达1000km左右。此外，基于大型突发事件或公共事件的应急需要，也常常用公路冷链运输方式进行紧急救援。

(3) 水路冷链运输

水路冷链运输是指在水路运输和配送中使用专门的温控冷链装备进行易腐货物运输的方式。按其航行的区域，大体可分为远洋运输、沿海运输和内河运输三种类型。用于水路的运输工具主要分为两大类，一类是冷藏集装箱；另一类是冷藏船（或冷藏舱）。冷藏船一般被用来运输大宗的易腐货物，而冷藏集装箱一般运输高附加值的小批量的易腐货物。

① 技术经济特点　运输能力大、运输距离长。水路运输通常适用于大批量、远距离运输的货物。大型冷库之间，在条件许可时往往采用水路运输，而从大型冷库到分销冷库或消费者之间往往采用其他运输方式。冷链物流中进出口货物几乎全部都是通过水路完成。在国内贸易中，南北线路航行的易腐货物也有一部分是由水路送达目的地港口。

投资省，冷链运输成本低。海上运输航道的开发几乎不需要支付费用，内河虽然有时要花费一定费用以疏浚河道，但比修筑铁路的费用要少得多。尽管水运的站场费用很高，但因其运载量大、运程较远，因而总的单位成本较低。此外，由于运载量大，配员少，因而劳动生产率较高。一艘20万吨的油船只需配备40名船员，平均每人运送货物5000t。

水路冷链运输工具是传统的冷藏船、冷藏集装箱船并存。冷藏船运输最大的缺点就是装船和卸载在常温下进行，在这个过程中容易导致货损，难以保证易腐货物的运输质量；且易受季节和气候条件的影响，要求港到港运输且要有专业码头装卸，航线双向不平衡，返回空载率高，其灵活性远小于冷藏集装箱船。冷藏船一般运送货物批量大、足期、足航线的货物。

受地理条件限制，受季节影响，冷藏船运输连续性差、运输速度慢，联运中要中转、装卸，也会增加货损。具有较高的"断链"风险，因为货物的装卸都不可避免会暴露于环境温度下。

冷藏集装箱的优点是可小批量运输，受季节影响较小。与传统的冷藏船相比，冷藏集装箱可装卸港口、码头多，运输范围可到内陆市场或原产地。到港后，冷藏集装箱船比较容易找到反向的运输货源，返航时的空载率小，在上下游衔接方面比传统的冷藏船有优势，可直接装箱到集装箱卡车上实现"门到门"运输。

② 适用范围　水路冷链运输适合于易腐货物的近距离运输、大宗耐贮运的易腐货物及其加工制品的长途运输。在水路冷链运输中，易腐食品占主导地位。我国生鲜农产品与食品中进出口贸易大部分需要水路冷链运输方式进行运送。

远洋运输不仅是国际间贸易的主要运输方式，也是发展国民经济的重要组成部分。某些资源缺乏而工业发达的国家，主要依靠海运来维持其经济的发展。比如日本的水产品对水路冷链运输方式依赖性很大。沿海运输作为国家综合运输体系的重要组成部分，既是沿海城市之间，以及沿海城市通过海河、海陆联运与内地之间进行易腐货物运输的通路，也是为易腐货物远洋运输提供支线服务的重要环节。

(4) 航空冷链运输

① 技术经济特点　在航空领域较少应用传统的制冷系统和制冷集装箱，航空冷藏集装箱的温控效果最好，一般有托盘和密闭的集装箱两种形式，一般的托盘比较容易使货品遭受损害。

航空集装箱由于受到飞机机舱形状的严格限制，选择面也很小。采用的材质有铝质、聚碳酸酯聚合物以及高冲击成型聚合物。近年来广泛使用的材料还有纤维板以及各种塑料等。由于ULD在等待装卸时，经常会暴露在太阳底下，还应避免使用吸热材料。为了维持易腐货物的温度，一些集装箱采用简单的隔热层（该种集装箱只是在壁面添加保温材料，以达到减弱温度变化的目的），隔热层分临时性和永久性两种。永久性隔热层采用较厚的保温材料，具有较好的保温效果，此类集装箱又分主动式和被动式两种，至于采取主动式还是被动式系统，主要取决于易腐货物的价值。主动式制冷集装箱一般采用干冰作为冷媒，并采用自动调温控制的换热器。这种换热器可以更加均匀地分配气流，避免内部的冷或热集中区域，当环境温度超过产品温度8℃，该类系统可以发挥最大功效，特别是对于那些冷冻货品。被动式制冷集装箱只是在内部装上干冰或者一般的冰，同时必须上报给航空公司，因为高浓度的二氧化碳会产生危险。类似的，一般的冰融化产生的水也容易引发危险。

航空冷链运输是通过装载冷藏集装箱进行联合运输的。除了使用标准的集装箱外，小尺寸的集装箱和一些专门行业非国际标准的小型冷藏集装箱更适合于航空运输，因为他们既可以减少起重装卸的困难，又可以提高机舱的利用率，对空运的前后衔接都带来方便。飞机只能运行于机场与机场之间，冷藏货物的进出机场还要有其他方式的冷链运输来配合。因此，航空冷链运输一般是综合性的，采用冷藏集装箱，通过汽车、列车、船舶、飞机等联合运输，不需要开箱倒货，实现"门到门"快速不间断冷环境下的高质量运输。为确保冷链运输的可靠性，最重要的是正确地准备集装箱，严格产品包装及搬运流程。

航空冷链运输的优点是高速性和准时性以及高度的机动灵活性。航空冷链运输不受地形地貌、山川河流的影响，只要有机场并有航路设施保证，即可开辟航线，如果用直升飞机，其机动性更大。特别是在大型突发事件和灾害事件中，在应急供应易腐货物的过程中作用重大。

缺点是运量小、运价高、成本高，温控效果不尽如意。此外，飞机的动力系统不能向冷藏集装箱提供电源或冷源。空运集装箱的冷却方式一般是采用液氮和干冰。在航程不太远，飞行时间不太长的情况下，需要对易腐货物进行适当预冷后再进行保冷运输。由于在高空外界温度低，飞行时间短，货物的品质能够较好的保持。在航程较远、飞行时间长的情况下，易腐货物的品质受到影响。

干冰作为冷媒具有一定的局限性：控温精度不高，没有加热功能，需要特殊的加冰站等。近来 Envirotainer 公司推出的新型系列航空温控集装箱，采用机械压缩式制冷方法，使用于一些特殊的温控运输用途，例如疫苗以及对温度敏感的药品（蛋白质类药物），其温度控制范围一般在 2～8℃ 之间，这些货品都具有很高的附加值。全球目前有 4 家可以提供温控集装器的供应商。

② 适用范围　航空冷链运输是所有运输方式中速度最快的一种，适用于易腐货物的长途运输，包括国际、国内运输。随着消费者对易腐货物时效性要求的提高，以及对易腐食品鲜度、风味需求的增加，航空冷链运输的需求量越来越大。

通常，航空冷链运输用来运输新鲜娇嫩、易受机械损伤而变质、附加值较高、需长距离运输或出口的易腐货物，一是跨地区、跨国的名贵花卉、珍稀苗木的冷链运输；二是部分生鲜山珍海味，特种水产养殖的苗种、观赏鱼；三是某些生化制品、药品、特种军需物品等的运输。

（5）冷藏集装箱运输

严格来说，集装箱只是一种运输工具，是一种标准化的运输工具，可通用于上述各种运输方式。冷藏集装箱具有一定的隔热性能，能够保持一定低温。按制冷方式有保温集装箱、外置式保温集装箱、内藏式冷藏集装箱、液氮和干冰冷藏集装箱。

① 技术经济特点　冷藏集装箱装载容积率高，运输能力大，具有足够的强度，可长期反复使用，途中转运时，箱内货物不需换装。适用于一种或多种运输方式运送。

冷藏集装箱具有快速装卸和搬运的装置，在使用中可以实现整箱吊装机械化装卸作业。装卸效率高，在冷链运输的起点和终点便于易腐货物的装卸空，装卸转运时间达到最佳水平。

冷藏集装箱调度灵活，周转速度快，能够满足批量灵活的运输需求，对小批量易腐货物也适合。

箱内温度可在一定范围内调节。箱体上还设有换气孔，性能良好的冷藏集装箱温度误差可以控制在±1℃之内，避免温度波动对质量的影响，可以实现与冷库"门对门"装卸货物，实现从产地到需求地"门到门"的运输，避免"断链"。比如冷藏集装箱可利用大型拖车直接开到果蔬产地预冷库，产品预冷后直接装入箱内，使果蔬处于最佳贮运条件下，保持新鲜状态，直接运往目的地。这种优越性是其他运输工具所不可比拟的。

按市场需要供货、保证市场销售价格稳定。用冷藏集装箱运货，到达目的地后如市场供大于求，可继续制冷，市场需要时再卸货上市，可实现较好价出售。而使用其他冷链运输工具，就很难做到这一点。

② 适用范围　冷藏集装箱适用于各类易腐货物的冷藏贮运，可在世界范围内流通使用，是陆海空冷链运输工具中发展最快、应用最多的重要运输工具，并具有冷链运输通用性和国际标准化的特点。

新型冷藏集装箱结构和技术性能更合理先进，有广泛的适用性。标准的冷藏集装箱可以用于铁路冷藏运输，这些集装箱满足了 ISO 的统一标准，运输者也可以将这些制冷集装箱通过船运或者公路来运输。是一种最适宜运送易腐货物的运输工具。

冷藏集装箱适应易腐货物外贸发展，增加外汇收入。国际食品市场对易腐食品的数量与质量要求相当高，没有先进的具有一定规模的冷链运输工具，易腐货物的运输质量很难保证。比如新西兰苗圃业不仅出口叶菜、观赏植物，还出口季节性和常绿的苗木。新西兰用海运代替空运、使用 ISO 冷藏集装箱不仅运费大大降低，而且保证了销路。因此可以说，没有冷藏集装箱就没有蓬勃发展的新西兰出口业。

(6) 联合运输

联合运输是指遵照统一的规章或协议，使用统一运输凭证或通过代办中转业务，将各种冷链运输方式紧密协调与衔接，共同完成易腐货物的运输任务。现代化生产的一个重要特征就是协作。这种运输方式汲取铁路、汽车、船舶、飞机等基本冷链运输方式的长处，把它们有机地结合起来，实行多环节、多区段、多工具相互衔接进行易腐货物运输。

① 联合运输组织的特点　联合运输克服了单个运输方式所固有的缺陷，在整体上保证运输全程的最优化；提高运输速度、降低运输成本，提高物流效率。与一般运输相比，易腐货物冷链联合运输在组织生产活动中的特点表现如下。

a. 代理性。联合运输行业主要是以提供服务的方式为承运、托运双方提供代办中转和代理承托业务，具有代办、代理的双重身份。即对冷链运输企业而言，代表货主；对易腐货物的货主而言，又代理冷链运输业务，所以从事联合运输的企业一般都具有代理性。

b. 协同性。联合运输不仅要求冷链运输过程涉及的各部门和各环节在运输组织上协作配合，建立统一计划、统一技术作业标准、统一考核标准等规章制度；在冷链技术装备上也必须相互配套，实现冷链运输装备的协同性。

c. 通用性。联合运输涉及两种以上或一种冷链运输方式两程以上的衔接配合，以及产、供、运、销各企业间的冷链运输协作，所使用的商务及货运规章、协议、合同规定必须具有两种冷链运输方式或两个以上企业共同遵循的通用性。

d. 全程性。在联运过程中，货物从受理、承运、交付直到运后服务、财务结算等环节，无论经过几程运输，几个中转环节，均可一票贯穿全程，具有组织完成冷链运输任务的全程性。

e. 简便性。联运实行"一次托运、一次起票、一次结算、一票到底、全程负责"的运输代理，与一般运输相比，手续简便，大大节省了人力和时间，从而提高了运输效率和社会综合经济效益。

② 联合运输组织的方式

a. 协作式多式联运。组织者是在各级政府主管部门协调下，由参加多式联运的各种方式的运输企业和中转港站共同组成的联运办公室（或其他名称）。货物全程运输计划由该机构制定，这种联运组织下的货物运输过程如图 1-8 所示。

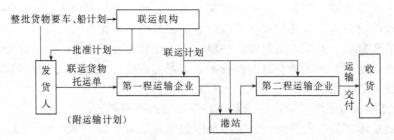

图 1-8　协作式多式联运流程示意图

b. 衔接式多式联运。全程运输组织业务是由多式联运经营人完成的，这种联运组织下的货物运输过程如图1-9所示。

图1-9 衔接式多式联运流程示意图

（注：MTO指多式联运经营者，Multimodal Transportation Operator）

1.1.5 冷链运输的意义

（1）满足人民生活需要

"民以食为天"，人类的食物除少数物质如盐类，几乎全部来自动植物。食物是人体生长发育、更新细胞、调节机能必不可少的营养物质，也是产生热量、保持体温、进行各项活动的能量来源。早期人类对食品的认识仅仅是为了生存，以后逐渐发展到利用食物来治病，争取健康长寿。我国古代就有"医食同源"、"药膳同源"之说，《黄帝内经·素问》中就有"五谷为养、五果为助、五畜为益、五菜为充"的食物与养生的记载。许多食物原料或其生鲜成品易于腐烂变质需要进行特殊处理才便于贮藏与运输。冷链运输的食品，大多是供应城乡居民的具有高营养价值的新鲜水果、蔬菜、肉类、鱼类和蛋类。

冷链运输将大量的易腐食品从生产地运往消费地，满足人民的生活需要，提高人民的生活水平和健康水平。易腐食品的大量生产推动了冷链运输的发展，而冷链运输的发展，反过来又会促进易腐食品的生产。没有冷链运输，易腐货物的生产量也就不可能发展到超出本地需要的范围。随着冷链运输的快速发展，易腐货物供销市场发生了较大的变化，比如对于果蔬类的需求从原来的生存依赖型向品种调剂型发展。易腐食品消费量的多少，是衡量人民生活水平提高的重要标志之一。随着我国城市化进程和人们生活节奏的加快，快餐原料、调理食品和加工食品需求加大，冷链运输可以满足相应的需求。

（2）促进国际贸易

由于冷链运输的发展，我国对外贸易中易腐食品的出口数量也逐年增长。首先，我国农产品出口位居世界前列。从整体上来看，我国的对外贸易额也一直处于平稳上涨态势。2002~2010年，我国农产品出口额年均增速达11.7%。农产品进出口的大部分货物如蔬菜瓜果、鲜肉、奶制品、水产品等都需要冷链运输。从贸易伙伴的集中度来看，根据2011年《中国冷链物流发展报告》，2010年我国农产品出口的市场主要集中在日本、美国、中国香港、韩国、印度尼西亚、德国、马来西亚、俄罗斯、越南和泰国。日本和中国香港是我国农产品第一、第二大出口地。每年我国鲜活易腐食品在中国香港市场上创汇达数亿美元，特别是猪肉、牛肉、鸡蛋等占据绝大部分市场。其次，改革开放后，由于城市人民生活水平的日益提高，过去不敢问津的进口水产品（如金枪鱼、三文鱼）、进口果蔬产品也进入了国内消费市场，这就使易腐食品的进口也日益增加。

（3）保障食品品质与安全

随着我国经济的快速发展和城镇居民消费水平的提高，我国城镇居民的饮食结构发生改变，消费心理发生变化，需求层次进一步丰富，对食品的安全和品质提出了更高的要求，从数量满足基本生活所需，向质量满足健康营养、生态和资源可持续性的阶段发展。近年来食品质量安全事故频发，给居民消费安全、社会稳定带来了不利因素。国际上对食品安全的关注度不断升温，食品应急和安全问题已纳入国家战略。冷链运输作为一种特殊的运输形式，能够有效地保证易腐食品的营养与品质，从而保障食品安全。

1.2 国内外冷链运输的现状

1.2.1 国内现状

（1）政策导向

从 2006 年开始，国家相关部门针对我国冷链物流行业出台的一系列政策规划，为冷链物流的发展提供了积极的产业环境和政策支持。

2009 年《物流业调整和振兴规划》强调要重点发展农产品和食品的冷链物流体系。

2010 年《农产品冷链物流发展规划》指出"发展一体化冷链物流，建立跨地区长途调运的冷链物流体系。积极推动特色水果产区到大中城市的水果冷链物流体系，以及反季节蔬菜和特色蔬菜的南菜北运、东菜西输冷链物流体系建设"。"鼓励大型冷链物流企业购置和配备节能、环保的长短途冷链运输车辆，推广全程温度监控设备。到 2015 年，争取全社会新增冷藏运输车 4 万辆，大幅度提升冷链物流企业的冷链运输能力，提高我国生鲜农产品的冷链运输率；鼓励肉类和水产品加工、流通和销售企业购置预冷保鲜、冷藏冷冻、低温分拣加工、冷藏运输工具等冷链设施设备，提高冷链处理能力，逐步减少'断链'现象的发生"。

2010 年 8 月，国务院召开常务会议，出台了《研究部署进一步促进蔬菜生产保障市场供应和价格基本稳定的政策措施》。强调加快实施《农产品冷链物流发展规划》，加强产地蔬菜预冷设施、批发市场冷藏设施、大城市蔬菜低温配送中心建设，并且明确指出"加强产销地铁路专用线、铁路冷藏运输车辆及场站设施建设，促进大批量、长距离蔬菜的铁路运输"。

商务部《关于"十二五"期间加快肉类蔬菜流通追溯体系建设的指导意见》对"十二五"期间加快肉类蔬菜流通追溯体系建设工作进行全面部署，并强调加快推进全过程追溯体系建设，健全肉类蔬菜追溯网络。

（2）冷链物流需求

冷链物流的发展与社会经济环境密切相关。近年来我国肉类、水产品、速冻米面、果蔬产量在整体上呈现增长趋势，2010 年我国生鲜农产品年总产量约 10.6 亿吨，如表 1-3 所示。

表 1-3　2010 年各地主要农产品产量

品　类	蔬菜	水果	肉类	奶类	禽蛋类	水产品
产量/万吨	65099.4	21401.4	7925.8	3748	2762.7	5373

数据来源：2011 年《中国统计年鉴》、2010 年《中国农业统计资料》。

我国是拥有 13 亿人口的农业大国，GDP 快速稳定增长，人均可支配收入水平逐年提高，生鲜农产品市场和消费群体逐步扩大。农牧业的快速发展和不断扩大的国内外市场消费需求同时促进了农产品冷链物流的发展。未来进入冷链运输市场的易腐货物数量可观，需求空间巨大，如表 1-4 所示。

表 1-4 我国冷链物流未来需求空间

指　　标	产　品	目　　前	2015 年目标
冷链流通率	果蔬	5%	≥20%
	肉类	15%	≥30%
	水产品	23%	≥36%
冷链运输率	果蔬	15%	≥30%
	肉类	30%	≥50%
	水产品	40%	≥65%
流通环节腐损率	果蔬	20%~30%	≤15%
	肉类	12%	≤8%
	水产品	15%	≤10%

数据来源：2010 年《农产品冷链物流规划》。

(3) 易腐货物的运量结构与运输流向

目前易腐货物运输向小批量、多品种方向发展，易腐货物供销关系与供销方式都发生了变化。在市场经济条件下，经销商直接从农户或市场上采购，又直接销售给消费者或者另一个经销商。同时，对运输的要求也有了提高。易腐货物经销商为抢占市场，宁愿出高价租用汽车或者通过飞机运输易腐货物。"速度快、质量好"成为易腐货物冷链运输的首选目标。

在冷藏运输的运输品类结构中，冷加工食品运量少，由于目前我国食品加工业比较落后，速冻与冷却的果蔬运量很少、冷鲜肉类货物的运量也很少。

随着温室栽培技术的进步与推广，北方地区寒冷季节的蔬菜自给能力增长较快，外购产品的结构发生了明显变化，从而使冷链运输"南菜（果）北运"的运量减少。传统上是蔬菜外购地区的甘肃等地，近年来在农业生产、技术上投入较大，蔬菜生产发展较快，已经逐步成为"西菜东运"的重要基地。这些变化导致易腐货物冷链运输流向发生变化。

(4) 我国易腐货物运输存在的问题

① 冷链运输难以满足市场需求。我国易腐货物在数量供应方面存在增产与增收之间的矛盾。"三农问题"的解决是我国长期以来国家重大的国计民生问题。我国战国时期著名政治家李悝在经济上推行的"平民思想"就有精辟论断："籴甚贵，伤民；甚贱，伤农。民伤则离散，农伤则国贫。故甚贵与甚贱，其伤一也。善为国者，使民不伤而农益劝"。随着我国农业的集约化、规模化和产业化，迫切需要解决我国农业增产与增收之间的矛盾。

我国易腐货物在季节和品种供应方面存在均衡供应的矛盾。随着我国经济增长和人口增长，迫切需要解决"菜篮子工程"。在保障供给、调节时间和空间市场方面，落后的冷链物流体系支撑不足，供需矛盾日益凸显。特别是大型突发事件中易腐食品的不稳定供应和因干旱、低温、暴雨等异常天气因素，商贩囤积居奇、哄抬价格，导致个别品种价格的不合理上涨等现象。比如猪肉消费的季节性特征非常明显，1月、2月、9月和12月是一年中的猪肉消费旺季，消费量约占全年总量的40%。在价格上经历了2004~2006年的"大落"和2007年的持续"疯涨"。

② 易腐货物损耗严重。长期以来，由于现代化冷链基础设施落后以及不适当的包装方法、材料、容器和处理方法，我国的肉类、水产品、果蔬等易腐货物从产地到餐桌的各个环节中近80%没有经过冷链流通，采用常温运输销售，腐烂、损失严重。中国作为一个发展中的人口大国，这一问题显得尤为严重。根据中国食品工业协会资料显示，果

蔬的采摘、运输、贮存等物流环节上损失率达25%～30%，造成每年约1200万吨水果和1.3亿吨蔬菜的浪费，经济损失超过千亿元。而发达国家果蔬的物流环节损失率一般在5%左右。

易腐货物冷链物流很不完善，农业组织化程度低，果蔬采收和流通设施落后，果蔬优质率低。易腐货物装车大多在露天而非在冷库和保温场所操作，80%～90%的水果、蔬菜、禽肉、水产品大多是用普通货车常温运输，至多上面盖帆布或塑料布，冷藏运输率约10%～20%。由此产生的巨大损耗非增产技术所能弥补。2010年《农产品冷链物流规划》提出的目标是"到2015年我国果蔬、肉类、水产品冷链流通率将分别提高到20%、30%、36%以上，冷链运输率分别提高到30%、50%、65%左右，流通环节产品腐损率分别降至15%、8%、10%以下"。

③ 冷链运输装备投入不足。农业生产集约化、规模化程度较低，易腐货物原材料如生鲜农产品加工基本以个体经营居多。人、材、物成本高昂，市场价格行情不定，导致农户在冷链方面的投入不足，造成生鲜农产品"卖难"的局面。大型易腐货物生产加工企业，在贮、销、运环节中，也同样存在冷链设施资金投入不足的问题。在公路冷链运输中，大部分易腐货物是通过普通卡车运输完成的，冷藏车只担负了约20%的运量，其中基本上是冻肉、禽、水产品及蛋类，对于温度要求不太高的果蔬，则只能"望货兴叹"，大量果蔬只能通过普通卡车运输，少量使用冷藏车的也仅供出口。冷链物流成为制约目前农产品产销贮运的瓶颈，一方面农民备受"丰产不丰收、增产不增收"之苦，另一方面产品无法进入消费环节。

④ 粗放式管理、缺乏严格的标准。冷链物流在总体上仍采用粗放式的操作，与国际标准相差巨大，没有解决设备陈旧、不足、分散，成本高昂、技术落后、管理混乱等基本问题。比如目前易腐货物装车大多在露天而非在冷库和保温场所操作。货运卡车约有70%是敞篷式设计，只有约30%是密封式或厢式设计，而备有制冷机及保温箱的冷藏汽车不到10%。特别是铁路冷链运输设施非常陈旧。此外，基层采收网点、冷链配送中心、技术设备等硬件基础设施尚处于起步建设阶段，目前在经济发达地区主要以政府牵头扶持商业的形式运作，没有在农、林、牧、渔业基层产地全面展开。

(5) 与发达国家的差距

我国与发达国家在人均冷库容量、冷藏冷冻资源，预冷保鲜率、冷链运输率、损耗率等方面差距较大，见表1-5、图1-10。我国人均冷库容量为7千克，美国人均冷库容量为69千克，德国人均冷库容量为49千克，英国人均冷库容量为27千克。

表1-5 国内外冷链发展情况对比

指 标	国 外	国 内
预冷保鲜率	欧美发达国家:80%～100%	不到30%
冷藏仓贮能力	世界总量:2.477亿立方米 美国:7074万立方米	约3000万立方米(约900万吨)
冷链运输率	欧美发达国家:80%～90%	果蔬15% 肉类30%
	俄罗斯、泰国、智利等:50%	水产品40% 果蔬20%～30%
损耗率	欧美发达国家:≤5%	肉类12% 水产品15% 果蔬20%～30%

数据来源：2010年《中国冷链物流发展报告》。

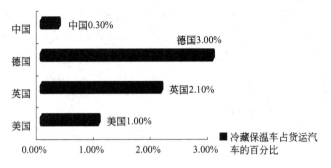

图 1-10 国内外冷藏资源对比

数据来源：2011 年《中国冷链物流发展报告》。

1.2.2 国外现状

（1）发达国家已形成完整的冷链流通体系

欧美发达国家及日本对冷链相关产业重视早、建设早，建立了包括生产、加工、贮藏、运输、销售等在内的易腐货物的冷链流通体系，应用先进的信息技术，采用铁路、公路、水路和航空等多式联运，在运输过程中全部使用冷藏车或者冷藏箱，易腐货物的冷冻、冷藏运输率及运输质量完好率高。

美国易腐货物的流通已形成一种成熟的冷链模式。比如果蔬类易腐货物在采摘、运输、贮藏等环节中的损耗率仅为 2%～3%。从整地、播种、收获到采后处理的整个环节，在发达国家中率先实现了果蔬产业现代化、机械化，部分作业还实现了自动化。美国蔬菜服务体系完善，服务手段先进，较好地解决了果蔬均衡供应的问题，基本上实现产前、产中、产后全程多方位社会化服务，包括：技术推广、咨询服务；生产作业服务，包含耕地、播种、喷施、除草、采收多种作业服务；购销服务，主要提供蔬菜的采购收集、分级整理、加工包装、贮运和销售等产后服务；信息服务，利用多种现代化媒体，提供有关生活、农资、市场、生产技术及病虫害预测预报等多种信息服务；其他服务，包括信贷与保险、农场管理咨询、法律、会计、土壤测试等服务项目。

为了保证质量和降低易腐货物的损耗，美国非常重视易腐产品生产（采收、捕捞）的各个环节。比如蔬菜采后处理的一般程序为：采收和田间包装—预冷—清选与杀菌—打蜡或薄膜包装—分级包装。所有蔬菜包装材料均印有蔬菜名称、等级、净重、农家姓名、地址、电话等，以保证信誉。蔬菜始终处于采后生理需求的低温条件，形成一条"冷链"，即田间采后预冷—冷库—冷藏运输—批发站冷库—自选商场冷柜—消费者冰箱。由于处理及时得当，美国蔬菜在加工运输环节的损耗率仅为 1%～2%。

日本建立了一批加工厂、预冷库、冷藏库、运输中心、地方批发市场、超市、零售店等，农产品的产后商品化比例达 100%。易腐货物的冷链流通率为 98%。普遍采用包括采后预冷、整理、冷藏、运输、物流信息等规范配套的流通体系，政府通过制定法律、法规和公共服务进行宏观调控。在运送果蔬类易腐货物时，使用通风车或保温集装箱，有些水果蔬菜也采用气调集装箱运输。日本的鱼产量占世界前列，出口量占世界市场的 10% 左右。在运送鱼肉等鲜冷食品时，采用冷藏车和冷藏集装箱运输。英国最长的铁路和公路运输距离只有 550km，主要用集装箱运输易腐货物。澳大利亚和新西兰两国均为世界肉类、乳制品和水果出口量较大的国家。运输易腐货物主要使用冷藏车和冷藏集装箱。

(2) 欧美等发达国家具有先进、完善的冷链物流系统

① 政策法律环境。发达国家十分重视对冷链物流的政策支持和法律保障，政府通过制定各种优惠、扶持政策，加大对冷链企业的支持。如一系列减免税收、启动资金扶持政策。在法律法规方面，发达国家通过规范国家标准，严格执法检查，以确保食品冷链业健康、有序地发展。

② 冷链物流基础设施与技术。欧洲一些发达国家已拥有10座世界级的自动化冷库。目前国外新建的大型果蔬贮藏冷库多半是气调库。日本是亚洲最大的速冻食品生产国，据统计，日本冷库中-20℃以下的低温库占80%以上。欧美等国具备通畅的交通网络，交通运输设施十分完备，公路、铁路、水路航线都四通八达，这为本国物品的输入和输出奠定了良好的基础。从 GCCA（Global Cold Chain Alliance，全球冷链联盟）核心合作伙伴——国际冷藏仓库协会（International Association of Refrigerated Warehouse）发布的全球冷库容量的报告中，可以看到2004、2006、2008年全球主要国家冷库容量，如表1-6所示。

表1-6 2004、2006、2008年全球主要国家冷库容量

国家或地区	2004年		2006年		2008年	
	百万立方米	百万立方英尺	百万立方米	百万立方英尺	百万立方米	百万立方英尺
阿根廷	*	*	*	*	0.5	17.66
澳大利亚	5.24	185.05	6	211.89	6	211.89
奥地利	0.65	22.95	0.8	28.25	0.8	28.25
孟加拉国	*	*	*	*	7.76	274.04
比利时	1.6	56.5	1.6	56.5	2	70.63
巴西	2.2	77.69	2.7	95.35	4.5	158.92
加拿大	6.34	223.89	6.79	239.79	6.89	243.32
智利	*	*	*	*	0.17	6
哥伦比亚	*	*	*	*	0.12	4.24
哥斯达黎加	*	*	*	*	0.09	3.18
丹麦	1.8	63.57	1.8	63.57	1.9	67.1
东欧	1	35.31	1	35.31	2	70.63
芬兰	0.4	14.13	1.8	63.57	1.8	63.57
法国	5.4	190.7	5.4	190.7	8.5	300.17
德国	6.5	229.55	8.7	307.24	13.4	473.22
英国	4.4	155.38	4.4	155.38	5.6	197.76
希腊	0.9	31.78	0.9	31.78	0.9	31.78
危地马拉	*	*	*	*	0.07	2.5
印度	*	*	*	*	18.58	656.15
爱尔兰	1.3	45.91	1.3	45.91	1.7	60.03
意大利	3	105.94	3	105.94	3.5	123.6
日本	27.46	969.74	27.69	977.86	27.69	977.86
马来西亚	*	*	*	*	0.01	0.46
毛里求斯	*	*	*	*	0.03	1.06
墨西哥	*	*	*	*	1.35	47.67
中东	0.4	14.13	3	105.94	3.5	123.6
纳米比亚	*	*	*	*	0.04	1.41
荷兰	1.2	42.38	9	317.83	12.6	444.96
挪威	1.5	52.97	1.5	52.97	1.5	52.97
秘鲁	*	*	*	*	0.08	2.83
波兰	0.3	10.59	0.3	10.59	0.3	10.59
葡萄牙	0.6	21.19	0.6	21.19	0.8	28.25

续表

国家或地区	2004 年		2006 年		2008 年	
	百万立方米	百万立方英尺	百万立方米	百万立方英尺	百万立方米	百万立方英尺
俄罗斯	*	*	*	*	16	565.03
南非	*	*	*	*	0.44	15.54
西班牙	2.5	88.29	2.9	102.41	8.2	289.58
瑞典	0.9	31.78	0.9	31.78	0.9	31.78
瑞士	0.5	17.66	0.5	17.66	1	35.31
特立尼达和多巴哥	*	*	*	*	0.06	2
土耳其	0.3	10.59	0.3	10.59	0.4	14.13
美国	66.75	2,357.10	68.97	2,435.80	70.74	2,498.20
委内瑞拉	*	*	*	*	0.35	12.36
总容量	143.14		161.85	5,715.83		8,749.97

资料来源：国际冷藏仓库协会。

注：*表示无相关数据。

③ 信息管理。发达国家都拥有发达的冷链物流信息管理系统，如美国发展了一种基于质量安全的食品供应链的高新技术回溯系统，可以记录农产品在市场流通中的任一环节的免疫记录、健康记录和饲养记录。荷兰建立了虚拟的电子食品供应链。韩国建立了全方位的信息网络，易腐货物信息通过互联网、电话、电视广播、报纸杂志等传播媒介，最大限度地实现信息资源的社会共享，对保障易腐货物的供应品种、数量和价格起到了十分重要的作用。

发达国家冷链企业依靠科技创新提升冷链产业各个环节的整体水平，比如冷链加工技术、冷链包装技术。加拿大一个公司开发的 Toxin Guard 可以直接印在食品软性塑胶薄膜上进行检测，当食品新鲜度下降、病原菌或化学药品存在时，包装上即呈现清晰的标志，用来提醒消费者、零售企业或者食品检验员。

④ 共同配送策略。发达国家广泛采用共同配送策略，提高物流运作效率、降低物流成本。如日本 7-11 便利店将物流路径集约化转变为共同配送中心，以实现高频率、多品种、小批量配送。共同配送策略的推行使大多数企业之间避免了重复、交叉运送问题，也使得车辆装载率和运输效率提高，消减了物流成本，使物流服务水平得以提高。有效地缓解了城市交通拥堵，减少了冷链运输车辆出行，进一步降低了由于货运交通带来的环境污染。

⑤ 行业协会。发达国家冷链行业协会的作用能得到充分发挥。国外冷链行业协会一方面积极宣传政府的方针、政策和法规，另一方面代表企业利益反映企业需求，对完善政策和改善企业经营提出意见和建议。冷链龙头企业在促进冷链产业发展中起到至关重要的作用。因此各国纷纷引入市场竞争机制，鼓励多种冷链模式并存共赢，依靠龙头企业，充分发挥市场机制作用。

1.3 冷链运输的发展趋势

1.3.1 智能化

冷链物流系统将朝着智能化方向发展。在易腐货物的冷链运输中，广泛采用自动化技术、计算机技术、数字控制技术等新技术，优化冷藏运输设备结构，提高设备可靠性和自动化水平。

在冷链运输基础设施和网络建设中，应用仓贮管理系统、自动化冷库技术、预冷技术、无损检测与商品化处理技术和运输温度自动控制等先进技术。

冷链物流信息化将成为冷链物流系统未来的发展趋势。目前很多冷链物流普及的国家，已经广泛采用无线互联网技术、条码技术、RFID（Radio Frequency Identification，射频识别技术）、GPS（Global Positioning System，全球定位系统）、GIS（Geographic Information System，地理信息系统）以及在仓储、运输管理和基于互联网的通信方面的技术。先进的冷链企业为提高竞争力将会更加重视公司的冷链信息化建设，依托现代前沿网络技术——物联网资源，建立冷链追溯查询信息系统，构建易腐货物冷链物流信息备案制度。最终实现政府相关部门、冷链物流行业及物流企业对易腐货物冷链物流活动的检测、监督和控制。

先进的信息技术是冷链物流系统健康、有效发展的保证。通过信息化系统和网络交易平台，结合先进的管理工具如 ERP（Enterprise Resource Planning，企业资源计划）、MIS（Management Information System，管理信息系统）、仓贮管理系统、信息发布系统、搜索引擎，最大程度地提高冷链物流效率。以冷链物流中心为核心，结合城市配送运输，整合现有资源，将易腐货物的冷链供应商、生产商、承运人、消费者及相关的银行、海关、商检、保险等单位联结起来，形成高效的冷链物流运作体系，实现对易腐货物的资源共享、信息共享和全程监控，提高全社会整体冷链运输效率。

1.3.2 专业化

冷链相关产业将越来越多地选择专业化的第三方冷链物流服务。目前在美国、日本和欧洲等经济发达国家和地区，专业物流服务已形成规模，有利于制造商降低流通成本，提高运营效率，并将有限的资源和精力集中于自身的核心业务上。随着冷链物流系统的完善与发展，越来越多的易腐货物生产商都实行物流业务外包，希望得到专业化的第三方冷链物流服务。

专业化的第三方冷链物流企业能整合资源，整合物流网络，合理有效控制物流成本，减少易腐货物流通时间。先进的专业化冷链物流企业具备集约化、集团化、规模化的发展能力，通过建立冷冻冷藏产品加工配送中心，推进集约化共同配送。通过重点推进生鲜农副产品市场化运作等重点项目，促进冷链行业的发展。

1.3.3 多元化

冷链物流企业将不断地提供多元化的增值服务。目前冷链物流企业基本上可以提供仓贮、分拣、冷链运输、市内配送等服务。一些冷链物流企业提供的服务范围更加广泛，涉及采购、库存管理、数据分析等增值服务。

根据易腐货物冷链物流的要求，应充分发挥现有国家和部门相关检测机构的作用，补充和完善易腐货物的检测项目、检测内容。鼓励在大型超市、批发市场建立相应检测平台，为生鲜农产品类、食品类易腐货物提供快速检测服务。

1.3.4 标准化

包括易腐货物的原料基地生产、预冷、加工、贮运、贮运温度控制、食品安全及检测、标签、环境及服务等一系列涵盖整个冷链物流节点的标准和良好操作规范。同时，以 GAP（Good Agricultural Practices，良好农业规范）、GVP（Good Veterinarian Practice，良好兽医规范）、GMP（Good Manufacturing Practice，良好生产规范）、HACCP（Hazard Analysis Critical Control Point，危害分析关键控制点）、ISO（International Standardization Organization，国际标准化组织）为基本原理，制定易腐货物冷链物流全程质量与安全控制技术规程，实现"从田间到餐桌"的全程控制。

1.3.5 环保化

冷链运输的污染源具有流动、分散、种类多等特点。产生的环境污染和环境破坏包括运输工具尾气排放造成大气污染、船舶泄漏、垃圾排放造成水污染，制冷设备采用对臭氧层有破坏作用的制冷剂和制冷剂回收不彻底，是造成全球气候变暖的原因之一。采用清洁能源、低碳减排，使用环保型的制冷剂是冷链运输的发展趋势。

复习思考题

1. 何谓冷链运输？
2. 我们在周围接触到的冷链物流都有哪些？请举例说明。
3. 各种不同的冷链运输方式有何优缺点？
4. 冷链运输对我国经济和人民生活有哪些影响？
5. 论述冷链运输有什么作用。
6. 描述冷链运输的定义和适用范围。
7. 冷链运输的特点有哪些？
8. 描述冷链的构成和实现过程。
9. 未来冷链运输的发展趋势是什么？

扩展阅读：《农产品冷链物流发展规划》纲要

国家发改委2010年出台了《农产品冷链物流发展规划纲要》，主要包括以下内容。

（1）农产品冷链物流。即肉、禽、水产、蔬菜、水果、蛋等生鲜农产品从产地采收（或屠宰、捕捞）后，在产品加工、贮藏、运输、分销、零售等环节始终处于适宜的低温控制环境下，最大程度地保证产品品质和质量安全、减少损耗、防止污染的特殊供应链系统。近年来，随着农业结构调整和居民消费水平的提高，生鲜农产品的产量和流通量逐年增加；全社会对生鲜农产品的安全和品质提出了更高的要求。加快发展农产品冷链物流，对于促进农民持续增收和保障消费安全具有十分重要的意义。

（2）农产品冷链物流发展现状。进入新世纪以来，我国农产品贮藏保鲜技术迅速发展，农产品冷链物流发展环境和条件不断改善，农产品冷链物流得到较快发展。农产品冷链物流初具规模。农产品冷链物流基础设施逐步完善。冷链物流技术逐步推广。冷链物流企业不断涌现。农产品冷链物流发展环境逐步完善。我国农产品冷链物流发展仍处于起步阶段，规模化、系统化的冷链物流体系尚未形成，与发展现代农业、居民消费和扩大农产品出口的需求相比仍有差距。突出表现在：一是鲜活农产品通过冷链流通的比例仍然偏低；二是冷链物流基础设施能力严重不足；三是冷链物流技术推广滞后；四是第三方冷链物流企业发展滞后；五是冷链物流法律法规体系和标准体系不健全。

（3）农产品冷链物流面临的形势。从国际农产品流通产业发展的经验看，发达国家已经建立了"从田间到餐桌"的一体化冷链物流体系，不仅确保了产品质量，而且提高了农业效益。随着我国经济和社会的快速发展，对加快发展农产品冷链物流提出了更高的要求。①加快冷链物流发展是适应农产品大规模流通的客观需要。②加快冷链物流发展是满足居民消费的必要保证。③加快冷链物流发展是促进农民增收的重要途径。④加快冷链物流发展是提高我国农产品国际竞争力的重要举措。

（4）发展目标。到2015年，建成一批效率高、规模大、技术新的跨区域冷链物流配送中心，冷链物流核心技术得到广泛推广，形成一批具有较强资源整合能力和国际竞争力的核心冷链物流企业，初步建成布局合理、设施先进、上下游衔接、功能完善、管理规范、标准健全的农产品冷链物流服务体系。肉类和水产品冷链物流水平显著提高，食品安全保障能力显著增强；果蔬冷链物流进一步加快发展。果蔬、肉类、水产品冷链流通率分别提高到20%、30%、36%以上，冷链运输率分别提高到30%、50%、65%左右，流通环节产品腐损率分别降至15%、8%、10%以下。

（5）主要任务。推广现代冷链物流理念与技术；完善冷链物流标准体系；建立主要品种和重点地区农产品冷链物流体系；加快培育第三方冷链物流企业。

思考题：请结合我国农产品冷链物流发展现状，谈谈我国农产品冷链物流的发展前景。

（资料来源：国家发改委《农产品冷链物流发展规划纲要》，有删节）

参 考 文 献

[1] 陈善道，孙桂初. 铁路冷链运输. 北京：中国铁道出版社，1981.
[2] 谢如鹤. 鲜活易腐食品的"保鲜链". 冷藏技术，1996，74（1）：41-42.
[3] 谢如鹤. 我国果蔬运输必须解决的几个问题. 制冷，1993，43（2）：57-59.
[4] 谢如鹤. 易腐食品贮运技术. 北京：中国铁道出版社，1998.
[5] 谢如鹤. 交通运输导论. 北京：中国铁道出版社，1998.
[6] 谢如鹤，陈善道. 鲜活货物运输技术问答. 北京：中国铁道出版社，2002.
[7] 谢如鹤. 冷链与保鲜链及其实现的条件. 冷藏技术，1996，75（2）：4-7.
[8] 谢如鹤. 我国冷藏食品运输的现状. 中国食品工业，2005（1）：40-41.
[9] 谢如鹤等. 关于加快研制、开发和生产冷藏集装箱的思考. 综合运输，1999（7）：3-7.
[10] 国家质量技术监督局，物流术语 GB/T 18354—2006. 北京：中国标准出版社，2006.
[11] 国家质量技术监督局，物流术语 GB/T 18157—2001. 北京：中国标准出版社，2006.
[12] 铁道部. 铁路鲜活货物运输规则. 2009.
[13] 刘佳霓. 冷链物流系统化管理研究. 武汉：湖北教育出版社，2011.
[14] Sherri. D. Clark. 易腐食品冷链百科全书. 周水洪，欧阳军译. 上海：东华大学出版社，2009.
[15] 刘宝林. 食品冷冻冷藏学. 北京：中国农业出版社，2010.
[16] 周山涛. 果蔬贮运学. 北京：化学工业出版社，1998.
[17] 孙杰等. 北京 2008 年奥运会食品冷链物流系统研究. 食品科学，2008，29（7）：470-478.
[18] 孙金萍. 预冷及转运环节对冷链运输影响的研究. 制冷学报，1997（4）：12-14.
[19] 张英奎等. 食品冷藏学供应链的质量管理. 中国物资流通，2001（22）：29-30.
[20] 吕峰，林勇毅. 我国食品冷链的现状与发展趋势. 福建农业大学学报，2000（9）：115-117.
[21] 王之泰. 冷链——从思考评述到定义. 中国流通经济，2010（9）：15-17.
[22] 台湾物流网. 台湾低温物流食品物流管理作业指南.
[23] 2010 中国冷链年鉴. 北京：中国冷链年鉴社，2011.

2 制冷原理与制冷系统

现代制冷方法主要是利用制冷剂的融化、溶解、汽化、膨胀、升华、冷热分子分流等物理、化学现象来达到降低被冷却对象温度的目的。本章将从其最基础的传热传质机理出发，介绍相关概念、基础知识、制冷原理和制冷设备。

通过本章的学习，应了解热力学、流体力学、传热学的基础知识，掌握冰盐制冷、压缩制冷、制冷剂的基本原理，认识压缩机、膨胀阀、蒸发器、冷凝器等制冷系统常见设备。

比冰还要冷的"冰"

在美国南部的得克萨斯州，一个钻探队曾遇到了一件怪事：当他们用钻探机往地下打孔勘探油矿时，突然有一股强大的气流从管口喷出，立刻在管口形成一大堆雪花似的"冰"。好奇的勘探队员，像孩子般高兴地用这些"冰"滚起雪球来了。这下可不得了啦！许多队员的手被冻伤，过不了多久，许多人皮肤开始发黑、溃烂，这究竟是怎么一回事呢？

原来，那雪花似的"冰"不是由水而是由二氧化碳凝结而成的。这种固体二氧化碳在常温下融化时，能直接气化为二氧化碳气体，所以很快就销声匿迹，而周围仍旧干干的，不像冰融化后会留下水迹，因而又名"干冰"。论外貌，干冰和普通的冰确实很相像，只是干冰的温度要比普通冰更低（－78.5℃）。在这样低的温度下，难怪钻探队员的手会冻坏。

干冰可以用作强制冷剂，用干冰冷藏鱼、肉之类食品时，运输途中不会弄得到处湿漉漉的；食物在地窖中用干冰冷藏，可以存放更长时间，更奇妙的是，在许多影片和电视剧中那些云雾缭绕的景象也是干冰的功劳。因为干冰在空气中气化形成大量二氧化碳气体，呈现在观众面前的就是一片"白茫茫"的景象。此外，干冰还是人工造雨的能手。

资料来源：黄宝玲化学工作室（http://www.jxteacher.com）

利用冷藏的方式来贮运易腐食品，首先需要冷源。人们自古就广泛利用冬季的天然冷源来冷藏食品，但由于天然冷不能终年利用，同时温度又不稳定，对食品质量有很大影响，后来人们逐渐设法把冬天的冰保存到夏天使用，继而又发现了冰内加盐可以得到较低的温度。直到19世纪30年代发明了制冷机，特别是1874年制成氨制冷机以后，人工制冷方面出现了一个飞跃。从此制冷科学突飞猛进，制冷技术的运用也日益广泛。

冷和热的概念是相对而言的，冷和热在本质上有同一性，都是分子运动能的表现。分子运动速度较大，物体就显得较热，反之就较冷。根据热力学第二定律，温度差的存在决定了热量从高温向低温物体转移的必然性。在热量转移的过程中发生了热交换。因此冷和热的发生过程相伴相生、互为条件。制冷之所以发生就是由于被冷却介质的放热，在制冷机内，制冷的部件和放热的部件都是必备的，否则工质的过程就不可能循环。制冷，实际上就是利用科学手段来实现被冷却介质由热向冷的转化。

2.1 热质传输基础

2.1.1 热力学基本概念

2.1.1.1 温度

温度是表示物体冷热程度的物理量，微观上是物体分子热运动的剧烈程度。温度只能通过物体随温度变化的某些特性来间接测量，而用来量度物体温度数值的标尺叫温标。它规定了温度的读数起点（零点）和测量温度的基本单位。国际单位为热力学温标（K）。目前国际上用得较多的其他温标有华氏温标（°F）、摄氏温标（℃）和国际实用温标。从分子运动论观点看，温度是物体分子运动平均动能的标志。温度是大量分子热运动的集体表现，含有统计意义。对于个别分子来说，温度是没有意义的。

(1) 开尔文单位

开氏温度是以绝对零度作为计算起点的温度。即将水三相点的温度准确定义为 273.16K 后所得到的温度，过去也曾称为绝对温度。开尔文温度常用符号表示，其单位为开尔文，定义为水三相点温度的 1/273.16，常用符号 K 表示。开尔文温度和人们习惯使用的摄氏温度相差一个常数 273.15，即 +273.15℃（℃是摄氏温度的符号）。例如，用摄氏温度表示的水三相点温度为 0.01℃，而用开尔文温度表示则为 273.16K。开尔文温度与摄氏温度的区别只是计算温度的起点不同，即零点不同，彼此相差一个常数，可以相互换算。这两者之间的区别不能够与热力学温度和国际实用温标温度之间的区别相混淆，后两者间的区别是定义上的差别。

(2) 华氏温标

华氏度（Fahrenheit）和摄氏度（Centigrade）都是用来计量温度的单位。包括中国在内的世界上很多国家都使用摄氏度，美国和其他一些英语国家一般使用华氏度而较少使用摄氏度。

它是以其发明者 Gabriel D. Fahrenheir（1681~1736）命名的，其结冰点是 32°F，沸点为 212°F。1714 年德国人法勒海特（Fahrenheit）以水银为测温介质，制成玻璃水银温度计，选取氯化铵和冰水的混合物的温度为温度计的零度，人体温度为温度计的 100 度，把水银温度计从 0 度到 100 度按水银的体积膨胀距离分成 100 份，每一份为 1 华氏度，记作"1°F"。

(3) 摄氏温标

它的发明者是 Anders Celsius（1701~1744），水的结冰点是 0℃、沸点为 100℃。1740 年瑞典人摄氏（Celsius）提出在标准大气压下，把冰水混合物的温度规定为 0℃，水的沸腾温度规定为 100℃。根据水这两个固定温度点来对玻璃水银温度计进行分度。两点间作 100 等分，每一份称为 1 摄氏度，记作"1℃"。

摄氏温度和华氏温度的关系：°F=1.8℃+32

摄氏温度和开尔文温度的关系：K=℃+273.15

2.1.1.2 压力

垂直作用于流体或固体界面单位面积上的力。界面可以是指流体内部任意划分的分离面，也可以是流体与固体之间的接触面。任意流体的表面都受到来自外界的作用力，称表面力，单位为牛顿（简称牛）。物体单位面积所受的表面力称为压强，在国际单位制中，压强的单位为帕斯卡（简称帕），1帕＝1牛顿/米^2。

标准条件（温度 $T=288.15K$，空气密度 $\rho=1.225kg/m^3$）下海平面高度大气压力为101325Pa，称为标准大气压。

工业上采用 $1kgf/cm^2$ 为1个工程大气压，其值为98066.5Pa。

气象学中定义 $10^6 dyn/cm^2$ 为1bar，1bar＝10^5Pa，接近1个标准大气压。

流体的压力与温度、密度等参数有关。

理想气体压力 $p=\rho RT$，式中 R 为气体常数，与气体种类有关，空气的 $R=287.0J/(kg \cdot K/℃)$。液体压力随密度增加而增加。

2.1.1.3 湿度

湿度，表示大气干燥程度的物理量。在一定的温度下在一定体积的空气里含有的水气越少，则空气越干燥；水汽越多，则空气越潮湿。空气的干湿程度叫做"湿度"。在此意义下，常用绝对湿度、相对湿度、比较湿度、混合比、饱和差以及露点等物理量来表示；若表示在湿蒸汽中液态水分的重量占蒸汽总重量的百分比，则称之为蒸汽的湿度。

(1) 绝对湿度

绝对湿度是一定体积的空气中含有的水蒸气的质量，一般其单位是 g/m^3。绝对湿度的最大限度是饱和状态下的最高湿度。绝对湿度只有与温度一起才有意义，空气中能够含有的湿度的量随温度变化而变化，在不同的温度中绝对湿度也不同，随着温度的变化空气的体积也要发生变化。但绝对湿度越靠近最高湿度，它随温度的变化就越小。

(2) 相对湿度

一台湿度计正在记录的是相对湿度。相对湿度是绝对湿度与最高湿度之间的比，它的值显示水蒸气的饱和度有多高。相对湿度为100%的空气是饱和的空气。相对湿度是50%的空气含有达到同温度的空气的饱和点的一半的水蒸气。相对湿度超过100%的空气中的水蒸气一般会凝结。随着温度的增高空气中可以含的水就越多，也就是说，在同样多的水蒸气的情况下温度升高相对湿度就会降低。因此在提供相对湿度的同时也必须提供温度的数据。通过相对湿度和温度也可以计算出露点。

2.1.1.4 热量

热量，指的是由于温差的存在而导致的能量转化过程中所转移的能量。而该转化过程称为热交换或热传递，热量的单位为J。

2.1.1.5 热力学基本定律

(1) 热力学第零定律

若A物体与B物体达到热平衡，C物体与B物体也达到热平衡，则A与C物体温度相等。此定律应成立于第一、二、三定律之前，却总结于之后，故被称为热力学第零定律。

(2) 热力学第一定律

系统在任一过程中包括能量的传递和转化，其总能量的值保持不变，也即能量守恒。

(3) 热力学第二定律

热量在自发的情况下只能从高温物体传向低温物体。热传递的方向和温度梯度的方向相反。这是克劳休斯的表述，也叫熵增加原理，它表明世界将变得越来越没有秩序，越来越混乱。

(4) 热力学第三定律

绝对零度不可达到。

2.1.1.6 熵

热传导、功变热和气体自由膨胀等物理过程具有单向性（或不可逆性）特征，热量能自发地从高温物体传到低温物体，但热量从低温物体传到高温物体的过程则不能自发发生；机械功可通过摩擦全部转化为热，但热不可能全部转化为机械功；气体能向真空室自由膨胀，使本身体积扩大而充满整个容器，但决不会自动地收缩到容器中的一部分。德国物理学家克劳修斯首先注意到自然界中实际过程的方向性或不可逆性的特性，从而引进了一个与"能"有亲缘关系的物理量——"熵"。

熵常用 S 表示，它定义为：一个系统的熵的变化 ΔS 是该系统吸收（或放出）的热量 ΔQ 与绝对温度 T 的"商"，即 $\Delta S = \Delta Q / T$。当系统吸收热量时，ΔQ 取为正；当系统放出热量时，ΔQ 取为负。这里我们定义的是熵的变化，而不是熵本身的值。这种情况与讨论内能或电势能和电势时一样，在这些问题中重要的是有关物理量的变化量。这样定义的熵是如何描述实际过程单向性特征的呢？以热传导过程为例，热量只能自发地从高温物体传向低温物体，而不能自发地从低温物体传向高温物体。

2.1.1.7 焓

焓是物体的一个热力学能状态函数，可定义为：$H = U + pV$。其中 H 表示焓，U 表示内能。内能是系统内部一切运动形式的能量总和。其中包括的能量形式有：分子无规则运动的动能、分子间相互作用的势能、分子内部以及原子核内部的各种能量形式等。

2.1.2 传热的基本概念

传热，即热交换或热传递，是自然界与工业过程中的一种最普遍的传递过程。传热学是工程热物理的一个分支，是研究热量传递规律的一门科学。热力学第二定律指出，只要有温差存在，热量总是自发地从高温物体转向低温物体。由于温差是普遍存在的一种自然现象，因此传热现象也是一种普遍存在的自然现象。在化工、石油、食品、船舶、矿山、机械、冶金、轻工、能源、动力、电力、建筑、航空等工业领域的生产技术中都涉及传热问题。

热量的传递过程是由导热、对流、辐射 3 种基本方式组成的。例如，冬季房屋外墙的传热过程可分为以下几种，如图 2-1 所示。

第一种方式：室内空气以对流换热（CV）的方式把热量传递到墙内壁面；同时，室内物体及其他壁面以辐射换热（R）的方式把热量传递到墙内壁面。

第二种方式：墙内壁面以导热（CD）的方式把热量传递到墙外壁面。

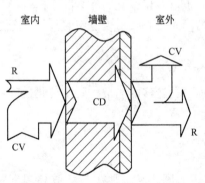

图 2-1 壁体的传热

第三种方式：墙外壁面以对流换热和辐射换热的方式把热量传递到外界环境。

再如，冬天人体热量的散发过程，仍然是以对流换热方式把热量散发到周围空气；以辐射换热方式把热量散发到周围环境。

分析以上两个例子可知，传热过程是由以上 3 种基本方式组成，要了解物体整个传热过程的规律就必须首先分析 3 种基本传热方式。

2.1.2.1 导热

导热又称为热传导，是指温度不同的物体各部分无相对位移或不同温度的物体间紧密接触时，依靠物质内部分子、原子及自由电子等微观粒子的热运动而进行热量传递的现象。导热是物质的固有属性，热量由固体壁面的高温部分传递到低温部分的现象就属于导热。

导热可以发生在固体、液体及气体中，但在地球引力场的范围内，只要有温差存在，液体和气体因密度差的原因不可避免地要发生热对流，因而难以维持单纯的导热。所以，单纯的导热现象仅发生在密实的固体材料中。

根据导热时物体内部温度场是否随时间变化，可以分为稳态导热和非稳态导热。稳态导热即物体内部温度场不随时间变化的导热，其热流密度为定值。

2.1.2.2 热对流

依靠流体的运动，把热量从一处传递到另一处的现象称为热对流。传热学中常将热对流简称为对流，它是热量传递的基本方式之一。

设对流过程中，质流密度 $m[kg/(m^2 \cdot s)]$ 保持恒定的流体由温度 t_1 的地方流到 t_2 的地方，其比热容为 $c_p[J/(kg \cdot K)]$，则此热对流传递的热流密度应为：

$$q = mc_p(t_2 - t_1)(W/m^2) \tag{2-1}$$

热对流仅发生在流体中。由于流体在运动的同时存在温差，流体微团之间或质点之间因直接接触而存在导热，因此热对流也同时伴随着导热。

工程上所遇到的实际传热问题常常不是单纯的热对流，而是流体与温度不同的固体壁面接触时所发生的传热过程，这种传热过程称为对流换热。

应注意，热对流与对流换热是两个完全不同的概念，其区别为：

① 热对流是传热的3种基本方式之一，而对流换热不是传热的基本方式；
② 对流换热是导热和热对流这两种基本方式的综合作用；
③ 对流换热必然具有流体与固体壁面间的相对运动。

2.1.2.3 热辐射

物体表面通过电磁波（或光子）来传递热量的过程称为热辐射。热辐射现象在日常生活中是常常可以感受到的。例如，打开冰箱门可以感觉到凉飕飕的，冰箱内没有风扇，凉的感觉来自冷辐射；而面向灼热的铁板，感受到的热则来自于热辐射。

辐射是物质固有的性质之一。物质由分子、原子、电子等微观粒子组成，这些微观粒子受到振动和激发时就会产生交替的电场和磁场，释放出电磁波（或光子），电磁波以直线传播（类似于光），直到遇到其他物体，被这些物体中的微观粒子吸收。需要说明的是，各种各样的原因均会使微观粒子受到振动或激发，因而热辐射现象是普遍存在的。

热辐射具有以下3个特点：

① 辐射能可以通过真空自由地传播而无需任何中间介质（与导热、对流完全不同）；
② 一切物体只要具有温度（高于0K），就能持续地发射出辐射能，同时也能持续地吸收来自其他物体的辐射能；
③ 热辐射不仅具有能量的传送，而且具有能量形式的转换，即热能—电磁波能—热能。

由特点②可知，一切物体均具有发射辐射能和吸收辐射能的能力。工程上所关心的是某一物体与其他物体之间不断进行辐射和吸收的最终结果，它是高温物体热量支出（$\Phi_支$）多于收入（$\Phi_收$），而低温物体收入多于支出；高温物体正是通过这种差额辐射把热量传递给了低温物体。这种依靠辐射进行的热量传递过程，称为辐射换热。

综上论述，辐射换热量实质上是一种差额辐射，即对某一物体而言：

$$\Phi = \Phi_支 - \Phi_收 \tag{2-2}$$

2.1.3 流体的主要物理性质

自然界中的物质按其存在状态分为固体、液体和气体。气体和液体统称流体。流体与固体是物质的不同表现形式，它们具有以下三个基本属性：由大量的分子组成；分子不断地做随机热运动；存在着分子间的作用。但这三个物质的基本属性表现在气体、液体、固体方面却有着量和质的差别。由于同体积内分子数目、分子间距、分子的内聚力、排列顺序以及热运动状况等方面的物质内部微观差别，导致了它们宏观表象的不同：固体有一定的体积和一定的形状；液体有一定的体积而无一定的形状，有自由表面；气体无一定的体积，也无一定的形状。

流体与固体在微观结构上的差别使得流体在力学性能上有如下两个特点：

一是流体几乎不能承受拉力，因而可以认为流体内部不存在抵抗拉伸变形的应力；

二是流体在平衡状态下不能承受剪切力，任何微小的切力的作用都会使流体发生连续变形。

固体显然没有这两个特点。它除了与流体一样能承受压力外，还能受切力和拉力，因而其内部相应的应力达不到一定数值时，形状就不会被破坏。

概括流体的这两个特点可定义：流体是一种受任何微小切应力作用都会发生连续变形的物质。流体的这个特点也是最基本的特征，称为流体的易流动性。易流动性既是流体命名的由来，也是流体区别于固体的根本标志。流体最基本的特性是具有流动性。

2.1.3.1 流体的密度

流体的密度是流体的重要属性之一，它表征流体惯性的大小。流体的密度定义为：单位体积流体所具有的质量，用符号 ρ 来表示。

对于流体中各点密度相同的均质流体，其密度为：

$$\rho = \frac{m}{V} \tag{2-3}$$

式中　ρ——流体的密度，kg/m^3；
　　　m——流体的质量，kg；
　　　V——流体的体积，m^3。

对于一定质量的流体，密度的大小与体积有关，而体积与温度、压强有关，所以，流体的密度受温度和压强的影响。

2.1.3.2 流体的重度

重度又称为容重、体积重量，是与密度相对而言的概念。流体的重度表征流体所受地球引力作用的特性，以 γ 表示。对于均质流体，单位体积流体的重力即重度：

$$\gamma = G/V \tag{2-4}$$

式中　γ——流体的重度，N/m^3；
　　　G——体积为 V 的流体所受的重力，N；
　　　V——重力为 G 的流体体积，m^3。

重度与密度之间存在关系：

$$\gamma = \rho g \tag{2-5}$$

即重度是密度与重力加速度的乘积。在计算中常用的流体密度和重度如下：

水的密度和重度：$\rho = 1000 kg/m^3$，$\gamma = 9807 N/m^3$；

水银的密度和重度：$\rho = 13595 kg/m^3$，$\gamma = 133326 N/m^3$；

干空气（$t=20℃$，$p=760\text{mmHg}$）的密度与重度：$\rho=1.2\text{kg/m}^3$，$\gamma=11.77\text{N/m}^3$。

2.1.3.3 流体的压缩性与热膨胀性

流体受压，体积缩小，密度增大的性质，称为流体的压缩性。流体受热，体积膨胀，密度减小的性质，称为流体的热膨胀性。

一般情况下，液体的热膨胀性和压缩性都可以忽略不计，只有在某些特殊情况下，例如水击、热水采暖等问题时，才考虑水的压缩性和热膨胀性。

气体与液体不同，具有显著的压缩性和热膨胀性。温度与压强的变化对气体的密度和重度影响很大。在温度不过低，压强不过高时，气体密度、压强和温度三者之间的关系，服从理想气体状态方程。即：

$$\frac{p}{\rho}=RT \tag{2-6}$$

式中　p——气体的绝对压强，N/m^2；

　　　T——气体的热力学温度，K；

　　　ρ——气体的密度，kg/m^3；

　　　R——气体常数，单位为 J/(kg·K)。

对于空气，$R=287\text{J/(kg·K)}$，对于其他气体，在标准状态下，$R=8314/M$，式中 M 为气体的分子量。

通常气体不能看作不可压缩流体，特别是在流速较高、压力变化较大的场合，气体体积的变化是不能忽略的。必须把气体的密度看作变数。但在流速不高（约小于 100m/s）、压力变化不大的场合可忽略压缩性的影响，而把气体看作不可压缩流体。例如当空气流速为 68m/s 时，不考虑压缩性所引起的相对误差约为 1%。在本领域中，所遇到的大多数气体流动都可以认为是不可压缩流体。

2.1.3.4 流体的黏性

流体内部质点间或流层间因相对运动而产生内摩擦力（内力）以反抗相对运动的性质，叫做流体的黏性，又叫做黏滞性。此内摩擦力称为黏滞力。在流体力学研究中，流体黏性十分重要。

通常，压强对流体的黏滞性影响不大，可以认为，流体的动力黏滞系数 μ 只随温度变化而变化。例如，气体在小于几个大气压的压强作用下，就可以认为它们的动力黏滞系数与压强无关。但是，在高压作用下，气体和液体的动力黏滞系数都将随压强的升高而增大。

2.1.3.5 表面张力特性

由于分子间的吸引力，在液体的自由表面上能够承受极其微小的张力，这种张力称表面张力。表面张力不仅在液体与气体接触的周界面上发生，而且还会在液体与固体（水银和玻璃等），或一种液体与另一种液体（水银和水等）相接触的周界面上发生。

气体不存在表面张力。因为气体分子的扩散作用，不存在自由表面。所以表面张力是液体的特有性质。在工程问题中，只要有液体的曲面就会有表面张力的附加压力作用。

2.2　制　冷　原　理

制冷是指将物体温度降低到或维持在自然环境温度以下。实现制冷的途径有两种，即天然冷却和人工制冷。天然冷却是利用天然冰或深井水冷却物体，但其制冷量（即从被冷却物体取走的热量）和可能达到的制冷温度往往不能满足生产需要。天然冷却是一种传热过程。

人工制冷是利用制冷设备加入能量，使热量从低温物体向高温物体转移的一种，属于热力学过程的单元操作。

2.2.1 冰盐制冷

用冰制冷只能得到0℃以上的温度，为了得到更低的温度，可在冰中加盐。冰盐，是指冰和盐溶液的混合物。常见的冰盐是冰和氯化钠（NaCl）溶液的混合物。如图是NaCl-H_2O体系的相图（图2-2），横坐标为NaCl含量，纵坐标为温度。A点向上的线是NaCl的饱和线，一般是向右偏的，NaCl在水中溶解度随温度变化不大，这里画出一条近似竖直的线 给饱和NaCl降温，在264K（-9℃）析出晶体NaCl·$2H_2O$，252K（-21℃）全部变为冰和晶体NaCl·$2H_2O$。当给NaCl的含量23.3%的溶液降温，在252K以上都会保持液态，以下变为冰和晶体NaCl·$2H_2O$。AB和BC两条线是向上弯曲的，这里只是示意图，粗略的计算可认为是直线。如果是给冰盐混合物升温，分析方法相同，主要是看两条水平线（温度）。冰和NaCl混合并不能自动降低温度，只是降低了凝固点。

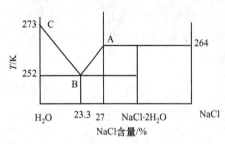

图2-2 NaCl·H_2O体系的相图

冰盐混合物是一种有效的起寒剂。当盐掺在碎冰里，盐就会在冰中溶解而发生吸热作用，使冰的温度降低。冰盐混合在一起，在同一时间内会发生两种作用：一种是会大大加快冰的溶化速度，而冰溶化时又要吸收大量的热；另一种是盐的溶解也要吸收溶解热。因此，在短时间能吸收大量的热，从而使冰盐混合物温度迅速下降，它比单纯冰的温度要低得多。冰盐混合物的温度高低，是依据冰中掺入盐的百分数而决定的，如用盐量为冰的29%时，最低温度可达-21℃左右。在冷藏运输中，通过调节冰盐的比例，可以达到合适的运输温度。

2.2.2 压缩式制冷

2.2.2.1 理想制冷循环——逆卡诺循环

它由两个等温过程和两个绝热过程组成。假设低温热源（即被冷却物体）的温度为T_0，高温热源（即环境介质）的温度为T_k，则工质的温度在吸热过程中为T_0，在放热过程中为T_k，就是说在吸热和放热过程中工质与冷源及高温热源之间没有温差，即传热是在等温下进行的，压缩和膨胀过程是在没有任何损失情况下进行的。其循环过程如下。

首先工质在T_0下从冷源（即被冷却物体）吸取热量q_0，并进行等温膨胀（4→1），然后通过绝热压缩（1→2），使其温度由T_0升高至环境介质的温度T_k，再在T_k下进行等温压缩（2→3），并向环境介质（即高温热源）放出热量q_k，最后再进行绝热膨胀（3→4），使其温度由T_k降至T_0即使工质回到初始状态4，从而完成一个循环。

对于逆卡诺循环来说，由图2-3可知：

$$q_0 = T_0(S_1 - S_4)$$

$$q_k = T_k(S_2 - S_3) = T_k(S_1 - S_4)$$

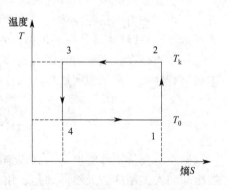

图2-3 逆卡诺循环

$$w_0 = q_k - q_0 = T_k(S_1 - S_4) - T_0(S_1 - S_4) = (T_k - T_0)(S_1 - S_4)$$

则逆卡诺循环制冷系数 ε_k 为：

$$\varepsilon_k = \frac{q_0}{q_k - q_0} = \frac{T_0}{T_k - T_0}$$

由上式可见，逆卡诺循环的制冷系数与工质的性质无关，只取决于冷源（即被冷却物体）的温度 T_0 和热源（即环境介质）的温度 T_k；降低 T_k，提高 T_0，均可提高制冷系数。此外，由热力学第二定律还可以证明："在给定的冷源和热源温度范围内工作的逆循环，以逆卡诺循环的制冷系数为最高"。任何实际制冷循环的制冷系数都小于逆卡诺循环的制冷系数。

综上所述，理想制冷循环应为逆卡诺循环。而实际上逆卡诺循环是无法实现的，但它可以用作评价实际制冷循环完善程度的指标。通常将工作于相同温度间的实际制冷循环的制冷系数 ε 与逆卡诺循环制冷系数 ε_k 之比，称为该制冷机循环的热力完善度，用符号 η 表示。

即

$$\eta = \varepsilon / \varepsilon_k$$

热力完善度是用来表示制冷机循环接近逆卡诺循环的程度。它也是制冷循环的一个技术经济指标，但它与制冷系数的意义不同，对于工作温度不同的制冷机循环无法按其制冷系数的大小来比较循环的经济性好坏，而只能根据循环的热力完善度的大小来判断。

2.2.2.2 蒸气压缩式制冷循环

单级蒸气压缩式制冷系统如图 2-4 所示。它由压缩机、冷凝器、膨胀阀和蒸发器组成。

其工作过程如下：制冷剂在蒸发压力下沸腾，蒸发温度低于被冷却物体或流体的温度。压缩机不断地抽吸蒸发器中产生的蒸汽，并将它压缩到冷凝压力，然后送往冷凝器，在冷凝压力下等压冷却和冷凝成液体，制冷剂冷却和冷凝时放出的热量传给冷却介质（通常是水或空气）与冷凝压力相对应的冷凝温度一定要高于冷却介质的温度，冷凝后的液体通过膨胀阀或其他节流元件进入蒸发器。当制冷剂通过膨胀阀时，压力从冷凝压力降到蒸发压力，部分液体气化，剩余液体的温度降至蒸发温度，于是离开膨胀阀的制冷剂变成温度为蒸发温度的两相混合物。混合物中的液体在蒸发器中蒸发，从被冷却物体中吸取它所需要的气化潜热。混合物中的蒸气通常称为闪发蒸气，在它被压缩机重新吸入之前几乎不再起吸热作用。

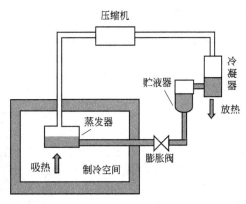

图 2-4 单级蒸气压缩式制冷系统

2.2.2.3 理论制冷循环

在制冷循环的分析和计算中，通常会借助压焓图和温熵图来表示各种热力过程，以及研究各个过程间的联系和状态变化。由于循环的各个过程中功和热的变化均可用焓值的变化来计算，因此压焓图被广泛应用。

在理论制冷循环中，可以认为蒸发和冷凝过程是定压过程，压缩和膨胀过程是绝热过程，理论循环表示在温熵图上如图 2-5 所示，表示在压焓图上如图 2-6 所示。

在理论制冷循环中，1—2 是压缩机中的绝热压缩过程，此过程是在过热蒸气区进行的，压力蒸发压力 p_0 提高到冷凝压力 p_k，温度由 T_0 升高到 T_2，并且 T_2 大于 T_k；2—3 是在冷凝器中进行的冷凝过程，温度由 T_2 降低到 T_k，凝结成饱和液体；3—4 是在膨胀阀中进行的降压过程,节流后压力由 p_k 降到 p_0,温度由 T_k 降到 T_0;4—1 是在蒸发器中进行的等压气化过程,由湿蒸气蒸发成饱和蒸气,温度不变。

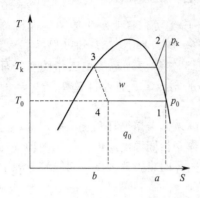

图 2-5　制冷循环 T-S

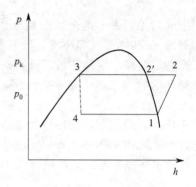

图 2-6　制冷循环 p-h 图

对于理论循环,离开蒸发器的制冷剂蒸气是处在蒸发压力下的饱和气体;离开冷凝器的液体是处在冷凝压力下的饱和液体;压缩机的压缩过程为等熵绝热压缩;制冷剂在膨胀阀中节流前后的焓值相等;在蒸发和冷凝过程中没有压力损失;在连接管道中不发生相变;蒸发和冷凝过程没有传热温差。上述这些条件显然不符合实际循环。

2.2.2.4　实际制冷循环

影响实际制冷循环的因素较多,因此循环也较复杂。一个简化的实际制冷循环如图 2-7 所示。

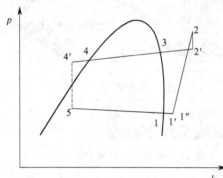

图 2-7　实际制冷循环

$11'1''22'344'51$ 是整个循环过程。

$1—1'$ 线　由于在压缩机吸气管中存在阻力以及吸收外界热量,使压力降低,温度升高;

$1'—1''$ 线　是由于压缩机进气阀节流而引起的压力降低;

$1''—2$ 线　制冷剂在压缩机总的时间压缩过程线。在刚开始压缩时,由于制冷剂温度低于气缸温度,所以,进行的是吸热压缩过程,并且熵增大。当制冷剂的温度高于气缸温度时,变为放热压缩过程,熵有所减小;

$2—2'$ 线　表示实际的排气过程。制冷剂从压缩机排气阀排出时被节流,焓基本不变,压力有所降低;

$2'—3—4$ 线　制冷剂经过管路及冷凝器时的压力降及冷凝发生的相变过程,由开始的过热蒸气变为饱和液体;

$4—4'$ 线　由于摩擦压降及温度降低使制冷剂成为过冷液体;

$4'—5$ 线　此过程在节流阀中进行,制冷剂的压力和温度降低,比体积增大。因会出现闪发气体,节流后的制冷剂是湿蒸气。实际的节流过程是一个节流前后焓值相等,熵增加的过程;

$5—1$　此过程在蒸发器中进行,制冷剂压力降低,发生相变。

可以看出,实际循环与理论循环相比,由于各种不可逆因素的存在,制冷量会有所减小,而耗功会有所增加。因此,实际循环的制冷系数必然小于理论循环制冷系数。但是在实际的设计计算中,人们往往是以理论制冷循环为基础,然后进行修正。

2.2.3 制冷剂

制冷剂又称制冷工质,它是在制冷系统中不断循环并通过其本身的状态变化以实现制冷的工作物质。制冷剂在蒸发器内吸收被冷却介质(水或空气等)的热量而汽化,在冷凝器中将热量传递给周围空气或水而冷凝。它的性质直接关系到制冷装置的制冷效果、经济性、安全性及运行管理,因而对制冷剂性质要求的了解是不容忽视的。

2.2.3.1 对制冷剂性质的要求

(1) 临界温度要高,凝固温度要低。这是对制冷剂性质的基本要求。临界温度高,便于用一般的冷却水或空气进行冷凝;凝固温度低,以免其在蒸发温度下凝固,便于满足较低温度的制冷要求。

(2) 在大气压力下的蒸发温度要低。这是低温制冷的一个必要条件。

(3) 压力要适中。蒸发压力最好与大气压相近并稍高于大气压力,以防空气渗入制冷系统中,降低制冷能力。冷凝压力不宜过高(一般≥12~15绝对大气压),以减少制冷设备承受的压力,以免压缩功耗过大并可降低高压系统渗漏的可能性。

(4) 单位容积制冷量 q_v 要大。这样在制冷量一定时,可以减少制冷剂的循环量,缩小压缩机的尺寸。

(5) 热导率要高,黏度和密度要小。以提高各换热器的传热系数,降低其在系统中的流动阻力损失。

(6) 绝热指数 k 要小。由绝热过程中参数间关系式可知,在初温和压缩比相同的情况下,$k\uparrow \to T_2\uparrow$。可见,$k$ 小可降低排气温度。

(7) 具有化学稳定性。不燃烧、不爆炸、高温下不分解、对金属不腐蚀、与润滑油不起化学反应、对人身健康无损无害。

(8) 价格便宜,易于购得,且应具有一定的吸水性,以免当制冷系统中渗进极少量的水分时,产生"冰塞"而影响正常运行。

(9) 对环境影响要小,避免泄漏后对环境造成影响。

2.2.3.2 制冷剂的一般分类

根据制冷剂常温下在冷凝器中冷凝时饱和压力 P_k 和正常蒸发温度 T_0 的高低,一般分为三大类。

(1) 低压高温制冷剂

冷凝压力 $P_k \leq 2 \sim 3 \text{kgf/cm}^2$,$T_0 > 0℃$。

如 R11（$CFCl_3$）,其 $T_0 = 23.7℃$。这类制冷剂适用于空调系统的离心式制冷压缩机中。通常 30℃ 时,$P_k \leq 3.06 \text{kgf/cm}^2$。

(2) 中压中温制冷剂

冷凝压力 $P_k < 20 \text{kgf/cm}^2$,$0℃ > T_0 > -60℃$。

如 R717、R12、R22 等,这类制冷剂一般用于普通单级压缩和双级压缩的活塞式制冷压缩机中。

(3) 高压低温制冷剂

冷凝压力 $P_k \geq 20 \text{kgf/cm}^2$,$T_0 \leq -70℃$。

如 R13（CF_3Cl）、R14（CF_4）、二氧化碳、乙烷、乙烯等,这类制冷剂适用于复迭式制冷装置的低温部分或 -70℃ 以下的低温装置中。

注:$1 \text{kgf/cm}^2 = 98.0665 \text{kPa}$。

2.2.3.3 常用制冷剂的特性

目前使用的制冷剂已达70～80种,并正在不断发展增多。但用于食品工业和空调制冷的仅10多种。其中被广泛采用的有以下几种。

(1) R717

R717即氨,氨是目前使用最为广泛的一种中压中温制冷剂。氨的凝固温度为-77.7℃,标准蒸发温度为-33.3℃,在常温下冷凝压力一般为1.1～1.3MPa,即使当夏季冷却水温高达30℃时也绝不可能超过1.5MPa。氨的单位标准容积制冷量大约为2175kJ/m^3。

氨有很好的吸水性,即使在低温下水也不会从氨液中析出而冻结,故系统内不会发生"冰塞"现象。氨对钢铁不起腐蚀作用,但氨液中含有水分后,对铜及铜合金有腐蚀作用,且使蒸发温度稍许提高。因此,氨制冷装置中不能使用铜及铜合金材料,并规定氨中含水量不应超过0.2%。

氨的相对密度和黏度小,放热系数高,价格便宜,易于获得。但是,氨有较强的毒性和可燃性。若以容积计,当空气中氨的含量达到0.5%～0.6%时,人在其中停留半个小时即可中毒,达到11%～13%时即可点燃,达到16%时遇明火就会爆炸。因此,氨制冷机房必须注意通风排气,并需经常排除系统中的空气及其他不凝性气体。

氨作为制冷剂的优点是:易于获得、价格低廉、压力适中、单位制冷量大、放热系数高、几乎不溶解于油、流动阻力小、泄漏时易发现。其缺点是:有刺激性臭味、有毒、可以燃烧和爆炸、对铜及铜合金有腐蚀作用。

(2) R12

R12为烷烃的卤代物,学名二氟二氯甲烷。它是我国中小型制冷装置中使用较为广泛的中压中温制冷剂。R12的标准蒸发温度为-29.8℃,冷凝压力一般为0.78～0.98MPa,凝固温度为-155℃,单位容积标准制冷量约为1205kJ/m^3。

R12是一种无色、透明、没有气味,几乎无毒性、不燃烧、不爆炸,很安全的制冷剂。只有在空气中容积浓度超过80%时才会使人窒息。但与明火接触或温度达400℃以上时,则分解出对人体有害的气体。

R12能与任意比例的润滑油互溶且能溶解各种有机物,但其吸水性极弱。因此,在小型氟里昂制冷装置中不设分油器,而装有干燥器。同时规定R12中含水量不得大于0.0025%,系统中不能用一般天然橡胶作密封垫片,而应采用丁腈橡胶或氯丁橡胶等人造橡胶。否则,会造成密封垫片的膨胀引起制冷剂的泄漏。

(3) R22

R22也是烷烃的卤代物,学名二氟一氯甲烷,标准蒸发温度约为-41℃,凝固温度约为-160℃,冷凝压力同氨相似,单位容积标准制冷量约为1900kJ/m^3。

R22的许多性质与R12相似,但化学稳定性不如R12,毒性也比R12稍大。但是,R22的单位容积制冷量却比R12大的多,接近于氨。当要求-40～-70℃的低温时,利用R22比R12适宜,故目前R22被广泛应用于-40～-60℃的双级压缩或空调制冷系统中。

(4) R134a

R134a作为R12的替代制冷剂,它的许多特性与R12很相像。R134a的毒性非常低,在空气中不可燃,安全类别为A1,是很安全的制冷剂。

R134a的化学稳定性很好,然而由于它的溶水性比R22高,所以对制冷系统不利,即使有少量水分存在,在润滑油等的作用下,将会产生酸、二氧化碳或一氧化碳,将对金属产生腐蚀作用,或产生"镀铜"作用,所以R134a对系统的干燥和清洁要求更高。未发现R134a对钢、铁、铜、铝等金属有相互作用的化学反应现象,仅对锌有轻微的作用。

R134a 是目前国际公认的替代 R12 的主要制冷工质之一，常用于车用空调，商业和工业用制冷系统，以及作为发泡剂用于硬塑料保温材料生产，也可以用来配置其他混合制冷剂，如 R 404a 和 R 407c 等。

(5) R404a

R404a 是一种不含氯的非共沸混合制冷剂，常温常压下为无色气体，贮存在钢瓶内是被压缩的液化气体。其 ODP（Ozone Depletion Potential，臭氧消耗潜值）为 0，因此 R404a 是不破坏大气臭氧层的环保制冷剂，主要用于替代 R22 和 R502，具有清洁、低毒、不燃、制冷效果好等特点，大量用于中低温制冷系统。

2.2.4 制冷剂的发展趋势

在运输中最常用的制冷剂是氟里昂族。氟里昂英文名称为 FREON，是氟氯代甲烷和氟氯代乙烷的总称，主要是含氟和氯的烷烃衍生物，少数是环烷烃卤素衍生物，有的还含有溴原子。氟里昂在常温下都是无色气体或易挥发液体，略有香味，低毒，化学性质稳定。工业上所用氟里昂主要是是甲烷和乙烷的卤代物，其中最重要的是二氟二氯甲烷（R12）、一氟三氯甲烷（R11）和二氟一氯甲烷（R22）。

20 世纪 80 年代后期，氟里昂的生产达到了高峰。在对氟里昂实行控制之前，全世界向大气中排放的氟里昂已达到了 2000 万吨。由于它们在大气中的平均寿命达数百年，所以排放的大部分仍留在大气层中，其中大部分仍然停留在对流层，一小部分升入平流层。它们在大气的对流层中是非常稳定的，可以停留很长时间，如 R12 在对流层中寿命长达 120 年左右。因此，这类物质可以扩散到大气的各个部位，但是到了平流层后，就会在太阳的紫外辐射下发生光化反应，释放出活性很强的游离氯原子或溴原子，参与导致臭氧消耗的一系列化学反应。这样的反应循环不断，每个游离氯原子或溴原子可以破坏约 10 万个臭氧分子，这就是氯氟烷烃或溴氟烷烃破坏臭氧层的原因。

目前，科学家引入了总体温室效应的概念，既 TEWI（Total Equivalent Warming Impact，总当量变暖影响），用于评价制冷剂在制冷系统运行若干年而造成对全球变暖的影响。

氟里昂制冷剂的泄漏和制冷剂回收不彻底都是影响 TEWI 的因素。为降低 TEWI 值，应尽量采用 GWP（Global Warming Potential，全球变暖指数）较低的制冷剂，减少制冷剂的泄漏，尽量降低制冷系统中制冷剂的充注量，并且提高制冷系统的回收率。

对于氯氟化碳类物质的替代，目前主要有过渡性替代和根本性替代两种措施。过渡性替代是采用危害性较低的氢氯氟化碳制冷剂或由其组成的非共沸混合制冷剂，直至最终被禁用。根本性替代是指采用烷烃等自然物质，即绿色制冷剂或其他对臭氧层破坏极小的氢氟化碳类（HFCS）制冷剂。由于氟里昂制冷剂（以氯氟烃类物质为主）对环境有破坏作用，绿色环保的天然制冷剂的应用和推广逐渐被重视。

出于保护臭氧层和抑制全球气候变暖的需要，对制冷剂提出了新的要求，需要寻找合适的新型制冷剂。国内外研究开发了一些绿色环保制冷剂，也越来越注重从 ODP 和 GWP 两方面指标综合评价制冷剂的环保性能。目前对使用 R32、R152a、R123 和天然工质，尤其对使用碳氢化合物的呼声有所高涨。

2.3 制冷系统

在单级蒸气压缩制冷循环中，制冷系统一般由制冷剂和四大机件，即压缩机、冷凝器、膨胀阀、蒸发器组成。

2.3.1 压缩机

2.3.1.1 往复式压缩机

往复式压缩机属于容积式压缩机，是使一定容积的气体顺序地吸入和排出封闭空间提高静压力的压缩机。曲轴带动连杆，连杆带动活塞，活塞做上下运动。活塞运动使气缸内的容积发生变化，当活塞向下运动的时候，气缸容积增大，进气阀打开，排气阀关闭，空气被吸进来，完成进气过程；当活塞向上运动的时候，气缸容积减小，出气阀打开，进气阀关闭，完成压缩过程。通常活塞上有活塞环来密封气缸和活塞之间的间隙，气缸内有润滑油润滑活塞环。活塞压缩机的众多特点是由其设计原理所决定的。比如运动部件多，有进气阀、排气阀、活塞、活塞环、连杆、曲轴、轴瓦等；比如受力不均衡，没有办法控制往复惯性力；比如需要多级压缩，结构复杂；再比如由于是往复运动，压缩空气不是连续排出、有脉动等。但是活塞压缩机另一个特点也非常突出，它是最早设计、制造并得到应用的压缩机，也是应用范围最广，制造工艺最成熟的压缩机。即使是现在，活塞压缩机仍然在大量得到使用。但是在动力用空气压缩机领域，活塞式压缩机正在被逐渐淘汰。

2.3.1.2 回转式压缩机

通过一个或几个部件的旋转运动来完成压缩腔内部容积变化的容积式压缩机。包括滑片式、滚动活塞式、螺杆式和涡旋式压缩机。回转式制冷压缩机是工作容积做旋转运动的容积式压缩机。气体压缩和压力变化是依靠容积变化来实现的，而容积的变化又是通过压缩机的一个或几个转子在气缸里做旋转运动来达到的，与往复压缩机不同的是，其容积在周期性地扩大和缩小的同时，空间位置也在不断变化。只要在气缸上合理地配置吸气和排气孔口，就可以实现吸气、压缩和排气等基本工作过程。

2.3.1.3 轴流式压缩机

轴流式压缩机与离心式压缩机都属于速度型压缩机，均称为透平式压缩机；速度型压缩机的含义是指它们的工作原理都是依赖叶片对气体做功，并先使气体的流动速度得以极大提高，然后再将动能转变为压力能。透平式压缩机的含义是指它们都具有高速旋转的叶片。"透平"是英文"TURBINE"的译音，其中文含义为："叶片式机械"，对于这一英文单词，全世界不管哪种语言，都采用音译的方法，所以"透平式压缩机"的意义也就是叶片式的压缩机械。与离心式压缩机相比，由于气体在压缩机中的流动，不是沿半径方向，而是沿轴向，所以轴流式压缩机的最大特点在于：单位面积的气体通流能力大，在相同加工气体量的前提条件下，径向尺寸小，特别适用于要求大流量的场合。另外，轴流式压缩机还具有结构简单、运行维护方便等优点。但它也具有叶片型线复杂、制造工艺要求高、稳定工况区较窄、在定转速下流量调节范围小等缺点。

2.3.1.4 离心式压缩机

离心式压缩机用于压缩气体的主要部件是高速旋转的叶轮和通流面积逐渐增加的扩压器。简而言之，离心式压缩机的工作原理是通过叶轮对气体做功，在叶轮和扩压器的流道内，利用离心升压作用和降速扩压作用，将机械能转换为气体的压力能的。更通俗地说，气体在流过离心式压缩机的叶轮时，高速运转的叶轮使气体在离心力的作用下，一方面压力有所提高，另一方面速度也极大增加，即离心式压缩机通过叶轮首先将机械能转变为气体的静压能和动能。此后，气体在流经扩压器的通道时，流道截面逐渐增大，前面的气体分子流速降低，后面的气体分子不断涌流向前，使气体的绝大部分动能又转变为静压能，也就是进一步起到增压的作用。显然，叶轮对气体做功是气体得以升高压力的根本原因,而叶轮在单位时间内对单位质量气体做功的多少是与叶轮外缘的圆周速度密切相关的,圆周速度越大,叶轮对气体所做的功就越大。

2.3.2 冷凝器

冷凝器是一个热交换设备,作用是利用环境冷却介质(空气或水),将来自压缩机的高温高压制冷蒸汽的热量带走,使高温高压制冷剂蒸气冷却、冷凝成高压常温的制冷剂液体。冷凝器按其冷却介质不同,可分为水冷式、空气冷却式、蒸发式三大类。

2.3.2.1 水冷式冷凝器

水冷式冷凝器是以水作为冷却介质,靠水的温升带走冷凝热量。冷却水一般循环使用,但系统中需设有冷却塔或凉水池。水冷式冷凝器按其结构形式又可分为壳管式冷凝器和套管式冷凝器两种,常见的是壳管式冷凝器。

(1) 立式壳管式冷凝器

立式冷凝器由于冷却流量大流速高,故传热系数较高,一般 $K=600\sim2950kJ/(m^2 \cdot h \cdot ℃)$。垂直安装占地面积小,且可以安装在室外。冷却水直通流动且流速大,故对水质要求不高,一般水源都可以作为冷却水。管内水垢易清除,且不必停止制冷系统工作。但因立式冷凝器中的冷却水温升一般只有 $2\sim4℃$,对数平均温差一般在 $5\sim6℃$ 左右,故耗水量较大。且由于设备置于空气中,管子易被腐蚀,立式壳管式冷凝器示例见图 2-8。

图 2-8 立式壳管式冷凝器

(2) 卧式壳管式冷凝器

它与立式冷凝器有相类似的壳体结构,主要区别在于壳体的水平安放和水的多路流动。卧式冷凝器不仅广泛地用于氨制冷系统,也可以用于氟里昂制冷系统,但其结构略有不同。氨卧式冷凝器的冷却管采用光滑无缝钢管,而氟里昂卧式冷凝器的冷却管一般采用低肋铜管。这是由于氟里昂放热系数较低的缘故。值得注意的是,有的氟里昂制冷机组一般不设贮液筒,只采用冷凝器底部少设几排管子,兼作贮液筒用。卧式壳管式冷凝器见图 2-9。

图 2-9 卧式壳管式冷凝器

(3) 套管式冷凝器

制冷剂的蒸汽从上方进入内外管之间的空腔,在内管外表面上冷凝,液体在外管底部依次下流,从下端流入贮液器中。冷却水从冷凝器的下方进入,依次经过各排内管从上部流出,与制冷剂呈逆流方式。这种冷凝器的优点是结构简单,便于制造,且因系单管冷凝,介质流动方向相反,故传热效果好,当水流速为 $1\sim2m/s$ 时传热系数可达 $3350kJ/(m^2 \cdot h \cdot ℃)$。其缺点是金属消耗量大,而且当纵向管数较多时,下部的管子充有较多的液体,使传热面积不能充分利用。另外紧凑性差,清洗困难,并需大量连接弯头。因此,这种冷凝器在氨制冷装置中已很少应用。对于小型氟里昂空调机组仍广泛使用套管式冷凝器。套管式冷凝器结构见图 2-10。

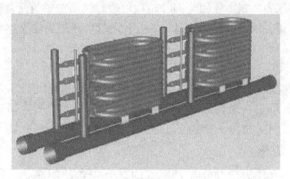

图 2-10 套管式冷凝器结构图

2.3.2.2 空气冷却式冷凝器

空气冷却式冷凝器（图 2-11）是以空气作为冷却介质，靠空气的温升带走冷凝热量的。这种冷凝器适用于极度缺水或无法供水的场合，常见于小型氟里昂制冷机组。根据空气流动方式不同，可分为自然对流式和强迫对流式两种。

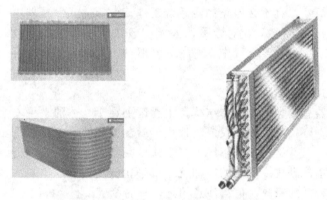

图 2-11 空气冷却式冷凝器结构示意图

2.3.2.3 蒸发式冷凝器

蒸发式冷凝器（图 2-12）的换热主要是靠冷却水在空气中蒸发吸收气化潜热而进行的。按空气流动方式可分为吸入式和压送式。

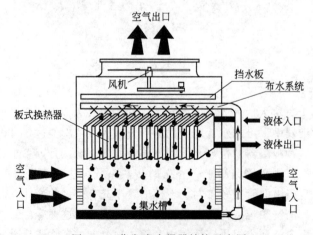

图 2-12 蒸发式冷凝器结构示意图

蒸发式冷凝器由冷却管组、给水设备、通风机、挡水板和箱体等部分组成。冷却管组为无缝钢管弯制成的蛇形盘管组，装在薄钢板制成的长方形箱体内。箱体的两侧或顶部设有通风机，箱体底部兼作冷却水循环水池。

2.3.2.4 淋水式冷凝器

淋水式冷凝器（图 2-13）是靠水的温升和水在空气中蒸发带走冷凝热量。这种冷凝器主要用于大、中型氨制冷系统中。它可以露天安装，也可安装在冷却塔的下方，但应避免阳光直射。淋水式冷凝器的主要优点为：结构简单、制造方便，漏氨时容易发现，维修方便，清洗方便，对水质要求低。其主要缺点是：传热系数低，金属消耗量高，占地面积大。

2.3.3 膨胀阀

膨胀阀是制冷系统中的一个重要部件。膨胀阀将高压常温的制冷剂液体通过降压装置——节流元件，得到低温低压制冷剂，送入蒸发器内吸热蒸发，达到制冷效果。膨胀阀通过蒸发器末端的过热度变化来控制阀门流量，防止出现蒸发器面积利用不足和敲缸现象。在日常生活中的冰箱、空调常用毛细管作为节流元件。

膨胀阀由阀体、感温包、平衡管三大部分组成。感温包内充注的是处于气液平衡饱和状态的制冷剂，这部分制冷剂与系统内的制冷剂是不相通的。平衡管的一端接在蒸发器出口稍远离感温包的位置上，通过毛细管直接与阀体连接。作用是传递蒸发器出口的实际压力给阀体。阀体内有二膜片，膜片在压力作用下向上移动使通

图 2-13 淋水式冷凝器结构示意图

过膨胀阀的制冷剂流量减小，在动态中寻求平衡。理想的膨胀阀工作状态应该是随着蒸发器负荷的变化，实时改变开度，控制流量。但实际上，由于感温包感受的温度在热传递上存在迟滞，造成膨胀阀的反应总是慢半拍。假如我们描绘一幅膨胀阀的时间流量图，我们会发现它并不是圆滑的曲线，而是波折线。膨胀阀的好坏反映在波折的幅度上，幅度越大说明该阀反应越慢，质量越差。

常用的节流机构有手动膨胀阀、浮球式膨胀阀、热力膨胀阀以及阻流式膨胀阀（毛细管）等。它们的基本原理都是使高压液态制冷剂受迫流过一个小过流截面，产生合适的局部阻力损失（或沿程损失），使制冷剂压力骤降，与此同时一部分液态制冷剂汽化，吸收潜热，使节流后的制冷剂成为低压低温状态。

2.3.3.1 手动节流阀

手动膨胀阀和普通的截止阀在结构上的不同之处主要是阀芯的结构与阀杆的螺纹形式。通常截止阀的阀芯为一平头，阀杆为普通螺纹，所以它只能控制管路的通断和粗略地调节流量，难以调整在一个适当的过流截面积上以产生恰当的节流作用。而节流阀的阀芯为针型锥体或带缺口的锥体，阀杆为细牙螺纹，所以当转动手轮时，阀芯移动的距离不大，过流截面积可以较准确、方便地调整。如图 2-14 所示。节流阀的开启度的大小是根据蒸发器负荷的变化而调节，通常开启度为手轮的 1/8 至 1/4 周，不能超过一周。否则，开启度过大，会失去膨胀作用。因此它不能随蒸

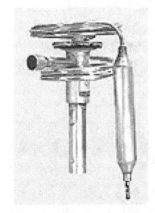

图 2-14 手动节流阀示意图

发器热负荷的变动而灵敏地自动适应调节，几乎全凭经验结合系统中的反应进行手工操作。目前它只装设于氨制冷装置中，在氟里昂制冷装置中，广泛使用热力膨胀阀进行自动调节。

2.3.3.2 浮球节流阀

浮球节流阀是一种自动调节的节流阀。其工作原理是利用一钢制浮球为启闭阀门的动力，靠浮球随液面高低在浮球室中升降，控制一小阀门开启度的大小变化而自动调节供液量，同时起节流作用。

2.3.3.3 热力膨胀阀

热力膨胀阀（图2-15）是氟里昂制冷装置中根据吸入蒸汽的过热程度来调节进入蒸发器的液态制冷剂量，同时将液体由冷凝压力节流降压到蒸发压力的。按膨胀阀中感应机构动力室中传力零件的结构不同，可分为薄膜式和波纹管式两种；按使用条件不同，又可分为内平衡式和外平衡式两种。目前常用的小型氟里昂热力膨胀阀多为薄膜式内平衡热力膨胀阀。

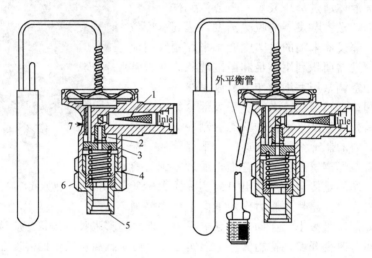

(a) 内平衡式热力膨胀阀　　(b) 外平衡式热力膨胀阀

1—滤网；2—孔口；3—阀座；4—过热弹簧；5—出口；6—调整螺母；7—内平衡管

图 2-15　热力膨胀阀示意图

(1) 内平衡式热力膨胀阀

内平衡式热力膨胀阀一般都由阀体、阀座、阀针、调节杆座、调节杆、弹簧、过滤器、传动杆、感温包、毛细管、气箱盖和感应薄膜等组成，如图2-15(a)所示。感温包里灌注氟里昂或其他易挥发的液体，把它紧固在蒸发器出口的回气管上，用以感受回气的温度变化；毛细管是用直径很细的铜管制成，其作用是将感温包内由于温度的变化而造成的压力变化传递到动力室的波纹薄膜上去。

(2) 外平衡式热力膨胀阀

外平衡热力膨胀阀［图2-15(b)］与内平衡热力膨胀阀在结构上略有不同，其不同处是感应薄膜下部空间与膨胀阀出口互不相通，而且通过一根小口径的平衡管与蒸发器出口相连。换句话说，外平衡热力膨胀阀膜片下部的制冷剂压力不是阀门节流后的蒸发压力，而是蒸发器出口处的制冷剂压力。这样可以避免蒸发器阻力损失较大时的影响，把过热度控制在一定的范围内，使蒸发器传热面积得到充分利用。所以在实际应用中，蒸发器压力损失较小时，一般使用内平衡式热力膨胀阀，而压力损失较大时（当膨胀阀出口至蒸发器出口制冷剂的压力下降，相应的蒸发温度降低超过2～3℃时），应采用外平衡式热力膨胀阀。

(3) 安装热力膨胀阀时应注意的问题

① 首先应检查膨胀阀是否完好，特别注意检查感温动力机构是否泄漏。

② 膨胀阀应正立式安装，不允许倒置。

③ 感温包安装在蒸发器的出气管上，紧贴包缠在水平无积液的管段上，外加隔热材料缠包，或插入吸气管上的感温套内。

④ 当水平回气管直径小于25mm时，感温包可扎在回气管顶部；当水平回气管直径大于25mm时，感温包可扎在回气管下侧45°处，以防管子底部积油等因素影响感温包正确感温。

⑤ 外平衡膨胀阀的平衡管一般都安装在感温包后面100mm处的回气管上，并应从管顶部引出，以防润滑油进入阀内。

⑥ 一个系统中有多个膨胀阀时，外平衡管应接到各自蒸发器的出口。

2.3.3.4 毛细管

在电冰箱、空调器等小型制冷设备中，常用毛细管做节流装置，它主要是靠其管径和长度的大小来控制液体制冷剂的流量以使蒸发器能在适当的状况下工作。制冷工程中一般称内径0.5～2mm左右，长度在1～4m左右的紫铜管为毛细管。与节流阀相比，毛细管作为节流装置的优点是无运动件不会磨损不易泄漏、制造容易价格便宜、安装省事，缺点是流量小并不能随时随意进行人为调整。采用毛细管的制冷设备，必须根据设计要求严格控制制冷剂的充加量。

2.3.4 蒸发器

蒸发器也是一个热交换设备。节流后的低温低压制冷剂液体在其内蒸发（沸腾）变为蒸汽，吸收被冷却物质的热量，使物质温度下降，达到冷冻、冷藏食品的目的。在制冷系统中，冷却周围的空气，达到对空气降温、除湿的作用。蒸发器内制冷剂的蒸发温度越低，被冷却物的温度也越低。在冷藏车中，冷冻时一般制冷剂的蒸发温度调整在－26～－20℃，冷却时调整为比实际货物需控制温度低5℃左右。

根据被冷却介质的种类不同，蒸发器可分为两大类。

第一类：冷却液体载冷剂的蒸发器。用于冷却液体载冷剂——水、盐水或乙二醇水溶液等。这类蒸发器常用的有卧式蒸发器、立管式蒸发器和螺旋管式蒸发器等。

第二类：冷却空气的蒸发器。这类蒸发器有冷却排管和冷风机。

2.3.4.1 卧式蒸发器

其与卧式壳管式冷凝器的结构基本相似。按供液方式可分为壳管式蒸发器和干式蒸发器两种。

(1) 壳管式蒸发器

卧式壳管式蒸发器（图2-16）广泛使用于闭式盐水循环系统。其主要特点是：结构紧凑，液体与传热表面接触好，传热系数高。但是它需要充入大量制冷剂，液柱对蒸发温度将会有一定的影响。且当盐水浓度降低或盐水泵因故停机时，盐水在管内有被冻

图 2-16 壳管式蒸发器

结的可能。若制冷剂为氟里昂，则氟里昂内溶解的润滑油很难返回压缩机。此外清洗时需停止工作。

(2) 干式氟里昂蒸发器

制冷剂在管内流动，而载冷剂在管外流动。节流后的氟里昂液体从一侧端盖的下部进入蒸发器，经过几个流程后从端盖的上部引出，制冷剂在管内随着流动而不断蒸发，所以壁面有一部分为蒸汽所占有，因此，它的传热效果不如满液式。但是它无液柱对蒸发温度的影响，且由于氟里昂流速较高（≥4m/s），则回油较好。此外，由于管外充入的是大量的载冷剂，从而减缓了冻结的危险。这种蒸发器内制冷剂的充注量只需满液式的1/2～1/3或更少，故称之为"干式蒸发器"，如图2-17所示。

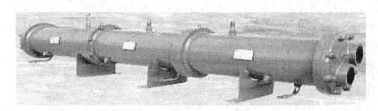

图2-17 干式氟里昂蒸发器

2.3.4.2 立管式蒸发器

立管式和螺旋管式蒸发器的共同点是制冷剂在管内蒸发，整个蒸发器管组沉浸在盛满载冷剂的箱体内（或池、槽内），为了保证载冷剂在箱内以一定速度循环，箱内焊有纵向隔板和装有螺旋搅拌器，如图2-18所示。载冷剂流速一般为0.3～0.7m/s，以增强传热。这两种蒸发器只能用于开式循环系统，故载冷剂必须是非挥发性物质，常用的是盐水和水等。如用盐水，蒸发器管子易被氧化，且盐水易吸潮而使浓度降低。这两种蒸发器可以直接观察载冷剂的流动情况，广泛用于以氨为制冷剂的盐水制冷系统。

图2-18 立管式蒸发器　　　　图2-19 铜管翅片冷却排管

2.3.4.3 冷却排管

冷却排管是用来冷却空气的一种蒸发器。广泛应用于低温冷藏库中，制冷剂在冷却排管内流动并蒸发，管外作为传热介质的被冷却空气做自然对流。冷却排管最大的优点是结构简单，便于制作，对库房内贮存的非包装食品造成的干耗较少。但排管的传热系数较低，且融霜时操作困难，不利于实现自动化。对于氨直接冷却系统用无缝钢管焊制，采用光管或绕制翅片管；对于氟里昂系统，大都采用绕片或套片式铜管翅片管组，如图 2-19 所示。

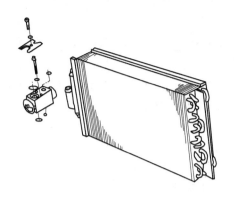

图 2-20 蛇管式冷却排管图

图 2-21 U 形冷却排管

为增强换热，排管常被设计为蛇形或 U 形，蛇管式排管的优点是结构简单，易于制作，存液量较小，适用性强。其主要缺点为排管下段产生的蒸气不能及时引出，必须经过排管的全长后才能排出，故传热系数小，汽液二相流动阻力大，如图 2-20 所示。

常用的 U 形排管由两层或四层光滑无缝钢管构成，如图 2-21 所示。U 形顶排管优点是结霜比较均匀，制作和安装较方便，充液量小，约占其容积的 50%，适用重力供液系统和氨泵下进上出氨制冷系统，在冷库中获得较广泛的应用。但其占据库房的有效空间较多，且上层排管不易除霜。

2.3.4.4 冷风机（空气冷却器）

冷风机多是由轴流式风机与冷却排管等组成的成套设备。它依靠风机强制库房内的空气流经箱体内的冷却排管进行热交换，使空气冷却，从而达到降低库温的目的。

冷风机按冷却空气所采用的方式可分为干式、湿式和干湿混合式三种。其中，制冷剂或载冷剂在排管内流动，通过管壁冷却管外空气的称为干式冷风机；以喷淋的载冷剂液体直接和空气进行热交换的，称为湿式冷风机；混合式冷风机除冷却排管外，还有载冷剂的喷淋装置。

冷库常用的干式冷风机按其安装的位置又可分为吊顶式和落地式两种类型。它们都由空气冷却排管、通风机及除霜装置组成，且冷风机内的冷却排管都是套片式的。大型干式冷风机常为落地式。

复习思考题

1. "热对流"与"对流换热"是否为同一现象？以实例说明。对流换热是否属于基本的传热方式？

2. 冬天，屋顶上结霜的房屋保暖性能好，还是不结霜的好？

3. 夏季在维持 20℃ 的空调教室内听课，穿单衣感觉很舒适，而冬季在同样温度的同一教室内听课却必须穿绒衣。假设湿度不是影响的因素，试从传热的观点分析这种反常的"舒适温度"现象。

4. 炉子的炉墙厚 13cm，总面积为 20m²，平均热导率为 1.04W/(m·℃)，内外壁温分别为 520℃ 和 50℃。试计算通过炉墙的导热损失。如果燃煤的发热值为 $2.09×10^4$ kJ/kg，问每天因导热损失要多用掉多少煤？

扩展阅读：制冷空调行业制冷剂发展方向与展望

一、制冷剂的由来

制冷的历史可以追溯到古代，当时用以贮冰和一些蒸发进程。从历史上看，制冷剂的发展经历了三个阶段。

第一阶段：1830~1930年，主要采用NH_3、HC、CO_2、空气等作为制冷剂，有的有毒，有的可燃，有的效率很低。尽管用了100年之久，当出现了CFC和HCFC制冷剂后，主要出于安全性的考虑，还是当机立断，实现了第一次转轨。

第二阶段：1930~1990年，主要用CFC和HCFC制冷剂。使用了60年后，发现这些制冷剂破坏臭氧层。出于环保的需要，不得不被迫实现第二次转轨。

第三阶段：从1990年至今，进入以HFC制冷剂为主的时期。

二、关于臭氧层

臭氧（O_3）是一种在地球大气中发现的气体，由三个氧原子组成，当强烈的太阳紫外线造成臭氧的氧分子破裂时，就生成了氧原子。氧原子再与氧分子反应生成臭氧。臭氧作为一种微量气体分布在离地面15~60km高度的大气平流层。臭氧的这一分布区域就叫做臭氧层。

臭氧的独特之处，在于能吸收大气中的任何其他气体不能吸收的太阳辐射中波长在300mm以下的紫外线。尽管一定量的紫外线对生命来说是需要的，但是太多的紫外辐射却有不利影响。一些可能的不利影响包括以下几点。

(1) 使患皮肤癌的可能性增加。
(2) 使患白内障的机会增加。
(3) 破坏人体免疫系统。
(4) 降低农作物产量和使质量劣化。
(5) 对浮游植物的生长产生不利的影响。

在1974年，美国加利福尼亚大学教授莫利纳（M. J. Molina）和罗兰（F. S. Rowland）在《自然》杂志上指出，正在世界上大量生产和使用的CFCs，由于其化学稳定性好，不易在对流层分解，通过大气环流进入臭氧层所在的平流层，在短波紫外线UV-C的照射下，分解出Cl（氯）自由基，参与了对臭氧的消耗。以CFC_{12}为例的臭氧被Cl自由基消耗的过程为例。可以看出，CFC_{12}分子在强烈的紫外线照射下破裂，释放出Cl自由基，这些Cl自由基与臭氧发生反应，产生氧分子O_2，Cl自由基只起催化剂的作用，在反应过程中并未消耗，因此单个Cl自由基可以通过成千上万次的这样类似的反应把臭氧转化成氧分子。1个Cl自由基可以消耗10万个臭氧分子。

1985年位于南极Halley湾的纽约站建立了一条臭氧层基线以帮助科学家们发现臭氧空洞。美国国家航空和太空总署派飞机在南极和北极圈上空的平行流层发现凡是臭氧层被破坏的地方都存在CFC的残余物。南极上空的臭氧层破坏也于1987年、1989年、1990年和1991年被发现，1988年南极臭氧层为20世纪70年代的中期的70%，最严重的臭氧层破坏发现于1992年。20世纪80年代全球各处的观测站观测表明，紫外线的确辐射增加了5%~10%。基于CFC对臭氧层破坏，联合国环境规划署1987年9月16日在加拿大蒙特利尔召开会议，有欧洲经济共同体以及24个国家，包括美国参加，签署了蒙特利尔协议书，并同意在2000年以前逐步停止制造CFC。蒙特利尔协议书已被157个组织承认。

三、现阶段绿色环保制冷剂的发展趋势

为了保护臭氧层的需要，近10年来制冷空调行业已作出了积极的响应，采取了许多的

措施和行动。目前正在使用的环保制冷剂有 3 大类：含氢氟烃 HFC 类；回归第一代的天然工质（NH_3、HC、CO_2 等）；HCFC 和 HFC 混合制冷剂。

目前国内外采用的 CFC-12 替代物（第一批要淘汰的制冷剂），大体上分为 3 类：HFC-134a；碳氢化合物 R600a 及二元三元混合物。

CFC-12 替代制冷剂的纯合成工质为 HFC-134a，现在已被认可和接受使用。但在蒸发温度低于 -23℃时，由于将产生高的压缩比，冷量受到限制，其压缩机的寿命及整个制冷系统都会受到影响。其次是冷冻机油、制冷空调系统的能效、系统工作时的安全可靠性还有待进一步的解决。

CFC-12 替代制冷剂中含有 HFC 的混合物，如 HFC401a 和 THR01（清华一号）等，一般可直接充注，便于当前使用和今后转轨。但从长远观点看，它们只是中近期过渡性替代物，2040 年后将被禁用。

目前国内外采用的 HCFC-22（第二批要淘汰的制冷剂）比较成熟的替代物是 HFC-407C 和 HFC-410A，很多学者和部门对其应用中的问题进行了全面的探讨，也得到了广泛的商业应用。其他还有 HFC-134a、HFC32/HFC134a、THR03。

R502 替代物（第一批要淘汰的制冷剂），除了经美国环保局 SNAP 计划认可的替代物可分为含 HCFC 的过渡性替代物和长期性替代物，这些替代物均为混合物。

四、21 世纪绿色环保制冷剂展望

为了应对环保要求的挑战，在寻找、开发替代制冷剂的过程中，逐渐形成了下列 3 种基本思路和 3 种替代路线。

(1) 仍以元素周期表中的"F"元素为中心在剔除了 Cl 和 Br 元素后，开发了以 F、H、C 元素组成的化合物，即 HFCs 制冷剂，如 HFC-134a、HFC-32、HFC-152a、HFC-125 等及其混合物 HFC-407C 和 HFC-410A。但除 HFC-32、HFC-152a 外，其他 HFCs 制冷剂的 GWP 值都在 1000 以上，而被《京都协议书》（1997）列为"温室气体"，需控制它们的排放量。

(2) 仍以元素周期表中的 C、H、N、O 等元素组成的天然工质为对象，重新回到了早期制冷剂中的碳氢化合物 HCs、CO_2 和 NH_3 等制冷剂。但其中 HCs 等制冷剂具有很强的可燃性，CO_2 的压力很高，制冷效率低，在实际应用中还受到了一定的限制。

(3) 混合制冷剂。混合物可以充分发挥"优势互补，取长补短"的作用，常能实现直接注入或改型注入，有降低转轨成本等优点。但非共沸的混合制冷剂有成分变化的问题。

目前，HFC 制冷剂还有许多的问题需要进一步的解决：适用的 HFC 制冷剂冷冻油（POE），价格昂贵，润滑性较差，特别是吸水性和水解性强。

五、总结

目前的世界主要国家中，大家对制冷剂的替代要求还是不一样的，而且随着世界外围市场的开拓，这些国家对替代的态度还不是特别的明朗。全世界三大制冷主力市场在制冷剂替代方面的发展趋势如下。

在日本，房间空调器的制冷剂从 20 世纪 90 年代末开始逐步向新冷媒过渡，这其中出现了 HFC-407C 和 HFC-410A 两种流派，使用 HCFC-22 的房间空调器在市场上比例开始减少。尽管组合式空调制冷剂也从 20 世纪 90 年代末起向 HFC-407C 转型，但东芝、开利和三洋都采用了 HFC-410A，更为关键的是，2003 年大金宣布在所有产品中使用 HFC-410A，包括商用 VRV 系统。大金甚至在国际市场上也推出了第二代 VRV2 系统，引起日本主要空调厂家纷纷效仿，于是，日本的制冷剂替代方面 HFC-410A 成为主流。

美国与其他发达国家特别是日本和欧洲相比，在制冷剂替代方面的态度比较消极，其国

内制冷剂领域上主导的仍然是传统的 HCFC-22，可能是由于国内市场的巨大，替代成本过高使美国不得不慎重考虑，不过总的归纳其制冷剂的转行方向基本上为：HFC-410A 将是小于 100 冷吨的空调系统主要的制冷剂，HFC-134a 将会是大于 100 冷吨的制冷系统主要的制冷剂。

欧洲是另外一个对新制冷剂替代持坚定支持态度的地区，在这方面，欧盟能源部的指导性决定是一个重要的方向标。欧盟对制冷剂替代的要求是越来越严格，2004 年，几乎所有的厂家都在小容量分机上采用了 HFC-410A，大型机上则普遍使用 HFC-407C，汽车行业普遍采用的是 HFC-134a。

从中国现有情况看，当前首先要抓好 CFC-12、CFC-11、R502 等含 CFC 物质的转轨工作，而 HCFC 类的替代物出现了一些争议，应该在及时跟踪好国际形式的同时积极开发出适合我国国情的替代物来。

（来源：http://wenku.baidu.com/view/cf2058c30c22590102029d24.html）

思考题：哪些制冷工质对环境有影响，它们是如何影响环境的？

参 考 文 献

[1] 陈善道，孙桂初. 铁路冷链运输. 北京：中国铁道出版社，1981.
[2] 谢如鹤. 鲜活易腐食品的"保鲜链". 冷藏技术，1996，74（1）：41-42.
[3] 尉迟斌. 实用制冷与空调工程手册. 北京：机械工业出版社，2003.
[4] 申江等. 低温物流技术概论. 天津：天津商业大学，2012.
[5] http://218.13.33.145/jidian/jiaocheng-3/zhilengjishu/Unit.htm.
[6] 邹华生. 流体力学与传热. 广州：华南理工大学出版社，2004.
[7] 王厚华. 传热学. 重庆：重庆大学出版社，2006.
[8] 王厚华，周根明等. 传热学习题解答. 重庆：重庆大学出版社，2009.

3 易腐货物的理化性质与冷藏原理

本章介绍了易腐货物的理化性质、易腐货物的腐败及其控制机理，以及货架期的预测和计算，并且系统地阐述了易腐货物的冷却、冷冻、解冻的原理和变化过程，介绍了影响易腐货物冷藏运输品质的各种因素。

通过本章的学习，应了解易腐货物的物理性质和化学成分及其在冷链运输过程中的变化，掌握易腐货物的腐败及控制机理，并能进行货架期的预测和计算；掌握易腐货物冷却、冷冻原理及相关计算方法；了解运输过程中碰撞和振动对易腐货物品质的影响。

蒙牛的冷链物流

近几年乳业市场风起云涌，在常温市场竞争风靡之后，低温市场又逐渐成为一个新亮点。如何突破冷链配送的瓶颈把酸奶送到更广阔的市场是"蒙牛"值得考虑的问题。

酸奶的保质期短，一般只有14～21天，而且对冷链的要求很高。从牛奶挤出运送到车间加工，直到运至市场销售，全过程的牛奶温度都必须保持在2～6℃之间。建设冷链配送系统对冷藏罐、冷藏车等设施设备，人力、物力成本投入等需求非常大。

目前"蒙牛"与一些大型超市建立长期的合作关系，由"蒙牛"直接配送，利用"蒙牛"冷藏运输工具直接送达超市的冷柜，避免在配送过程中的乳品变质，给超市造成重大损失，进而影响"蒙牛"的信誉度。"蒙牛"还在其每个小店、零售店、批发店等零售终端投放冰柜，以保证其低温产品的质量。

至于由内蒙古生产厂销往全国各地的酸奶产品，则全部走汽运。虽然汽运成本较铁路运输高出很多，但在时间上能有保证。通常，超市在低温产品超过生产日期3天后就会拒绝进货，所以"蒙牛"必须保证其产品在2～3天内到达终端。

对于保质期很短的低温产品，如鲜奶，运输半径的减少可以缩短运输时间，这就要求生产厂房距离销售终端越近越好。"蒙牛"的原则是鲜奶不走出草原，而杯装酸奶则可以在其他地区建厂，采用当地周边奶源。

资料来源：《中国现代企业报》，作者有删节。

3.1 易腐货物的化学成分及其性质

在冷链运输工作中，了解易腐货物化学成分的目的是为了正确确定易腐货物的运输方法，更有效地保持易腐货物的品质。易腐货物的化学成分可分为有机物和无机物两大类。其中有机物中最主要的有蛋白质、糖类、脂肪、维生素及酶等，无机物则包括水分、无机盐等。这些化学成分都是人体所需的营养成分，在冷藏运输过程中，易腐货物的化学成分会发生变化，影响其食用价值和营养价值。因此，应尽量减少或避免易腐货物的营养成分的破坏与损失，保持其原有的营养价值和风味。

3.1.1 蛋白质

蛋白质是易腐货物最复杂、最重要的成分之一。它是构成生物体细胞的主要原料，是一切生命活动的基础，在一切生物的生命活动中，起着决定性的作用。

虽然蛋白质的种类繁多，结构复杂，但它们都是由碳、氢、氧、氮、硫和磷六种化学元素组成，还有少量的铁、铜、锌、锰等元素。氨基酸是蛋白质的基本单位，根据氨基酸能否在人体内合成以满足机体需要，分为必需氨基酸和非必需氨基酸。必需氨基酸在人体内不能合成或合成速度不能满足机体需要，必须通过水解食品中的蛋白质获得；非必需氨基酸在人体内能够合成以满足机体需要。

动物性食品中蛋白质的含量较多，例如牛肉含有蛋白质15.01%，猪肉含有14.21%，鸡蛋含有10.56%，鲤鱼含有8.65%。而在植物性食品中，蛋白质的含量一般很少，如苹果只含0.4%，番茄含0.76%，菠菜含2.22%。

易腐货物的品质和物理性质，在很大程度上视其中蛋白质的变化而定。蛋白质的性质包括：蛋白质的等电点、蛋白质的胶体性、蛋白质的变性和蛋白质的分解。

3.1.1.1 蛋白质的等电点

蛋白质分子属于两性化合物，在酸性溶液中蛋白质带正电荷，在碱性溶液中蛋白质带负电荷；当调节溶液达到某一pH值时，蛋白质分子内正、负电荷数相等而呈等电状态，这时溶液的pH值就叫做蛋白质的等电点。

不同的蛋白质有不同的等电点。在等电点时，蛋白质的溶解度、黏性、渗透压、膨胀性、稳定性等达到最低限度。因此，易腐货物在冷藏运输过程中都要利用或防止蛋白质因等电点而引起的各种性质的变化。

3.1.1.2 蛋白质的胶体性

蛋白质分子都很大，在水中形成胶体溶液，呈现胶体性，如布朗运动、光散射现象、电泳现象、不能透过半透膜及具有较大的吸附能力等。蛋白质在生物体内常以溶胶和凝胶两种状态存在。例如，蛋清是蛋白质溶胶，蛋黄是蛋白质凝胶；动物肌肉纤维是蛋白质凝胶，而肉浆中的蛋白质为溶胶状态。溶于水的蛋白质能形成稳定的亲水胶体，统称为蛋白质溶胶，如豆浆、牛奶、肉冻汤等。在一定条件下，蛋白质溶胶可以转变为凝胶。豆腐和奶酪等就是用蛋白质制成的凝胶体。

3.1.1.3 蛋白质的变性

当蛋白质分子所处的环境温度、辐射、pH值等变化到一定程度时，蛋白质的性质发生改变，这种现象称为蛋白质的变性。变性蛋白质不能恢复为原来的蛋白质，并失去了生理活性。酶也是一种蛋白质，当其变性时即失去活性。

3.1.1.4 蛋白质的分解

易腐货物在运输过程中，由于微生物的作用，蛋白质会分解，产生硫化氢、氨等各种难闻的气味和有毒的物质。因此，在易腐货物发生腐烂时应仔细加以检查，确定其是否适于食用。易腐货物在微生物作用下，其中所含蛋白质的分解进程，与温度的高低有很密切的关系。降低易腐货物的温度，就能延缓其中蛋白质的分解过程。所以一般情况下，易腐货物在贮运过程中要求保持低温。

3.1.2 脂肪

脂肪是甘油和脂肪酸的化合物。脂肪在动物类食品中的含量都比较高，例如肥猪肉含脂肪 78.62%，鸡蛋含 10.03%，奶油含 79.33%，花生含 31.71%，而在某些水果蔬菜中则几乎不含脂肪。

与易腐货物冷藏运输关系密切的脂类性质是氧化和水解。在微生物和酯酶的作用下或在酸、碱溶液中，脂肪会发生水解，分解成甘油和脂肪酸，并继续氧化分解为醛类、酮类和酸类等物质。油脂氧化也称为油脂的酸败。当水分、酯酶、空气存在时，日光对油脂的酸败起催化作用。脂肪氧化分解的过程与温度有密切的关系，温度高时，氧化分解快，反之氧化分解慢。油脂温度在 25～35℃，pH 值为 4.7～5 时，酯酶活性最大。因此，在贮运油脂类货物的过程中，应在避光、低温、隔绝空气的条件下进行，同时要尽量降低油脂中的水分含量。

3.1.3 糖类

糖的组成成分为碳、氢、氧，每 1 克糖在人体内能产生 17.15kJ 的热量。植物性易腐货物（如水果蔬菜）在运输过程中，由于呼吸作用糖会被氧化而损失掉。在低温状态下植物的呼吸作用将受到抑制，可以减少糖类的损失而保持其品质。糖类可分为单糖、二糖和多糖。

单糖是一种不能再水解的糖分子。例如葡萄糖、果糖、半乳糖等。

二糖在水解时能生成二分子的单糖。例如蔗糖、麦芽糖、乳糖等。

多糖在水解时能生成多分子的单糖。例如纤维素、淀粉、糖原等。

糖类在植物性食品中含量较多，例如大米含 72.04%，葡萄含 13.12%，苹果含 11.03%；而在动物性食品中则含量较少，例如奶油只含 0.49%，鸡蛋含 0.43%。糖类的化学性质也比较复杂，尤其是多糖。以下是一些主要多糖及其性质。

(1) 淀粉

淀粉是无味、无臭的呈颗粒状的白色粉末，无还原性，有一定的吸湿性。植物借光合作用合成葡萄糖并将其输送到淀粉贮存器转化为淀粉，以淀粉粒形式贮存在植物细胞中，尤其是根、茎和种子细胞中。根据分子结构特点，淀粉可分直链淀粉和支链淀粉。直链淀粉不溶于冷水，而能溶于热水，在热水中形成溶胶；支链淀粉不溶于水，又称为不溶性淀粉，但它能分散于凉水中形成胶体。淀粉颗粒不溶于冷水，但在常温下能吸收 40%～50% 的水分，其体积膨胀较少。当受热后水分渗入到颗粒内部，使可溶性直链淀粉逐渐吸收水分而体积增大，当体积增大到极限时，淀粉颗粒就发生破裂。直链淀粉向水分子中扩散，体积增大很多倍，而支链淀粉以淀粉残粒形式保留在水中，这一过程称为淀粉的溶胀。淀粉颗粒在一定的温度（一般在 60～80℃）下，吸水后体积膨胀，进而溶胀、分裂，由淀粉大颗粒分解为细小淀粉分子而形成半透明的胶体溶液，此过程称为淀粉糊化，糊化后的淀粉称为 α-淀粉。在适宜的温度下长期存放，α-淀粉会发生老化，老化是胶体溶液中淀粉分子重新聚集与结晶的过程。与生淀粉（β-淀粉）比较，老化后的淀粉不易被人体所吸收。淀粉很容易发生水解反应，在有水的情况下，加热就可以发生水解反应；当与无机酸共热时，或在淀粉酶的作用下，可彻底水解为葡萄糖。

(2) 糖原

糖原是动物体内的主要多糖，因此也称动物淀粉。糖原的两个主要贮藏部位分别为肝脏及骨骼肌。肝脏中贮存的糖原浓度比肌肉中要高些，但在肌肉中贮存的糖原比肝脏多，这是由于肌肉的总量比肝脏大得多的缘故。肝脏中贮存的糖原可维持正常的血糖浓度，肌肉中的糖原可提供肌体运动所需要的能量。动物肌肉中的肌糖原在自溶酶作用下产生乳酸，使肉由中性变成酸性，促进肉的成熟。

（3）纤维素

纤维素是植物细胞壁的主要结构物质，是存在于植物体中不能被人体消化吸收的多糖和木质素。纤维素不溶于水，但吸水膨胀，无还原性，性质稳定。纤维素水解也比淀粉困难得多，一般需要在浓酸中或用稀酸在加压条件下进行。蔬菜、水果及谷类外皮中纤维素含量较高。纤维素的主要作用是能促使胃肠道的蠕动和刺激消化腺的分泌。

（4）果胶

果胶是典型的植物多糖，通常存在于水果和蔬菜之中，尤其是柑橘类和苹果中含量较多。果胶是一种无定形物质，可形成凝胶和胶冻，在热溶液中溶解，在酸性溶液中遇热形成胶态。果胶一般有三种状态，即原果胶、果胶和果胶酸。未成熟的果实中主要是原果胶，其组织坚硬，随着果实的成熟，果实组织由硬变软，原果胶转化为果胶，果胶分解后产生甲醇和果胶酸，使果实组织柔软。果实过熟或腐烂时，甲醇含量较高。果胶物质只能被人体部分吸收。

3.1.4 酶和维生素

酶也称酵素，是一种特殊的蛋白质。它存在于活着的有机体的细胞组织中，起着生物催化剂的作用。因外界条件的不同，易腐货物中的各种物质，能在酶的影响下发生或强或弱的化学变化。

酶的重要特点是一种酶只能起一种作用。例如脂肪酶只能分解脂肪；蛋白酶只能分解蛋白质；氧化酶只能使物质发生氧化等。在酶的数量很少时，也能使大量的基质发生变化。例如 1 份蔗糖酶能分解 20 万份蔗糖；1 份胰液淀粉酶能分解 400 万份淀粉等。在低温下酶的活性减弱，当温度在 0℃ 以下时，酶的活动几乎停止，在 40~50℃ 的高温下，酶的活性最旺盛，而在 70℃ 以上时，则其活性将遭到破坏而丧失催化性。故在贮运过程中，为了抑制酶的活动以保持易腐货物的品质，或使某些有益的酶不遭到破坏，最有效的办法就是创设适当的低温环境。

在新陈代谢过程中，起着重要作用的物质不仅有蛋白质、脂肪、糖、无机盐和水，而且还有维生素。它是一类低分子有机化合物，也是人类食物中必不可少的组成部分。人类需要维生素的数量很少，但它所起的作用则十分重要，人体缺乏某种维生素就可能患某种疾病。除了极少数几种维生素外，人体所需的维生素主要从食品中获取。

维生素 A 与空气中的氧作用而受损坏，温度越高，这种破坏作用越强。维生素 B_1 在酸性介质中是稳定的，但在碱性介质中维生素 B_1 量会逐渐降低。维生素 C 对氧化作用极为敏感，碱性及高温均能使其遭受破坏。将食物进行短时的加热、冷冻和用真空干燥等方法处理，能保存食品中所含有的维生素 C。故在多数场合下，为了保持食品中的维生素不受破坏，最方便的办法是进行冷藏，特别是在贮运之前，对水果蔬菜等含维生素丰富的食品及时进行冷却是最有效的措施。

3.1.5 矿物质和水

易腐货物中除含有各种有机物质外，还含有各种矿物质和水。在食品中矿物质的含量一般只占其总重量的 1.0%~1.5%，但含水量则变化很大，从 3%~4% 到 90% 以上。例如，奶粉含水 3%~4%，肉含水 45%~78%，鱼含水 62%~81.5%，牛奶含水 87%，蛋含水

74%,芹菜含水94%,卷心菜含水91%。

在易腐货物以及有生命的组织中,水是一种溶剂,同时也是调节物理化学过程的主要因子。水一方面直接参加生物化学反应、渗透和扩散现象,另一方面水又是微生物繁殖的条件,导致易腐货物的腐烂。易腐货物中的含水量决定了其重量,也决定了运输期间易腐货物的品质和稳定性。在其他条件相同的情况下,易腐货物中所含的水分越多,则越显得娇嫩,也越易于腐烂,因而也越不易进行运输。

3.2 易腐货物的物理性质

易腐货物的物理特性取决于其化学性质和结构,主要参数有比热容、导热系数、冻结温度(冰点)和密度。一些易腐货物的主要物理特性见表3-1。

表3-1 易腐食品的主要物理性质表

食品名称	密度 /(g/cm³)	导热系数 /[W/(m·K)]	冻结温度/℃ 由	冻结温度/℃ 到	比热容/[kJ/(kg·K)] 高于冻结温度	比热容/[kJ/(kg·K)] 低于冻结温度
瘦肉	0.97~0.99	0.556	−0.6	−1.2	3.18	1.76
肥肉	0.96~0.98	—	−0.6	−1.2	2.51	—
猪肉	0.94~0.96	—	−0.6	−1.2	2.18	1.51
瘦鱼	1.01~1.02	0.45	−0.6	−2	3.35	1.34
肥鱼	0.97~0.99	—	−0.6	−2	2.85	1.8
蛋	1.0~1.09	0.29	−0.5	−0.6	3.18	1.67
奶油	0.92~0.95	0.15	—	—	2.68	1.67
牛奶	1.03~1.08	0.64	−0.53	−0.55	3.94	1.67
凝乳	0.94~1.02	—	−0.53	−0.55	3.52	2.51
水果	1.03~1.07	—	−1	−2.5	3.35~3.77	2.09
蔬菜	1.06~1.10	—	−1	−2.5	3.35~3.77	1.67~2.09

(资料来源:见参考文献[1])

3.2.1 比热容

比热容(比热)是指单位易腐货物的温度变化时,所吸收或放出的热量,其单位是kJ/(kg·K)[千焦/(千克·开)]。比热容的大小直接关系到易腐货物冷却或冻结时消耗的冷量,以及在贮运过程中在外温影响下易腐货物温度状态的变化。在其他条件相同时,比热容越大,则冷却或冻结时所消耗的冷量(或者是在温度上升时所吸收的热量)就越多,反之则越少。同一易腐货物的比热容随着温度降低而减小,尤其是在从液体变成固体时,比热容的减小特别明显。未冻结的易腐货物要比冻结后的比热容大得多。

在高于初始冻结温度的情况下,含水量较高的易腐货物,其比热容基本上可由含水量确定;但对于含水量较低的易腐货物,其比热容受到其他成分的强烈影响。假设易腐货物由水和干物质两部分组成,可用式(3-1)估算其比热容。

$$c_b = \frac{c_w \omega_n + c_s s}{100} \tag{3-1}$$

式中 c_b——高于初始冻结温度的易腐货物的比热容,kJ/(kg·K);

c_w——水的比热容,4.19kJ/(kg·K);

ω_n——易腐货物中水的质量百分数;

c_s——干物质的比热容，1.47kJ/(kg·K)；

s——易腐货物中干物质的质量百分数。

在估算低于初始冻结温度易腐货物的比热容时，因为冰的比热容与水不同，需要考虑冻结成冰的水量的影响。此时的估算公式为：

$$c_e = \frac{c_i J + c_w(\omega_n - J) + c_s s}{100} \tag{3-2}$$

式中　c_e——低于初始冻结温度的易腐货物的比热容，kJ/(kg·K)；

c_i——冰的比热容，2.09kJ/kg；

J——冻结成冰的水质量百分数。

其他符号含义同上。

3.2.2　热导率系数

易腐货物的热导率系数，指在单位时间内物体单位面积上通过的热量与温度梯度的比例系数。在其他条件相同时，热导率系数越大，则冷却、冻结或加热的速度越快，反之越慢。易腐货物的热导率系数可按下式求近似值：

$$\lambda = 0.605\varphi + 0.256(1-\varphi) \tag{3-3}$$

式中　λ——易腐货物的热导率系数，W/(m·K)；

φ——易腐货物中水的百分含量，%。

例如，含水量为85%的牛奶，其热导率系数为：

$$\lambda = 0.605 \times 0.85 + 0.256(1-0.85) = 0.55 \text{W/(m·K)}$$

在冻结过程中，易腐货物的密度、孔隙率等会发生明显的变化，这些物性参数对热导率系数产生很大的影响。另外，热导率系数还与纤维方向有关。因此，要预测冻结易腐货物的热导率系数是非常困难的。冻结易腐货物的热导率系数依温度高低而不同，并在水和冰的热导率系数之间[0.605~2.33W/(m·K)]变动，如冻鱼、冻肉的热导率系数约为1.4W/(m·K)。冻结食品的温度与热导率系数的关系如表3-2所示。

表3-2　冻结食品的温度与热导率系数的关系

冻结食品的终温/℃	−1	−5	−10	−20
冻结食品的热导率系数/[W/(m·K)]	0.70	1.16	1.40	1.63

（资料来源：见参考文献[1]）

3.2.3　冻结温度

冻结温度是指易腐货物中水分开始结成冰晶时的温度（即冰点）。由于易腐货物中的水分总是含有某些盐类和其他物质，所以易腐货物的冰点一般低于0℃，而多数都在−0.5~−2.5℃之间。易腐货物的冻结水量与其终温的关系如表3-3所示。

表3-3　易腐货物在一定温度下冻结水量

易腐货物终温/℃	−5	−10	−15	−20	−25
冻结水量/%	70~75	75~80	80~85	85~90	90~92

（资料来源：见参考文献[1]）

易腐货物由于溶质种类和浓度上的差异，其冻结温度也不同。即使是同一类易腐货物，由于品种、种植、饲养和加工条件等的差异，其冻结温度也不尽相同。表3-4列出了一些水果、蔬菜和果汁的冻结温度。

表 3-4　一些水果、蔬菜和果汁的冻结温度

品　名	水的质量百分比/%	冻结温度/℃	品　名	水的质量百分比/%	冻结温度/℃
苹果汁	87.2	−1.44	草莓	89.3	−0.89
浓缩苹果汁	49.8	−11.33	草莓汁	91.7	−0.89
胡萝卜	87.5	−1.11	甜樱桃	77.0	−2.61
橘汁	89.0	−1.17	苹果酱	92.9	−0.72
菠菜	90.2	−0.56			

(资料来源：见参考文献 [2])

3.2.4　密度

易腐货物的密度主要取决于其含水量的多少。一些主要易腐货物的含水量如表 3-5 所示。

表 3-5　主要易腐货物的含水量

品　名	含水量	品　名	含水量	品　名	含水量
莴笋	95%	甘蓝	94%	荔枝	73.50%
香蕉	82%	鸡蛋	64%	葱头	90%
粉蕉	70.50%	番茄	95%	猪肉	62%
黄瓜	96.90%	豆角	93%	牛肉	64.10%
枇杷	77%	茄子	95.70%	羊肉	54.60%

(资料来源：见参考文献 [1])

易腐货物的密度与其组成结构中水、固体成分、冰的质量分数有关，一般采用式(3-4)计算易腐货物的密度：

$$\frac{1}{\rho} = \omega_w\left(\frac{1}{\rho_w}\right) + \omega_s\left(\frac{1}{\rho_s}\right) + \omega_i\left(\frac{1}{\rho_i}\right) \tag{3-4}$$

式中　ρ_w、ρ_s、ρ_i——未冻水、固体成分和冰的密度；

ω_w、ω_s、ω_i——未冻水、固体成分和冰的质量分数。

易腐货物的密度还与温度有密切的关系。在冻结过程中，由于冰的形成，易腐货物的密度往往减少。有关实验数据表明，与常温下的密度相比，胡萝卜、包菜等在−20℃的密度减少2.7%，在−60℃约减少3.3%。图 3-1 给出了草莓密度随温度变化的情况，草莓密度在初始冻结温度和−10℃之间对温度的依赖性很强，但随着温度的进一步降低，这种依赖性逐渐减弱。

3.2.5　焓值

易腐货物的焓值表征了易腐货物含有的热量，它由显热和潜热两部分组成。显热与易腐货物的温度有关，而潜热则与易腐货物水分中被冻结水的质量分数有关。

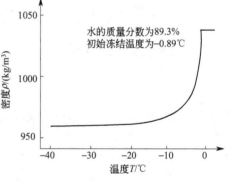

图 3-1　草莓密度随温度的变化

(资料来源：见参考文献 [2])

对于含有多种组分的易腐货物，冻结过程从最高冻结温度（或称初始冻结温度）开始，在较宽的温度范围内不断进行，一般至−40℃才完全冻结（个别食品到−95℃还没完全冻结），在此温度范围内不会出现明显的温度平台。对于这样的情况，在冻结相变过程的热计算中除了考虑显热外，还需要考虑相变潜热这个因素，引入焓的概念可简化计算。

在传热计算中，只需考察易腐货物冻结过程中焓值的相对变化。通常，设-40℃时易腐货物的焓值为零。若已知易腐货物原始含水量、冻前比热容、冻后比热容以及到某一温度时未冻水的质量分数或冻结水的质量分数，那么就能计算出该温度下易腐货物的焓值。表3-6给出了一些易腐货物的焓值。

表3-6　-30~30℃温度区内一些易腐货物的焓值　　　　　kJ/kg

品　名	含水量/%	温　度/℃								
		-30	-20	-15	-10	-5	0	5	10	20	30
羊肉	74	19.2	41.5	54.5	72.0	104.3	298.5	314.8	332.9	368.4	402.2
瘦猪肉	70	19.2	40.6	53.6	70.8	100.9	281.4	298.5	316.1	351.3	385.2
肥猪肉	自由	14.8	31.1	40.6	51.9	64.5	82.5	107.6	125.2	152.0	195.1
鳘鱼	80.3	20.1	41.9	56.1	74.1	105.1	322.8	341.2	360.1	381.1	434.2
鲱鱼	63.8	20.1	42.3	56.1	73.2	101.3	278.4	296.4	314.4	348.8	382.7
蛋白质	86.5	18.4	38.5	50.2	64.5	87.1	351.3	370.5	389.4	427.1	365.5
蛋黄	50	18.4	38.9	50.7	64.9	84.6	228.2	246.2	268.0	303.5	334.1
桃汁	89	16.8	38.5	55.7	75.4	118.9	356.7	376.8	400.7	437.5	429
菠菜	90.2	16.8	33.1	48.6	62.8	88.8	362.6	386.9	402.2	444.2	485.7
干豆类	75.8	17.6	43.5	60.7	86.7	114.9	312.3	330.3	347.1	384.4	390.2

（资料来源：见参考文献［2］）

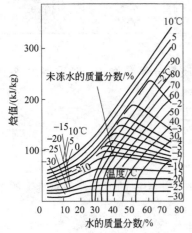

图3-2　牛肉的焓值
（资料来源：见参考文献［2］）

易腐货物的焓值与其含水量有密切关系。牛肉的焓值与含水量的关系如图3-2所示（图中取-40℃食品材料焓值为0）。

对于含水量很高的食品，当温度稍低于0℃时，就有部分水被冻结，未冻水质量分数很快降低。以水的质量分数为90%的食品为例，当温度降到-3℃时，其中已有多于60%的水被冻结；而对于水的质量分数为60%的食品，只有温度降至-6~-7℃才开始冻结；而到-20℃左右，才能使其中约60%的水被冻结。因此，食品原料的焓值主要与食品水分中被冻结水的质量分数有关。由于易腐货物中未冻结水的质量分数与温度有关，因此，易腐货物焓值(h)可近似地看作是温度的函数，可采用经验公式(3-5)和(3-6)。

$$h=h_0+a_1 e^{(T-T_0)/b_1}+a_2 e^{(T-T_0)/b_2} \quad (-18℃ \leqslant T < -1℃) \quad (3-5)$$

$$h=a+bT \quad (-1℃ \leqslant T \leqslant 40℃) \quad (3-6)$$

上式中，a，a_1，a_2，b，b_1，b_2，h_0，T_0均为拟合参数。如低于-1℃牛肉的焓值经验公式为：

$$h=-22.40363+81.87093 e^{(T+4.695)/12.027}+0.22728 e^{(T+4.695)/0.61004} \quad (3-7)$$

3.3　易腐货物的腐败及其控制机理

易腐货物的腐败变质，主要是由微生物的作用、酶的作用、氧化作用、呼吸作用和机械损伤造成，温度对以上5种腐败变质因素具有重要影响，控制温度可以显著地降低腐败。除此之外，水分活度和玻璃态转化理论也为控制易腐货物的腐败提供了新的思路和方法。

3.3.1 动物性易腐食品的腐败机理

动物性食品的腐败变质主要是由于微生物的生命活动和酶所进行的生物化学反应所造成的。禽、畜、鱼等被宰杀后，生物体与构成它们的细胞都已死亡，因此不能控制引起其变质的酶的作用，也不能抵抗引起其腐败的微生物的作用，对细菌的抵抗力不大，细菌一旦沾染上去，很快就会繁殖起来，造成食品的腐败。动物性食品的腐败主要表现为蛋白质的分解和脂肪的分解。

3.3.1.1 蛋白质的分解

肉、鱼、蛋和豆制品等富含蛋白质的食品，主要是以蛋白质分解为其腐败变质特征。在动物组织酶以及微生物分泌的蛋白酶和肽链内切酶等的作用下，蛋白质首先水解成多肽，进而裂解形成氨基酸。氨基酸通过脱羧基、脱氨基、脱硫等作用，进一步分解成相应的氨、胺类、有机酸类和各种碳氢化合物，食品即表现出腐败特征。

蛋白质分解后所产生的胺类是碱性含氮化合物质，如伯胺、仲胺及叔胺等具有挥发性和特异的臭味。各种不同的氨基酸分解产生的腐败胺类和其他物质各不相同。甘氨酸产生甲胺，鸟氨酸产生腐胺，精氨酸产生色胺进而又分解成吲哚，含硫氨基酸分解产生硫化氢和氨、乙硫醇等。这些物质都是蛋白质腐败产生的主要臭味物质。

3.3.1.2 脂肪的分解

虽然脂肪发生变质主要是由化学作用所引起的，但是许多研究表明，它与微生物也有着密切的关系。脂肪发生变质的特征是产生酸和刺激的"哈喇"气味。人们一般把脂肪发生的变质称为酸败。

易腐货物中油脂酸败的化学反应，主要是油脂自身氧化过程，其次是加水水解。油脂的自身氧化是一种自由基的氧化反应；而水解则是在微生物或动物组织中的解酯酶作用下，使易腐货物中的中性脂肪分解成甘油和脂肪酸等。

（1）油脂的自身氧化

油脂的自身氧化是一种自由基（游离基）氧化反应，其过程主要包括脂肪酸（RCOOH）在热、光线或铜、铁等因素作用下，被活化生成不稳定的自由基。这些自由基与 O_2 生成过氧化物自由基，然后自由基循环往复不断地传递生成新的自由基。在这一系列的氧化过程中，生成了氢过氧化物、羰基化合物（如醛类、酮类、低分子脂肪酸、醇类、酯类等）、羟酸以及脂肪酸聚合物、缩合物（如二聚体、三聚体等）。

（2）脂肪水解

脂肪酸败也包括脂肪的加水分解作用，产生游离脂肪酸、甘油及其不完全分解的产物。如甘油一酯、甘油二酯。在微生物的解酯酶的作用下：

$$\text{脂肪} \longrightarrow \text{脂肪酸} + \text{甘油} + \text{其他产物}$$

食品中脂肪及食用油脂的酸败程度，受脂肪的饱和度、紫外线、氧、水分、天然抗氧化剂以及铜、铁、镍离子等催化剂的影响。油脂中脂肪酸不饱和度、油料中动植物残渣等，均有促进油脂酸败的作用；而油脂的脂肪酸饱和程度，维生素 C、维生素 E 等天然抗氧化物质及芳香化合物含量高时，则可减慢氧化和酸败。

3.3.2 植物性易腐货物的腐败机理

对于植物性易腐货物来说，腐烂的原因主要是呼吸作用。如水果、蔬菜在采摘后贮藏时，虽然不再继续生长，但它们仍是一个有机体，即仍然有生命，有呼吸作用，而呼吸作用

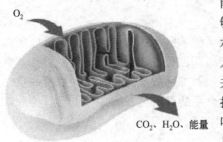

图 3-3　植物的有氧呼吸示意图

能抵御细菌的入侵。像呼吸过程中的氧化作用,能够把微生物分泌的水解酶氧化而变成无害物质,使水果、蔬菜的细胞不受毒害,从而阻止微生物的侵入。因此,果蔬在运输过程能控制机体内酶的作用,并对引起腐败、发酵的外界微生物的侵入有一定的抵抗能力。但另一方面,由于它们是活体,要进行呼吸,却不能再从母株上得到水分及其他营养物质,只能消耗体内的物质而逐渐衰老变成死体。因此,要贮运植物性食品,就必须维持它们的活体状态,同时又要减弱它们的呼吸作用。有氧呼吸作用如图3-3所示,其化学式如下:

$$C_6H_{12}O_6 + 6O_2 \Longrightarrow 6CO_2 + 6H_2O + 能量$$

3.3.3　温度对腐败变质因素的影响

3.3.3.1　温度对微生物繁殖的影响

温度是微生物生长繁殖的重要环境条件,各种微生物都有其适宜的繁殖温度范围,超过此温度范围,温度对微生物有明显的致死作用。例如大多数细菌不耐高温,当温度为55~70℃时,10~30min就会死亡,带芽孢菌在121℃高压蒸汽作用下经过10~20min也会死亡。相对而言,细菌耐低温的能力要强一些,低温只能抑制其生长和繁殖,但不能使其完全失去活性。霉菌和酵母菌等嗜冷性微生物即使在-8℃的低温下,仍然有少量孢子出芽。大部分水中细菌是嗜冷性微生物,在0℃以下仍能繁殖,个别的致病菌能忍受-20℃以下的低温。

3.3.3.2　温度对酶促反应的影响

温度对酶促反应的影响具有双重性。一方面温度影响酶促反应本身;另一方面是温度影响酶蛋白的稳定性,即对酶蛋白的热变性失去活性作用。也就是说,温度升高活化分子数就增多,反应速率就加快;但是温度升高也会使酶蛋白的活性降低甚至变性失活,从而使反应速率降低。因此,只有在某一温度时,酶促反应速率达到最大,此时的温度即称为酶的最适温度(如图3-4所示)。大多数动物酶的最适温度为37~40℃,植物酶的最适温度为50~60℃。在最适温度时,酶的催化作用最强。随着温度的升高或降低,酶的活性均下降。一般来讲,在0~40℃范围内,温度每升高10℃,反应速率将增加1~2倍。一般最大反应速率所对应的温度均不超过60℃。当温度高于60℃时,绝大多数酶的活性急剧下降。过热后酶失活是由于酶蛋白发生变性的结果。而温度降低时,酶的活性也逐渐减弱。例如,若以脂肪酶40℃时的活性为1,则在-12℃时降为0.01,在-30℃时降为0.001。

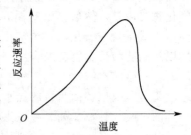

图 3-4　温度对酶活性的影响
(资料来源:见参考文献[2])

因此易腐食品在低温条件下,可以抑制由酶的作用而引起的变质。低温贮运温度要根据酶的品种和食品的种类而定。对于多数食品,在-18℃低温下贮藏数周至数月是安全可行的;而对于含有不饱和脂肪酸的多脂鱼类等食品,则需在-25~-30℃低温中贮藏,以达到有效抑制酶的作用的目的。酶活性虽在低温条件下显著下降,但并不是完全失活。因此,低温虽然能抑制酶的活性,但不能完全阻止酶的作用,长期低温贮存的食品质量可能会由于某些酶在低温下仍具有一定的活性而下降。当食品解冻后,随着温度的升高,仍保持活性的酶将重新活跃起来,加速食品的变质。

3.3.3.3 温度对呼吸作用的影响

在水果、蔬菜生理温度范围内,呼吸强度与温度呈正相关关系,环境温度越高,组织呼吸越旺盛。呼吸强度变化的程度用温度系数 Q_{10}(温差为10℃时的呼吸强度之比)表示。温度系数 Q_{10} 依种类、品种、生理时期、环境温度不同而异,通常其数值在2~4范围内。一般来说,水果蔬菜在10℃时的呼吸强度与产生的热量为0℃时的3倍。因此,适宜的低温,可以显著降低产品的呼吸强度,并推迟呼吸跃变型果蔬的呼吸跃变高峰的出现,甚至不出现呼吸跃变。呼吸强度越小,物质消耗也就越慢,贮运寿命便延长。降低贮运温度可降低新鲜水果蔬菜的呼吸强度和损耗,但有些植物组织呼吸强度并非都是随温度降低而降低,例如马铃薯的最低呼吸率在3~5℃间而不是在0℃。表3-7给出了一些水果、蔬菜在不同温度下的呼吸热。

表3-7 一些水果、蔬菜在不同温度下的呼吸热　　　　kJ/(t·24h)

品　名	0℃	2℃	5℃	10℃	15℃	20℃
樱桃	1883	2971	4602	9205	15899	20920
杏	1464	2301	4812	8786	13389	17154
桃	1632	1883	3514	7950	11297	15481
李	1841	3012	5648	10878	15899	90083
梨(早期)	1255	2259	3974	54319	13807	23012
梨(晚期)	920	1925	3556	4812	10878	18828
苹果(早期)	1590	1799	2720	5230	7950	10460
苹果(晚期)	920	1172	1799	2678	5021	7276
葡萄	837	1464	2092	3138	4184	6694
草莓	4017	5439	7950	15062	20920	25941
黄柠檬	837	1130	1674	2803	4058	5021
柑橘	920	1088	1632	3012	4812	6067
香蕉(青)	—	—	4393	8452	11297	13389
香蕉(熟)	—	—	5021	10042	14226	20920
菠菜	7113	10251	17154	36987	42677	77404
豌豆(连荚)	8996	12343	16318	23012	39748	55647
黄瓜	1757	2092	2929	5230	10460	15062
番茄(熟)	1506	1674	2301	3556	7531	8786
花椰菜(带叶)	5439	6067	6694	11924	22384	34727
蘑菇	10460	11297	13807	21757	41840	54818

(资料来源:见参考文献[2])

低温能够减弱水果、蔬菜类易腐货物的呼吸作用,延长它们的贮运期限。但温度又不能过低,温度过低会引起植物性易腐货物的生理病害,甚至将它们冻死,即"冷害"、"冻害"。因此,贮运温度应该选择在接近冰点但又不致使植物发生冻结现象时的适宜温度。如能同时调节空气中的成分(氧、二氧化碳、水分),更能取得良好的效果。

3.3.3.4 温度对机械损伤的影响

机械损伤是指由于易腐货物组织结构被挤压、碰撞后发生汁液流失和氧化,使易腐货物的外观、颜色、味道发生变化。机械损伤有两种情况:第一种情况是食品在加工、采摘或运输过程中,由于受机械或人为因素的影响,使其宏观组织结构受到破坏。例如,苹果受伤或切开后,果肉暴露于空气中被氧化变成褐色;瘦肉被切开或剁碎后置于空气中表面颜色变暗等。第二种情况是指在冻结过程中食品中的水结成冰晶或在冻藏过程中发生重结晶,导致细胞受到冰晶的挤压而产生变形或破裂，破坏了食品的微观组织结构，解冻时营养汁液流失。重结晶是冻藏期间由于温度波动出现反复解冻的一种结晶体积增大的现象。

第一种情况下，随着温度升高，会导致机械伤口微生物繁殖和氧化作用加快，食品更容易腐败变质。第二种情况与冻结速率和温度有很大关系，并且是引起食品品质下降的主要因素。如食品慢速冻结时，细胞外的水分首先结晶，造成细胞外溶液浓度增大，细胞内的水分则不断渗透到细胞外并继续凝固，最后在细胞外空间形成较大的冰晶。细胞受到冰晶挤压产生变形或破裂，食品品质明显下降。快速冻结时，能在食品组织内形成均匀分布的细小结晶，对组织的结构破坏程度大大降低，解冻后的食品基本能保持原有的色、香、味。另外，在食品运输过程中，由于温度波动、冻藏温度过高等原因，细小的冰晶会不断长大，出现频繁的重结晶现象，严重破坏食品的组织结构。因此，在食品运输期间，要严格控制温度，尽量减少温度波动的次数和幅度，最大限度地减少重结晶引起的对食品组织结构的机械伤。

3.3.3.5 温度对氧化反应的影响

氧化作用是影响食品品质的主要因素之一，包括非酶褐变、维生素氧化分解和色素氧化褪色或变色等。温度对氧化反应的影响符合范特霍夫规则，即温度每升高10℃，反应速率约变为原来的2～4倍。

3.3.4 水分活度与易腐货物的稳定性

水分活度 a_w 是指易腐货物中水分存在的状态，即水分与易腐货物的结合程度（游离程度）。水分活度值越高，结合程度越低；水分活度值越低，结合程度越高。稳定性是指保持食品固有品质属性的能力。水分活度是确定其贮运期限的一个重要因素，一般情况下，水分活度越小的易腐货物越稳定，较少出现腐败变质现象。

需要特别指出的是，易腐货物中各种微生物的生长繁殖速度，取决于其水分活度而不是水分含量。当水分活度低于某种微生物生长所需的最低水分活度时，这种微生物就不能生长。当水分活度高于微生物生长所必需的最低水分活度时，微生物就可导致易腐货物变质。不同的微生物在易腐货物中繁殖时，都有它最适宜的水分活度范围，细菌最敏感，其次是酵母和霉菌。一般情况下，$a_w<0.9$ 时细菌不能生长；$a_w<0.87$ 时，大多数酵母会受到抑制；$a_w<0.8$ 时，大多数霉菌不能生长。一般来说，易腐货物中水分活度如果能控制 $a_w<0.6$，则能有效抑制微生物的生长和繁殖。表3-8给出了一些易腐货物在20℃时的最大许可水分活度。

表3-8 未加包装的易腐货物在20℃时水分活度的最大许可值

品　名	a_w最大许可值	品　名	a_w最大许可值
饼干	0.43	奶粉	0.20～0.30
全蛋粉	0.3	烘焙咖啡	0.10～0.30
明胶	0.43～0.45	可溶咖啡	0.45
硬糖	0.25～0.30	淀粉	0.6
巧克力饼	0.73	小麦制品	0.6
牛奶、巧克力	0.68	糖	0.55～0.92
马铃薯片	0.11	脱水肉	0.72
面粉	0.65	果脯	0.60～0.70
燕麦粉	0.12～0.25	脱水豌豆	0.25～0.45
牛肉汁料	0.35	脱水豆	0.08～0.12
脱水奶粉	0.3	—	—

（资料来源：见参考文献[2]）

3.3.4.1 水分活度与温度的关系

当水分含量一定时，$\ln a_w$ 和温度的倒数 $1/T$ 之间具有良好的线性关系。水分活度与温度的关系，可以用方程来表示：

$$\frac{d\ln a_w}{d(1/T)} = -\frac{\Delta H}{R} \tag{3-8}$$

式中　T——热力学温度，K；

R——气体常数，J/(mol·K)；

ΔH——在食品某一水分含量下的等量净吸附热，J/mol。

图 3-5 表示马铃薯淀粉在不同水分含量时的 $\ln a_w$ 对 $1/T$ 直线图。显然，当水分含量一定时，易腐货物的 a_w 随温度的提高而提高。

3.3.4.2 水分活度与水分含量的关系

在恒定温度下，以易腐货物水分含量（每单位质量物质中水的质量）对 a_w 作图得到的图线称为水分吸附等温线（MSI）。MSI 线图反映了水分活度和水分含量的关系。对于同一种食品，水分含量越高，水分活度也越大，但它们并不是线性关系。不同的食品 MSI 图具有不同的形状，大多数食品的水分吸附等温线呈 S 形，水果、糖制品、含有大量糖和其他可溶性小分子的咖啡提取物以及多聚物含量不高的食品的等温线呈 J 形。而且，在低水分含量时，含水量的微小变化将引起水分活度 a_w 的较大变化。

3.3.4.3 降低水分活度控制腐败的机理

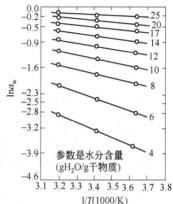

图 3-5　不同水分含量的天然马铃薯 a_w 与温度的关系

(资料来源：参考文献 [2])

水分活度实质上表示了水被束缚的能力，水分活度值较小时，大部分水被束缚，化学反应物和微生物得不到它。因此，降低水分活度，将 a_w 保持在结合范围内，能抑制易腐货物的化学变化和微生物的生长繁殖。其主要机理如下：

（1）降低易腐货物的水分活度，使易腐货物中结合水和体相水的比例发生变化，结合水的比例增加，体相水的比例减少。结合水不能作为反应物的溶剂，而体相水的减少使易腐货物中许多可能发生的化学反应、酶促反应受到抑制。

（2）降低易腐货物的水分活度，导致体相水的比例减少，将使很多属于离子反应的化学反应受到抑制。因为发生离子反应的条件是反应物必须首先进行离子化或水合作用，而离子化或水合作用的条件是必须有足够的体相水才能进行。

（3）降低水分活度，减少参加反应的体相水的数量，使得很多必须有水分子参加才能进行的化学反应（如水解反应）和生物化学反应的速率变慢。

（4）对于许多以酶为催化剂的酶促反应，水不仅是一种反应物，还是运送底物向酶扩散的输送介质，并且通过水化促使酶和底物活化。

（5）降低水分活度将抑制易腐货物中微生物的生长繁殖，提高易腐货物的稳定性。因为微生物的生长繁殖都要求有一定最低限度的 a_w，当水分活度低于 0.50 时，绝大多数微生物就无法生长。

基于上述机理，可通过冷冻干燥、空气干燥等方法除去易腐货物中的水分，或者通过冻结的方法束缚易腐货物中的体相水，使体相水减少或固化，降低易腐货物的水分活度，从而抑制化学变化和微生物的生长繁殖，提高易腐货物稳定性。

3.3.5 玻璃态转化与易腐货物的稳定性

尽管水分活度理论对于解释和控制冰点以上的易腐食品的腐败非常有效，但因为冰点以下的水分活度值与样品的组成无关，而仅与温度有关，所以在估计冷冻食品的物理变化或化学性质时，水分活度指标却是不适用的，需要用玻璃态转化理论来分析。玻璃态转化理论是预测和控制冷冻易腐食品贮运稳定性的一种新方法。

3.3.5.1 基本概念

（1）无定形态（amorphous）。无定形态就是指物质所处的一种非平衡、非结晶状态，当饱和条件占优势并且溶质保持非结晶时，此时形成的固体就是无定形态。水分在固态时是以稳定的结晶态存在的，但一些复杂的食品与其他生物大分子聚合物往往是以无定形态存在。食品处于无定形态时，其稳定性不会很高，但却具有优良的品质。

（2）玻璃态（glassy state）。玻璃态是指既像固体一样具有一定的形状和体积，又像液体一样分子间排列只是近似有序，因此它是非晶态或无定形态。处于此状态的大分子聚合物其形变很小，类似于坚硬的玻璃，因此称为玻璃态。玻璃态转化现象对流态食品转变成固态食品的操作具有实际意义，如干燥、挤压、速冻、糖果制造、焙烤等，而且对食品的机械特性、物理和化学稳定性以及食品货架期也具有重要意义。此外，一些高水分含量的食品也能形成玻璃态，主要是在冷冻过程中由于冷冻浓缩作用而使液态水移除。

（3）橡胶态（rubbery state）。橡胶态是指大分子聚合物转变成柔软而且有弹性的固体（此时还未融化）时的状态。此时，分子具有相当的形变，也是一种无定形态。

（4）黏流态（viscous flow state）。黏流态指大分子聚合物链能自由运动，出现类似一般液体的黏性流动的状态。

（5）玻璃化转变温度（glasses transition temperature，T_g）是指非晶态的食品从玻璃态到橡胶态转变时的温度。

用符号 T_g' 代表特殊玻璃化参数。T_g' 是指食品在冰形成时具有最大冷冻浓缩效应的玻璃化转变温度。一些纯物质的熔点 T_m、玻璃化转变温度 T_g 和特殊玻璃化参数 T_g' 的数值见表 3-9。

表 3-9　一些纯物质的 T_m、T_g 和 T_g'

品　名	分子质量/(g/mol)	干燥体系/℃		冷冻浓缩体系/℃
		T_m	T_g	T_g'
水	18	0	−137	—
甘油	92	18	−93	−65
果糖	180	125	7	−42
葡萄糖	342	158	31	−43
蔗糖	342	192	70	−33
麦芽糖	342	—	87	−32
乳糖	342	214	101	−28
明胶	106	25	—	−12
淀粉（经过糊化处理）	>107	255	122	−6

（资料来源：见参考文献 [2]）

3.3.5.2 玻璃态的形成条件

几乎所有凝聚态物质，包括水和含水溶液都普遍具有玻璃态的形成能力。但玻璃态的形成主要取决于动力学因素，即冷却速率的大小。只要冷却速率足够快，温度足够低，几乎所有物质都能从液体过冷到玻璃态固体。其中，"足够低"是指必须冷却到 $T < T_g$，"足够快"

是指冷却过程在穿过 $T_g<T<T_m$ 温区的时间必须很短,以致不发生晶化,即冷却速率要快于结晶的成核速率和晶体的长大速率。同时,玻璃化转变温度(T_g)本身将随着冷却速率的变化而变化。冷却速率快,玻璃化转变温度相对较高;反之,则较低。加热时的情况也与此相同,玻璃化转变温度随加热速率的增快而升高。因此,玻璃化转变温度是一个既与热力学有关,又与动力学有关的参数。

3.3.5.3 影响食品玻璃化转变温度的因素

(1)冷却历程。玻璃化转变温度(T_g)随着冷却速率的变化而变化。冷却速率快,玻璃化转变温度较高;反之,冷却速率慢,则玻璃化转变温度较低。

(2)水。对亲水性和含无定形区的高聚、低聚和单聚食品,水是一种特别有效的增塑剂。当水增加时,T_g下降。一般每加入1%水,T_g下降5~10℃。

(3)溶质的类型。食品的玻璃化温度强烈地取决于体系的溶质种类和水分含量。当分子量小于<3000时,食品的玻璃化温度(T_g和T'_g)随分子量的提高而提高。当分子量大于3000时,食品的玻璃化温度(T_g和T'_g)与分子量无关。因此,多数具有高分子量的多糖和蛋白类化合物都具有非常类似的玻璃化曲线和接近—10℃的T'_g。

3.3.5.4 玻璃化转变温度与食品稳定性

由于食品在玻璃态时具有很高的黏度,未冻结的水分子被高黏度的食品体系所束缚,因此,这种水分不具有反应活性,使整个食品体系以不具有反应活性的非结晶性固体形式存在。因此,当食品温度在T_g以下时具有高度的稳定性。此时,食品的稳定性可采用($T-T_g$)值表示,值越大,则稳定性越小;值越小,则稳定性越大。

因此,提高食品稳定性的方法有:一是将贮运温度降低至接近或低于T_g;二是在产品中加入大分子量的溶质,以提高T_g。

3.3.6 易腐货物品质变化函数

一般情况下,易腐货物在物流过程中,品质衰减程度与时间、温度以及活化能、气体等密切相关,其表达式如下:

$$\frac{dq}{dt}=kq^n \tag{3-9}$$

式中,q为易腐货物的品质(如营养素或特殊风味);k为反应速率;n为反应阶。

反应速率取决于环境条件(如温度);反应阶n是整数0和1(即0阶反应和1阶反应),分别表示线性和指数品质衰败(图3-6)。如鲜肉和鱼等食品的品质腐败取决于微生物生长,其品质变化服从一阶反应方程(图3-6中的B曲线);新鲜果蔬等易腐货物的品质腐败取决于新陈代谢的速率,其品质变化服从零级反应方程(图3-6中的A直线)。

由于易腐食品种类繁多,品质特性范围非常广,贮存条件也多样,因此易腐食品品质的预测是一件十分复杂的工作。在易腐食品品质衰减过程中,并不是所有品质特性(如安全性、营养性和可食用性

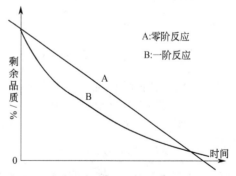

图3-6 易腐货物品质变化曲线

等)都服从同一个数值模型,各种品质特性衰减速率是不一样的,但是对于某一给定的食品而言,总有一种关键的品质特征可以应用品质预测模型。这也是大多数食品品质数值模型的基础。

显然，温度是非常重要的因素。根据 Arrhenius（阿累尼乌斯）方程，反应速率 k 可以用式(3-10) 表示：

$$k = k_0 \exp\left(-\frac{E_a}{RT}\right) \tag{3-10}$$

或者

$$\ln k = \ln k_0 - \frac{E_a}{RT}$$

式中，k_0 为一个常数；E_a 为活化能；R 为气体常数；T 为绝对温度。活化能 E_a 为一个重要的动力学参数，表示活化分子具有的能量与全部反应物分子平均能量之间的差值。由于在以上方程中，活化能处于指数的位置上，所以它对反应速率的影响很大。

如果已知易腐食品初始品质 q_0 和各物流环节的时间 t_i 和温度 T_i ($i=1,2,\cdots,m$)，对于零级反应和一级反应分别可以得到以下品质衰减模型：

$$q^{(0)} = q_0 - \sum_{i=1}^{m} k_0 t_i \exp\left[-\frac{E_a}{RT_i}\right] \tag{3-11}$$

$$q^{(1)} = q_0 \exp\left[-\sum_{i=1}^{m} k_0 t_i \exp\left(-\frac{E_a}{RT_i}\right)\right] \tag{3-12}$$

对于某一给定温度，式(3-11) 是直线，而式(3-12) 是指数曲线。

3.3.7 易腐食品货架期预测

根据 Arrhenius 方程，当求得不同温度下的反应速率 k 后，用 $\ln k$ 对热力学温度的倒数 $1/T$ 作图可得到一条为 $-E_a/R$ 的直线。因此 Arrhenius 方程的主要价值在于：可以在高温（低 $1/T$）下收集实验数据，然后用外推法求得较低温度下的货架寿命（如图 3-7 所示）。简单的货架寿命作图法仅仅在一个相对较窄的温度范围内有效，而在大的温度范围内通常是不精确的。

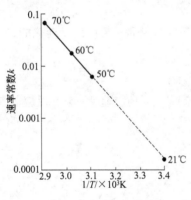

图 3-7 利用 Arrhenius 曲线从高温外推至低温来预测货架期

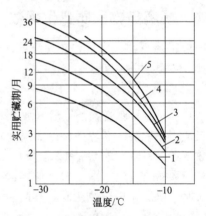

图 3-8 冷冻食品的 T.T.T 曲线
1—多脂肪鱼（鲑）和炸仔鸡；
2—少脂肪鱼；3—四季豆和汤菜；
4—青豆和草莓；5—木莓
（资料来源：见参考文献 [5]）

Arstel 等人于 1948~1958 年根据大量的实验研究，总结出了为保持易腐食品的优良品质，所容许的贮运时间和品温之间存在的关系，这就是 T.T.T 理论。T.T.T 理论就是易腐货物在流通过程中，其品质变化主要取决于温度，温度越低，其品质保持的时间越长。把对应于不同温度的贮藏期所经历的时间标绘在对数刻度的坐标系上，这些点的连线在 −30~ −10℃ 的冷藏温度范围内大致呈倾斜的形状，称为 T.T.T 曲线（图 3-8）。

从 T.T.T 曲线可看出，温度越低，冷冻食品的品质变化越小，货架期也越长。如大多数冷冻食品在 $-18℃$ 条件下可贮存 1 年而不失去商品价值。T.T.T 理论也表明：冷冻食品在流通过程中因时间、温度的经历而引起的品质降低量是累积的，而且是不可逆的，并且与所经历的顺序无关。例如把相同的冷冻食品分别放在两种场合下进行冻藏：一种是先放在 $-10℃$ 温度下贮藏 1 个月，然后放在 $-30℃$ 下贮藏 5 个月；另一种是先放在 $-30℃$ 下贮藏 5 个月，然后放在 $-10℃$ 下贮藏 1 个月，这两种场合分别贮藏 6 个月后，冷冻食品的品质降低量是相等的。大多数冷冻食品贮运温度与实际货架期的关系是符合 T.T.T 关系的。

利用 T.T.T 曲线可以计算出易腐货物在贮藏、配送、运输、销售等环节品质下降累积程度和剩余的品质（如图 3-9 所示），假设一个冷冻食品在某个贮藏温度下实用冷藏期是 A，其初始品质为 100%，经过时间 A 后其品质降低至 0，那么在此温度下该冷冻食品每天的品质下降量为 $B=100/A$，根据这个关系式可绘制品质保持特性曲线 B，在此基础上作出 T.T.T 线图进行计算。图 3-9 中，横坐标表示天数，纵坐标表示各种温度下的品质降低率（用百分数表示）。把冷冻食品从生产出来一直到消费者所经历的贮藏、运输、销售等环节的温度、时间画在图上，这曲线下的面积就是该冷冻食品在流通过程中品质降低的总量。品温变化越大，该曲线下的面积就越大，品质降低的量也越大。

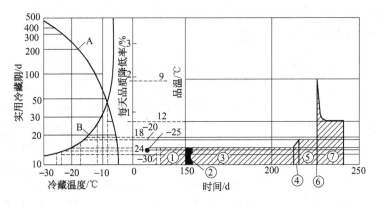

图 3-9 T.T.T 计算图例

A—实用冷藏期曲线；B—每天品质降低率曲线；①~⑦见表 3-10

[例] 某冷冻食品生产到消费共经历了 7 个阶段，如表 3-10 所示。用 T.T.T 的计算方法，根据各个温度下每天的品质降低率与在此温度下所经历的天数相乘，即可算出该冷冻食品各个阶段的品质降低量。刚生产出来时，这个冷冻食品的冷藏性为 100%，从生产者一直到消费者共经历了 241d（四舍五入），7 个阶段的品质降低总量为 70.9%，说明该冷冻食品还有 30% 的剩余冷藏性。当品质降低总量超过 100% 时，说明该冷冻食品已失去商品价值，不能再食用。

表 3-10 某冷冻食品流通过程中时间、温度数据

阶 段	平均温度/℃	每天品质降低率/%	时间/d	品质降低量/%
①生产贮存	-30	0.23	150	33
②运输	-25	0.27	2	0.5
③批发商贮存	-24	0.28	60	17
④配送	-20	0.4	1	0.4
⑤零售商贮存	-18	0.48	14	6.8
⑥搬运装卸	-9	1.9	1/10	0.2
⑦消费者贮存	-12	0.91	14	13
合计			241	70.9

注：表中序号与图 3-9 中对应。（资料来源：见参考文献 [2]）

用 T.T.T 计算方法可知道物流过程中某冷冻食品的品质变化，但由于食品腐败变质与多个因素有关，如温度波动使冰晶长大和干耗加剧、光线照射对光敏成分的影响等。这些因素在上述计算中尚未考虑，因此，在某些情况下实际品质降低量要比用 T.T.T 方法得到的计算值更大。例如温度升高，冰淇淋会融化或软化；温度降低，它又再变硬。温度如此反复波动，冰淇淋就会产生大的冰结晶，原有滑溜的舌触感，就会变得粗糙，使产品失去商品价值。又如，冻藏室内，当温度波动幅度大而且频繁，冷冻食品内的冰结晶会长大，包装袋内也会发生干耗现象，不仅冷冻食品的质量降低，而且品质发生恶化，比用 T.T.T 计算所求得的品质降低量更大。再如，放在超市冷藏陈列柜中的冷冻食品，特别是装在塑料袋中的单个冻结制品，由于商场灯光照明的影响，会干燥、变色，与放在相同温度的冷藏库内相比较，其品质劣化程度快，比用 T.T.T 计算值判定的品质降低量大。

以上虽列举了一些不符合 T.T.T 计算的例外情况，但对大数食品来说，品质的降低主要还是取决于流通过程中时间、温度经历所带来影响的累积，因此 T.T.T 理论及其计算方法在判断冷冻食品在流通领域中的品质变化上仍是非常适用的。

3.4 易腐货物的冷却过程及原理

3.4.1 冷却过程中的热量传递

易腐货物的冷却过程是热量从易腐货物中传递到冷却介质中，使易腐货物温度下降的过程。根据热力学定律，热量总是从高温物体传送到低温物体。只要有温差存在，就会有热量传递的发生。如图 3-10 所示，把一个平板状易腐货物放入温度为 θ_r 的冷却室内，刚放进去时，时间 $t=0$，易腐货物内部各处温度都是 θ_0。把易腐货物分成 S、A、B、C、D 及相对称的 S1、A1、B1、C1、D1 几个面来考虑，由于易腐货物温度 θ_0 高于冷却室内空气的温度 θ_r，即有 $\Delta\theta=\theta_0-\theta_r$ 存在，热量就从易腐货物表面传给冷却室空气，易腐货物表面温度下降为 θ_s。此时，A 面与表面 S 之间又存在温差 $\theta_0-\theta_s$，热量就从 A 面向表面 S 传递，A 面的温度就下降 θ_A。此时，B 面与 A 面之间又存在 $\theta_0-\theta_A$，热量从 B 面传向 A 面，B 面的温度下降为 θ_B。依此类推，由于易腐货物表面失去热量的传递，经过时间 t 后，易腐货物内部温度的分布变化为 SABC……此时，易腐货物温度与冷却室内空气之间仍有温差 $\theta_0-\theta_s$ 存在，上述热量传递过程继续进行。

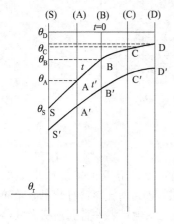

图 3-10　易腐货物表面热量传递示意图

在 t' 时间时，易腐货物内部的温度分布为 $S'A'B'C'$……就这样，只要有温差存在，易腐货物的温度就继续下降。

3.4.1.1 易腐货物表面失去的热量

从易腐货物表面失去的热量是通过易腐货物表面与冷却介质之间的对流换热传递的。单位时间内从易腐货物表面传递给冷却介质的热流量 Φ_t 可用式(3-13) 表示：

$$\Phi_t=KA(\theta_s-\theta_r) \tag{3-13}$$

式中　K——传热系数，$W/(m^2 \cdot K)$；
　　　A——易腐货物的冷却表面面积，m^2；

θ_s——易腐货物表面的温度，℃；

θ_r——冷却介质的温度，℃。

对于一定的易腐货物来说，其 A 及 θ_s 为常量，θ_r 的高低由制冷系统决定，传热系数 K 的值是随冷却介质的不同而不同的，一般来讲液体比气体大得多。

3.4.1.2 易腐货物内部热量的传递

易腐货物内部热量的传递是以传导方式进行的。如图 3-11 所示，易腐货物内部存在两个不同温度的截面，其温度各自为 θ_1 和 θ_2。假定 $\theta_1 > \theta_2$，则热量就从温度为 θ_1 的截面传递到温度为 θ_2 的截面。单位时间内以热传导方式传递的热流量 Φ_c 可用式(3-14) 表示：

$$\Phi_c = \lambda A \frac{\theta_1 - \theta_2}{l} \tag{3-14}$$

式中　　λ——热导率，$W/(m \cdot ℃)$；

　　　　A——热传导的面积，m^2；

　　θ_1、θ_2——两个截面的温度，℃；

　　　　l——两个面之间的距离，m。

在式(3-14) 中，$\frac{\theta_1 - \theta_2}{l} = \tan\varphi$ 可用温度梯度来表示，因此热传导传递的热流量 Φ_c 是与温度梯度成正比的。一般在易腐货物内部从温度高的一方向温度低的一方传导的热流量可用式(3-15) 表示：

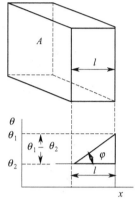

图 3-11　食品内部热量传递

$$\Phi_c = \lambda A \left(\frac{\Delta \theta}{\Delta \chi}\right)_p = \lambda A \tan\varphi \tag{3-15}$$

3.4.1.3 易腐货物表面热量的传导

在冷却过程中，$\Phi_t = \Phi_c$，即

$$KA(\theta_s - \theta_r) = \lambda A \tan\varphi$$

所以

$$\tan\varphi = \frac{K}{\lambda}(\theta_s - \theta_r) \tag{3-16}$$

由此可见，表面 S 的温度梯度与温差 $\theta_s - \theta_r$ 成正比关系。

3.4.1.4 易腐货物内部温度的降低

图 3-12 所示是易腐货物内部一个传热面积为 S（m^2）、厚度为 x（m）的长方体，其温度分布曲线为 MN。A 面的温度梯度是 $\tan\varphi_A$，B 面的温度梯度是 $\tan\varphi_B$，热量从长方体的右边通过 A 面传入，从长方体的左边通过 B 面流出。从 A 面进入长方体的热量为：$\Phi_A = \lambda S \tan\varphi_A$，长方体从 B 面传出的热量 Φ_B 为：$\Phi_B = \lambda S \tan\varphi_B$。从图 3-12 温度分布的曲线可以看出，$\tan\varphi_B > \tan\varphi_A$，也就是说传出长方体的热量大于传入长方体的热量，其差值为：

$$\Phi = \Phi_B - \Phi_A = \lambda S(\tan\varphi_B - \tan\varphi_A) \tag{3-17}$$

长方体因失去热量而温度降低。但因食品内部各部位的温度不一样，所以食品温度的下降只能以食品的平均温度 $\bar{\theta}$ 的下降速度来表示。设定图 3-12 中长方体的比热容为 c [$kJ/(kg \cdot K)$]，平均温度从 $\bar{\theta}_1$ 降低到 $\bar{\theta}_2$，密度为 ρ（kg/m^3）。因为长方体的体积为 Sx（m^3），所以其质量为 ρSx（kg），长方体从 $\bar{\theta}_1$ 降低到 $\bar{\theta}_2$ 失去的热量为 $c\rho Sx(\bar{\theta}_1 - \bar{\theta}_2)$。由于长方体温度的降低是在时间 t 内完成的，所以单位时间内失去的热量可用式(3-18) 表示：

$$\Phi = c\rho Sx \frac{\bar{\theta}_1 - \bar{\theta}_2}{t} \tag{3-18}$$

长方体传出的热量也就是长方体单位时间内失去的热量，因此式(3-17)与式(3-18)相等：

$$c\rho Sx \frac{\bar{\theta}_1 - \bar{\theta}_2}{t} = \lambda S(\tan\varphi_B - \tan\varphi_A)$$

由此可得长方体平均温度下降：

$$\frac{\bar{\theta}_1 - \bar{\theta}_2}{t} = \frac{\lambda}{c\rho} \times \frac{\tan\varphi_B - \tan\varphi_A}{x}$$

3.4.2 冷却速度与时间

易腐货物冷却的速度就是易腐货物温度下降的速度。由于易腐货物内各部位不同，在冷却过程中温度下降的速度也不同，整个易腐货物的冷却速度只能以平均温度$\bar{\theta}$的下降来表示。图 3-12 中长方体的冷却速度$\bar{v}$可由下式表示：

$$\bar{v} = \frac{\Delta\bar{\theta}}{\Delta t} = \frac{\lambda}{c\rho} \times \frac{\tan\varphi_B - \tan\varphi_A}{x} = \kappa \frac{\tan\varphi_B - \tan\varphi_A}{x}$$

式中，$\kappa = \frac{\lambda}{c\rho}$称为导温系数，$m^2/s$。

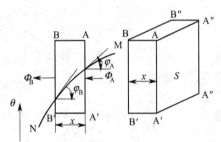

图 3-12　易腐货物内部温度下降示意图

食品冷却时不但需要排除食品内所含的热量，同时还要除去食品表面的水分。这都需要消耗冷量。在实际工作中对于一般食品在冷却时所消耗的冷量（$Q_冷$）都按式(3-19)进行计算：

$$Q_冷 = mc(\theta_初 - \theta_终) \tag{3-19}$$

式中，m为食品的重量，kg；c为食品冻结时的比热容，$kJ/(kg·K)$；$\theta_初$、$\theta_终$分别为食品的初温和终温，℃。

[例] 有鲜鱼 20t，鱼的含水量 78%，温度为 32℃，现用冰将鱼冷却到 4℃，并且已知每 1kg 冰的产冷量为 335kJ，问大约需要多少冰（忽略冰水升温的产冷量）？

解：鲜鱼的比热容由式(3-1)得：

$$c = 4.19\varphi + 1.46(1-\varphi) = 3.6 \; [kJ/(kg·K)]$$

根据式(3-19)，20t 鱼由 32℃ 冷却到 4℃ 的耗冷量为：

$$Q_冷 = mc(\theta_初 - \theta_终) = 20000 \times 3.6 \times (32-4) = 2016000 \; (kJ)$$

故所需要的冰量为：

$$G = \frac{Q_冷}{Q} = \frac{2016000}{335} = 6020 \; (kg)$$

食品冷却到一定温度所需要的时间叫做冷却时间。可根据食品冷却的耗冷量与每 1 小时冷却介质从食品中所吸收的热量来计算，一般可采用以下公式：

$$t_{冷却} = \frac{mc}{Fan} \ln \frac{\theta_初 - \theta_{介质}}{\theta_终 - \theta_{介质}} \tag{3-20}$$

式中　F——食品的表面积，m^2；

a——食品对冷却介质的散热系数，在空气自然循环时为 $5.8 \sim 11.6 W/(m^2·K)$，空气循环速度小于 1m/s 时为 $17.5 \sim 23.2 W/(m^2·K)$，大于 1m/s 时为 $29 \sim 35 W/(m^2·K)$；

$\theta_{介质}$——冷却介质的温度,℃;

n——食品形状、厚薄、导热性能不同的修正系数。

[例] 有猪肉10t,温度为29℃,其含水量为66%,表面积为400m²,要求冷却到2℃,冷却室内空气温度为-1℃,散热系数为11.6W/(m²·K),修正系数为0.5,问冷却时间为多少?

解:猪肉的比热容由式(3-1)得:

$$c=4.19\varphi+1.47(1-\varphi)=4.19\times0.66+1.47\times0.34=3.28\ [kJ/(kg\cdot K)]$$

因此,冷却时间为:

$$t_{冷却}=\frac{mc}{Fan}\ln\frac{\theta_{初}-\theta_{介质}}{\theta_{终}-\theta_{介质}}=\frac{10000\times3.28}{400\times11.6\times0.5}\ln\frac{29-(-1)}{2-(-1)}\approx9\ (h)$$

冷却时间还与易腐货物的形状密切相关。以下分别是平板状、圆柱状和球状易腐货物的冷却时间计算公式。

(1) 平板状食品冷却时间近似计算公式:

$$t=\frac{c\rho}{4.65\lambda}\delta\left(\delta+\frac{5.3\lambda}{K}\right)\lg\frac{\theta_{初}-\theta_{介质}}{\theta_{终}-\theta_{介质}} \tag{3-21}$$

式中 δ——平板状食品的厚度,m,其他符号含义与前文相同。

(2) 半径为R的圆柱状易腐货物冷却时间的近似计算公式:

$$t=\frac{c\rho}{2.73\lambda}R\left(R+\frac{3.0\lambda}{K}\right)\lg\frac{\theta_{初}-\theta_{介质}}{\theta_{终}-\theta_{介质}} \tag{3-22}$$

(3) 半径为R的球状易腐货物冷却时间的计算公式:

$$t=\frac{c\rho}{4.90\lambda}R\left(R+\frac{3.7\lambda}{K}\right)\lg\frac{\theta_{初}-\theta_{介质}}{\theta_{终}-\theta_{介质}} \tag{3-23}$$

3.4.3 冷却时的变化

3.4.3.1 水分蒸发

当食品中的水分减少后,不但造成重量损失,而且会使果蔬类食品失去新鲜、饱满的外观,当减重达到5%时,果蔬会出现明显的萎凋现象,肉类食品也会出现肉的表面收缩、硬化,形成干燥皮膜,肉色也有变化。为了减少食品冷却时的水分蒸发作用,要根据它们各自的水分蒸发特性,控制其适宜的湿度和低温条件。表3-11是根据水分蒸发特征对果蔬类食品进行的分类。

表3-11 水果、蔬菜的水分蒸发特性

水分蒸发特性	水果、蔬菜的种类
A型(蒸发小)	苹果、橘子、柿子、梨、西瓜、葡萄(欧洲种)、马铃薯、洋葱
B型(蒸发中等)	白桃、李子、无花果、番茄、甜瓜、莴苣、萝卜
C型(蒸发大)	樱桃、杨梅、龙须菜、葡萄(美国种)、叶菜类、蘑菇

(资料来源:见参考文献[3])

肉类水分蒸发的量不但与冷却室内空气的温度、湿度及流速有密切关系,还与肉的种类、单位质量表面积的大小、表面形状、脂肪含量等有关。一般是低温、高湿的条件如品温约0~1℃,湿度为80%~90%时质量损失较小。表3-12是不同冷却时间下畜肉的干耗量,冷却时间越长,干耗量越大。

表 3-12　不同冷却时间下畜肉的干耗情况
（温度 $i=1℃$，相对湿度 $RH=80\%\sim90\%$，风速 $v=0.2m/s$）

冷却时间/d	牛肉干耗量/%	羊肉干耗量/%	猪肉干耗量/%
0.5	2.0	2.0	1.0
1	2.5	2.5	2.0
1.5	3.0	3.0	2.5
2	3.5	3.5	3.0
8	4.0	4.5	4.0
14	4.5	5.0	5.0

（资料来源：见参考文献［3］）

3.4.3.2　冷害

在冷却贮藏时，有些水果、蔬菜的品温虽然在冻结点以上，但当温度低于某一界限温度时，果蔬正常的生理机能遇到障碍，失去平衡，产生冷害。冷害症状随品种的不同而各不相同，最明显的症状是表皮出现软化斑点与核周围肉质变色，像西瓜表面凹斑、鸭梨的黑心病、马铃薯的发甜等。另有一些水果和蔬菜，在外观上看不出冷害的症状，但冷藏后再放到常温中，就丧失了正常的促进成熟作用的能力，这也是冷害的一种。例如将香蕉放入低于 $11.7℃$ 的冷藏室内一段时间，拿出冷藏室后表皮变黑成腐烂状，俗称"见风黑"。一般来讲，产地在热带、亚热带的果蔬容易发生冷害。表 3-13 列出了一些果蔬冷害的界限温度与症状。

表 3-13　果蔬冷害的界限温度与症状

种类	界限温度/℃	症状	种类	界限温度/℃	症状
香蕉	11.7～13.8	果皮变黑	马铃薯	4.4	发甜、褐变
西瓜	4.4	凹斑、风味异常	番茄(熟)	7.2～10	软化、腐烂
黄瓜	7.2	凹斑、水浸状斑点腐败	番茄(生)	12.3～13	催熟果、颜色不好、腐烂
茄子	7.2	表皮变色、腐败			

（资料来源：见参考文献［3］）

3.4.3.3　移臭

移臭也叫串味，是有强烈香味或臭味的食品，当与其他食品放在一起冷却贮运，这香味或臭味就会传给其他食品。例如洋葱与苹果放在一起冷藏，洋葱的臭味就会传到苹果上去。这样，食品原有的风味就会发生变化，使品质下降。要避免上述情况，就要求在管理上做到专库专用或专车专用，或在一种食品出库后严格消毒和除味。另外，冷藏库还具有一些特有的臭味，俗称冷臭，这种冷臭也会串给冷却食品。

3.4.3.4　生理作用

水果、蔬菜在收获后仍是有生命的活体。在冷却贮藏过程中，水果、蔬菜的呼吸作用、后熟作用仍在继续进行，体内各种成分也不断发生变化，同时还可以看到颜色、硬度等的变化。

3.4.3.5　成熟作用

在冷却条件下，肉类缓慢地进行着成熟作用（如图 3-13 所示），一般可在 $0\sim1℃$ 的温度下进行。由于动物的种类不同，成熟作用的表现也不同。对猪、家禽等，就不十分强调成熟作用，而对牛、绵羊、野禽等，成熟作用则十分重要。成熟作用对于肉质软化与风味增加有显著的效果，提高了它们的商品价值。

3.4.3.6　脂类的变化

冷却贮藏过程中，食品中所含的油脂会发生水解、脂肪酸的氧化、聚合等复杂的变

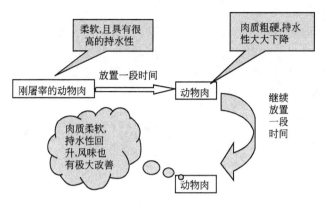

图 3-13 肉类成熟过程示意图

化,使食品出现变色、酸败、发黏等现象。这种变化进行得非常严重时,就被人们称之为"油烧"。

3.4.3.7 淀粉老化

淀粉老化过程如图 3-14 所示。老化的淀粉不易为淀粉酶作用,所以也不易被人消化吸收。水分含量在 30%～60% 的淀粉最容易老化,含水量在 10% 以下的干燥状态及在大量水中的淀粉都不易老化。

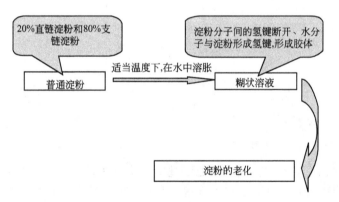

图 3-14 淀粉老化过程示意图

3.4.3.8 微生物的繁殖

在冷却时,当果蔬渐渐衰老或者有伤口时,霉菌就会在此繁殖。肉类在冷却时也会有霉菌和细菌的繁殖,细菌繁殖时,肉的表面会出现粘湿现象。鱼类在冷却时也有细菌繁殖,因为附着在鱼体的水中细菌,如极毛杆菌、无芽孢杆菌、弧菌等都是低温细菌。在冷却温度下,微生物特别是低温细菌,它的繁殖和分解作用并没有充分被抑制,只是速度变得缓慢些。表 3-14 列出了低温、中温和高温细菌繁殖的最低温度、适宜温度和最高温度。低温细菌在冷却条件下,还能继续繁殖,时间一长,就会使食品发生腐败。

表 3-14 细菌繁殖的温度范围

类 别	最低温度/℃	适宜温度/℃	最高温度/℃
低温细菌	−5～5	20～30	35～45
中温细菌	10～15	35～40	40～50
高温细菌	35～40	55～60	65～75

(资料来源:见参考文献 [3])

3.4.3.9 寒冷收缩

宰后的牛肉在短时间内快速冷却,肌肉会发生显著收缩,以后即使经过成熟过程,肉质也不会十分软化,这种现象叫寒冷收缩。一般来说,宰后 10h 内,肉温降低到 8℃ 以下,容易发生寒冷收缩。但成牛与小牛,或者同一头牛的不同部位都有差异。例如成牛,肉温低于 8℃,而小牛则肉温低于 4℃。

3.5 易腐货物的冷冻与解冻原理

3.5.1 冻结过程

3.5.1.1 冰结晶条件

水或水溶液的温度降低至冻结点时并不都会结冰,较多的场合是温度要降至冻结点以下,造成过冷却状态时,水或水溶液才会结冰。当冰晶产生时因放出相变热,使水或水溶液的温度再度上升至冰结点温度,如图 3-15 所示。

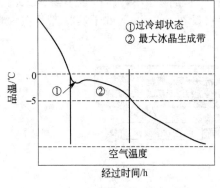

图 3-15 冻结时食品中心温度的变化

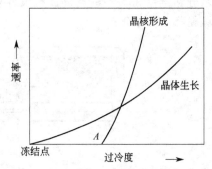

图 3-16 晶核形成、冰晶生长速率与过冷度

晶核是形成冰的必要条件。当液体处于过冷却状态时,由于某种刺激作用会形成晶核,例如溶液内局部温度过低,水溶液中的气泡、微粒及容器壁等由温度起伏形成的晶核称为均一晶核,除此以外形成的晶核称为非均一晶核。易腐食品因其具有复杂的组成物质,所以形成的晶核属于非均一晶核。

晶核形成以后,冰结晶开始生长。冷却的水分子向晶核移动,凝结在晶核或冰结晶的表面,形成固体的冰。图 3-16 中 A 点是晶核形成的临界温度。在过冷度较小的区域(冻结点至 A 点之间),晶核形成数少,但以这些晶核为中心的冰晶生成速率快;过冷度超过 A 点,晶核形成的速率急剧增加,而冰晶生长的速度相对比较缓慢。

食品冻结时,冰晶体的大小与晶核数直接有关。晶核数越多,生成的冰晶体就越细小。缓慢冻结时,晶核形成放出的热量不能及时被除去,过冷度小并接近冻结点,对晶核的形成十分不利,晶核数少且生成的冰晶体大。快速冻结时,晶核形成放出的热量及时被除去,过冷度大,当超过 A 点后晶核大量形成,而且冰晶生长有限,因此生成大量细小的冰晶体。

3.5.1.2 冻结率

食品温度降至冻结点后其内部开始出现冰晶。随着温度继续降低,食品中水分的冻结量逐渐增多,但要食品内含有的水分全部冻结,温度要降至 −60℃ 左右,此温度称为共晶点。

食品冻结率（$f_{冻}$）的计算公式如式(3-24)：

$$f_{冻}=1-\frac{\theta_f}{\theta} \tag{3-24}$$

式中　θ_f——食品冻结点温度；

　　　θ——食品冻结点以下的实测温度。

3.5.1.3　冻结曲线和最大冰晶生成带

食品冻结时，随着时间的推移表示其温度变化过程的曲线称为食品冻结曲线。新鲜食品冻结曲线的一般模式如图3-17所示。

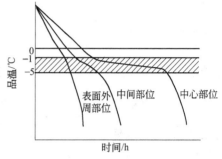

图3-17　食品冻结曲线

图3-17中有三条曲线，表明冻结过程中的同一时刻，食品的温度始终以表面为最低，越接近中心部位温度越高，不同深度温度下降的速度是不同的。食品温度达到冻结点后，食品中大部分水分冻结成冰，水转变成冰过程中放出的相变潜热通常是显热的50～60倍，食品冻结过程中绝大部分的热量是在此阶段放出的，温度降不下来，曲线出现平坦段。对于新鲜食品来说，一般温度降至−5℃时，已有80%的水分生成冰结晶。通常把食品冻结点至−5℃的温度区间称为最大冰晶生成带，即食品冻结时生成冰结晶最多的温度区间。

3.5.2　冻结时的变化

3.5.2.1　体积膨胀、产生内压

1mL水在4.4℃时的质量为1g，此时密度最大。在0℃时，1mL水的质量为0.9999g，冰的质量为0.9168g，冰的体积比水的体积约增大9%。冰的温度每下降1℃，其体积收缩0.01%～0.005%。二者相比，膨胀比收缩大得多，所以含水分多的食品冻结时体积会膨胀。冰层逐渐向内部延伸时，当内部的水分因冻结而膨胀时，会受到外部冻结层的阻碍，于是产生内压，即冻结膨胀压。理论计算冻结膨胀压可达到8.7MPa。

在易腐货物速冻过程中，冻结膨胀压的危害是产生龟裂。当易腐货物外层承受不了内压时，便通过破裂的方式来释放内压。如在采用温度较低的液氮冻结，产品较厚时，所产生的龟裂就是内压造成的。在易腐货物通过−1～−5℃最大冰晶生成带时，膨胀压曲线升高达到最大值。易腐货物厚度厚、含水率高、表面温度下降较快时易产生龟裂。此外，结冰后冰的膨胀使易腐货物内液相中溶解的气体从液体中分离出来，体积膨胀数百倍，亦加大了易腐货物内部压力。

冻结鳕鱼肉的海绵化，就是由于鳕鱼肉的体液中含有较多的氮气，随着水分冻结的进行成为游离的氮气，其体积迅速膨胀产生的压力将未冻结的水分挤出细胞外，在细胞外形成冰结晶所致。这种细胞外的冻结，使细胞内的蛋白质变性而失去保水能力，解冻后不能复原，成为富含水分并有很多小孔的海绵状肉质。严重的时候，用刀子切开其肉白断面像蜂巢，食味变淡。

3.5.2.2　比热容下降

水的比热容为4.2kJ/(kg·K)，冰的比热容为2.1kJ/(kg·K)，即冰的比热容是水的1/2，因此冷冻状态下易腐货物的比热容下降。易腐货物的比热容也随其含水量而异，含水量多的食品比热容大，含脂量多的则比热容小。一些易腐货物在冷却和冷冻状态时的比热容

如表 3-15 所示。

表 3-15　一些常见易腐货物在冷却和冷冻状态时的比热容

品类及含水率	冷却状态比热容/[kJ/(kg·K)]	冷冻状态比热容/[kJ/(kg·K)]
果蔬(75%~90%)	3.36~3.78	1.68~2.10
奶油(75%)	3.57	2.1
牛奶(87%~88%)	3.95	2.52
鸡蛋(70%)	3.19	1.72
多脂鸡(60%)	2.86	1.6
少脂鸡(70%)	3.19	1.72
多脂鱼(60%)	2.86	1.6
少脂鱼(75%~80%)	3.36	1.81
多脂肉(50%)	2.52	1.47
少脂肉(70%~76%)	3.19	1.72

(资料来源：见参考文献 [3])

3.5.2.3　热导率增大

冰的热导率是水的 4 倍。因此速冻时冰层向内推进使热导率提高，从而加快了冻结过程。热导率还受含脂量的影响，含脂量大，热导率小。

3.5.2.4　体液流失

易腐货物经速冻再解冻后，内部冰晶就融化成水。有一部分水不能被易腐货物重新吸收回复到原来状态而成为流失液。流失液中不仅有水，而且还包括溶于水的成分，如蛋白质、盐类、维生素等，不仅使易腐货物重量减少，而且风味、营养成分也会损失。如果机械损伤轻微，因毛细管作用，流失液能保留在肉质内，需加压才能挤出。一般流失液量的多少与含水率有关，含水量多，流失液量亦多。表 3-16 列出了一些果蔬冻藏时的维生素 C 的损失量。

表 3-16　-18℃ 冻藏时一些蔬菜维生素 C 的损失

品类	冷冻前维生素 C 的含量/(mg/100g)	在不同贮藏时间后维生素 C 的损失量/%				
		1d	3d	6d	9d	12d
菜花	33.8	4	11	20	28	32
豌豆	19.5	10	19	31	38	43
大头菜	16.5	6	13	18	22	27
抱子甘蓝	66.9	7	12	16	18	20
泡菜	14.1	16	32	55	59	65
菠菜	20.9	6	13	18	22	25
红萝卜	20.3	18	29	41	48	54
白萝卜	16.0	15	26	36	44	51

(资料来源：见参考文献 [3])

3.5.2.5　干耗

冷冻过程不仅是传热过程，而且是传质过程，会有一些水分从食品表面蒸发出来，从而引起干耗。干耗除了造成经济损失外，也影响产品质量和外观，且影响经济效益。例如日宰 2000 头猪的肉联厂，干耗以 3% 计算，年损失 600 多吨肉，相当于 15000 头猪。食品冻结过程中的干耗（q_m）可用式(3-25)计算。

$$q_m = \beta A (p_f - p_a) \tag{3-25}$$

式中　β——蒸发系数，kg/(h·m²·Pa)；

A——食品的表面积，m^2；
　　p_f——食品表面的水蒸气压，Pa；
　　p_a——空气的水蒸气压，Pa。

上式表明，蒸汽压差大，表面积大，则冻结食品的干耗也大。如果用不透气的包装材料将食品包装后冻结，由于食品表面的空气层处于饱和状态，蒸汽压差减少，就可减少食品的干耗。此外，冻结室中的空气温度和风速对食品干耗也有影响。空气温度低，相对湿度高，蒸汽压差小，食品的干耗也小。一般来说，风速越大，干耗增加。但如果冻结室内是高湿、低温，加大风速可提高冻结速度，缩短冻结时间，食品也不会过分干耗。

3.5.2.6　组织变化

冻结时植物组织一般比动物组织损伤要大。其原因如下。

（1）植物组织有大的液泡，含水量高，水冻结时组织的损伤大。

（2）植物细胞有细胞壁，动物细胞只有细胞膜，细胞壁比细胞膜厚又缺乏弹性，速冻时易胀破。

（3）细胞内成分有差异，特别是大分子蛋白质、碳水化合物等含量及分布上有不同。

由于存在这些差异，所以在同样速冻条件下，植物组织和动物组织冰晶的生成量、位置、形状均不同，造成的机械损伤及胶体的损伤程度亦不同。

3.5.2.7　蛋白质变性

冻结中的蛋白质变性是造成动物性食品品质（尤其是风味）下降的主要原因。冻结造成蛋白质变性的原因主要有盐类、糖类及磷酸盐的作用以及脱水作用。冰晶生成时，无机盐浓缩，盐析作用或盐类直接作用可使蛋白质变性。盐类中钙盐、镁盐等水溶性盐类能促进蛋白质变性，而磷酸盐等则能减缓蛋白质变性。冰结晶生成时蛋白质分子失去结合水，也会使蛋白质分子受压后集中，互相凝聚。因此，在制作鱼丸时将鱼肉搅碎后水洗以除去水溶性的钙盐、镁盐，然后再加0.5%磷酸盐溶液、5%葡萄糖溶液，调节pH至6.5～7.2后进行速冻，效果较好。

3.5.2.8　变色

在冷冻时常常发生虾类的头、胸、脚、关节处发生黑变现象，原因是氧化酶使酪氨酸产生黑色素所致。黑变与虾原料的鲜度有关，也与酚酶活性的分布有关。氧化酶在虾的血液中活性最大，在胃、肠、生殖腺、外壳、触角、头部中次之，因此可以采取去内脏、头、外壳或去血液，水洗后再速冻的方法，或将其煮熟使酶失去活性，然后速冻的方法。这样就可有效地控制黑变。另外氧化酶是好气性脱氧酶，所以采用真空包装、水溶性抗氧化剂或包冰后速冻和冻藏均有一定效果。

3.5.3　冻结时间的数值计算

易腐货物冻结速度是指易腐货物中心温度从-1℃降至-5℃所需的时间，如在30min之内为快速冻结，超过30min属于慢速冻结。

如果以距离划分，易腐货物冻结速度是指单位时间内-5℃的冻结层从易腐货物冻结速度表面向内部推进的距离。时间以小时为单位，距离以厘米为单位，冻结速度v的单位为cm/h。国际冷冻协会（IIR）委员会对食品冻结速度所作的定义如下：食品表面与温度中心点间的最短距离与食品表面温度达到0℃后，食品温度中心点降至比冻结点低10℃所需时间之比，该比值即食品冻结速度。目前国内使用的各种食品冻结装置，由于性能不同，其冻结速度有很大差异，一般范围为0.2～100cm/h。例如食品在吹风冷库中冻结，其冻结速度为0.2cm/h，属慢速冻结；食品在吹风冻结装置中冻结，其冻结速度为0.5～3cm/h，属中速冻结；食品在流态化冻结装置中冻结，冻结速度为5~10cm/h，在液氮冻结装置中冻结，冻结速度为10~100cm/h，均属于快速冻结。

食品冻结的延续时间与很多因素有关，尤其是冷却介质的种类和温度以及食品的形状等。例如重量相同的同一种食品，薄片状的冻结时间就比圆筒状或球状的要短。块状食品的冻结时间Z可用式(3-26)进行计算：

$$Z=\frac{\varphi f_{\text{冻}} \gamma_0 \gamma}{3.6\Delta t}\times\frac{\delta}{2}\left(\frac{\delta}{4\lambda}+\frac{1}{\alpha}\right) \quad (3-26)$$

式中　φ——食品的含水量，%；

$f_{\text{冻}}$——冻结率，%；

γ_0——水的凝固热，kJ/kg；

γ——食品的密度，kg/m³；

Δt——食品冰点与冷却介质的温差，℃；

δ——食品的厚度，m；

λ——食品的热传导系数，W/(m·K)；

α——食品表面对冷却介质的散热系数，W/(m²·K)。

在食品性质和冻结条件相同的情况下，当圆柱形、球形食品的直径与片状食品的厚度相同时，片状、圆柱形、球形食品的冻结时间之比大约为1/3：1/2：1。

[例]　已知块状肉的密度为940kg/m³，厚度为80mm，含水量70%，冻结温度为-1℃，冷却介质温度为-23℃，冻结终了时的肉温为-10℃，肉的热传导系数平均为1.4W/(m·K)，散热系数为35W/(m²·K)，试计算其冻结时间。

解：根据式(3-24)块状肉的冻结率为：

$$f_{\text{冻}}=\left(1-\frac{-1}{-10}\right)\times 100\%=90\%$$

则冻结时间Z：

$$Z=\frac{\varphi f_{\text{冻}} \gamma_0 \gamma}{3.6\Delta t}\times\frac{\delta}{2}\left(\frac{\delta}{4\lambda}+\frac{1}{\alpha}\right)=\frac{0.7\times 0.9\times 335\times 940}{3.6\times(-1+23)}\times\frac{0.08}{2}\left(\frac{0.08}{4\times 1.4}+\frac{1}{35}\right)=4.3\text{（h）}$$

3.5.4　解冻过程及变化

冻结食品在消费或加工之前一定要经过解冻过程。解冻是使冻结品融解，恢复到冻前新鲜状态的过程。从某种意义上讲，解冻可视为冻结的逆过程。

解冻过程中，冻结食品吸收热量，温度随着时间的推移而上升，见图3-18。从图中可以看到，解冻温度曲线与冻结曲线大致呈相反的形状，但是解冻过程比冻结过程需要更长的时间。这是因为解冻时首先是冻品表层的冰晶融解成水，由于冰的热传导系数为2.33W/(m·K)，而水的热传导系数为0.58W/(m·K)，因此，随着解冻过程的进行，传向冻品深层的热量逐渐减少，使解冻速度越来越慢。而冻结过程则

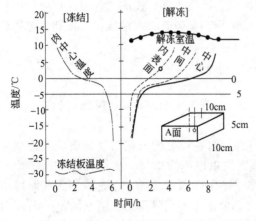

图3-18　鲸肉在室温下的解冻曲线和冻结曲线比较

（资料来源：见参考文献[6]）

正好相反,是越来越快地进行的。

与冻结过程相类似,解冻时在 0～−5℃时曲线最为平缓。对于冻结来讲,0～−5℃是最大冰晶生成带;对于解冻来讲,0～−5℃是最大冰晶融解带。与冻结时要尽快通过这一温度带的原因相同,解冻时也希望尽快通过这一温度带,以避免出现食品变色、有异味、异臭和蛋白质变性等不良变化。

解冻时水向细胞内的渗透速率非常迅速,在极短的时间内细胞就吸水复原了,即使吸水性能弱的细胞,也只需要几分钟的吸水时间。故现在普遍提倡快速解冻。但对会发生解冻僵硬现象的冻品则不能采用快速解冻方法。解冻僵硬是指去骨的新鲜肉在死后未达到僵硬就快速冻结,然后冷藏,经过一段时间后解冻,随着品温的上升,肌肉中出现的死后僵硬现象。主要特征是解冻时肌肉显著收缩变形,液汁流失量增大,有较硬的口感等。这种现象在去骨的鲸鱼肉中最为显著,在红色的金枪鱼肉和鲤鱼肉中也有发生。

另外,解冻终温对解冻品的质量影响很大。一般要求解冻终温由解冻食品的用途决定。例如用作加工原料的冻品,以解冻到能用刀切断为准,此时的中心温度大约为5℃。解冻介质的温度不宜太高,不能为了提高解冻速度而提高解冻介质的温度,解冻温度不宜超过10～15℃。

3.6 影响易腐货物冷链运输品质的因素

3.6.1 影响易腐货物运输品质的主要因素

一般来说,造成易腐货物腐烂变质的原因主要有化学变化、微生物变化、呼吸作用和运输不当。

(1) 化学变化

这是由于易腐货物产生机械损伤(碰撞、振动、挤压等作用造成的损伤)之后,在受伤处发生氧化,使易腐货物由点到面、由表及里地逐渐变色、变味甚至完全腐烂。这个过程在开始时是单纯的化学变化,而且只发生在破损的部位,故要使易腐货物全部变质腐烂的时间可能比较长。

(2) 微生物变化

这是指由于微生物在易腐货物内滋生繁殖,引起易腐货物发酵、发霉、腐烂并产生恶臭而有毒的物质,使食品完全失去食用价值。

(3) 呼吸作用

呼吸作用既是水果、蔬菜的后熟(或衰老)过程,也是一个消耗本身营养成分而导致腐败的过程。

(4) 运输不当

运输不当是由于运输组织管理上的人为因素而使易腐货物发生腐烂变质的现象。例如承运不合规格或质量不良的货物、使用的包装不适合货物性质、车辆技术卫生状况不良、货物装卸作业不当、途中服务不及时或不符合要求、操作机械冷藏车的方法不正确、冷藏车运行滞延等都有可能造成易腐货物的腐烂变质事故。

值得注意的是,以上原因往往不是孤立的而是互相影响的。如水果被碰伤,伤口处就会氧化,而细菌也就会从伤口乘虚而入,水果本身又会因自发地愈伤使呼吸作用加强,这样就会更快地腐烂。

3.6.2 碰撞与振动对易腐货物品质的影响

果蔬在采收后，在贮运过程中极易受到机械损伤而降低质量。一般情况下运输过程中的振动是造成果蔬机械损伤的主要原因。运输过程中造成的机械伤不但影响果蔬的外观，并且使微生物更加容易侵入而导致腐烂。

易腐货物流通时受到的振动、冲击，主要与物理的、机械的品质下降关系密切，即缓冲包装不佳的状态下，外部的振动、冲击损害包装材料，有时介于包装材料之间直接作用于食品，产生摩擦、折断、撞碎、破裂等损伤，甚至发生意外事故。像果蔬类生物体，振动、冲击是产生物理损伤的原因，而且会使呼吸量（二氧化碳排出量）增大，促进蒸发，促进后熟等，变质现象更为复杂。由振动、冲击引起的损伤可分为物理损伤和生理损伤。

3.6.2.1 物理损伤

物理损伤主要有摩擦、折断、软化、破裂等。摩擦在包装材料内使用托盘的场合下发生，搬运或运输过程中水果在缓冲用托盘内引起自由振动，与缓冲用托盘之间产生摩擦。实验表明：20世纪梨装在发泡聚乙烯制的缓冲托盘上，用瓦楞纸板箱装三层运输，果实受到了1g以上的加速度时，因果实、缓冲托盘及瓦楞纸板箱的振动特性不同，所以果实在缓冲托盘内上下振动，与缓冲托盘的激烈摩擦，在缓冲托盘赤道部发生轮状摩擦纹络。这种情况，损伤只留在表皮，而内部是完好的。

折断多见于叶菜类。如莴苣在瓦楞纸板箱中装2层，中间夹入报纸，在下段切口朝下，上段切口朝上的状态下运输。因重心在切口附近，作用于莴苣1g以上的加速度，即使莴苣上下振动，但上段的莴苣也开始自由振动，由于重心的不稳定性而容易回转运动，致使外叶折断。

软化是在柑橘、梨等水果类和番茄等果菜类中所见到的现象。图3-19是温州柑橘在30cm高的地方自由落到桌子（木制）时落下次数与硬度的关系。随着下落冲击次数的增加，果实硬度呈直线关系下降，下落次数达30次时，果实硬度为最初的一半。软化在梨、桃、番茄等水果、果菜类中同样能观察到。

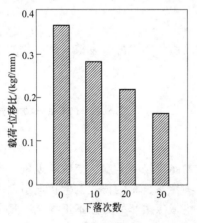

图3-19 温州柑橘在下落
冲击时的硬度变化
（资料来源：见参考文献 [6]）

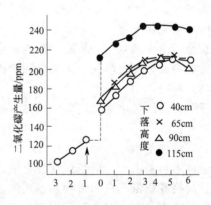

图3-20 由下落引起的温州
柑橘呼吸量的增加
（资料来源：见参考文献 [6]）

注：ppm 为 10^{-6}。

针孔是装液态食品的纸容器和小袋型容器当受到过度振动、冲击时产生的。另外为了节能,将大型罐头无菌袋(袋装入罐)包装用于贮存和运输,这种情况下也有可能因振动和冲击产生针孔。一般而言,在层顶型纸容器顶端封口处最容易产生针孔,因此必须避免封口处与外包装材料的冲击。

3.6.2.2 生理损伤

生理损伤的代表性问题有呼吸量增加、内部褐变、维生素 C 氧化等。果蔬受到振动、冲击损伤后会导致呼吸量增加。图 3-20 表示温州柑橘落至水泥地面时由果实排出的二氧化碳量与下落高度的关系。下落高度达到 115cm 时,二氧化碳的排出量显著增加,其原因被认为是在果实内代谢系统产生某些异常所造成的。

内部褐变主要是多酚氧化酶氧化酚类发生聚合反应而引起的,在马铃薯、苹果、梨中可观察到。马铃薯内部褐变严重时,由于从褐变部分往里水分蒸发旺盛,所以容易萎蔫。苹果一旦受到冲击,在冲击面上就会发现圆弧状的褐变部分,褐变面积随冲击能量的增加而扩大。碰撞与振动也会导致维生素 C 的氧化增加。

3.6.3 物理损伤的理工学特性

3.6.3.1 蠕变

在一定静载荷作用下,物体的形状随时间而变化的现象叫做蠕变。多层堆放的包装易腐货物或装有大量易腐货物的贮存器,如果长时间存放,底层的易腐货物和容器就会产生蠕变。当由蠕变产生的变形达到一定值时,会使易腐货物破损。用瓦楞纸箱包装易蒸发的果蔬时,在流通过程中,由于吸湿而使纸板箱的挤压强度下降,容易产生蠕变,就是一例。

3.6.3.2 屈服点(破坏点)

物体在一定速度下受压,随着载荷的增加其变形也增大,最终产生破坏。图 3-21 所示是果蔬载荷——位移曲线,把点 A 称为生物屈服点,把 B 点称为屈服点或破坏点(屈服点是当载荷增加达到最大值后,载荷不再增加,而位移依然增加时的点;生物屈服点是第一次出现载荷不随位移增加的点)。载荷达到生物屈服点时则在细胞结构的广泛范围内产生破损、促进褐变等变质。有些果蔬中的生物屈服点还不明确,在果蔬的缓冲包装中,必须注意所加载荷避免达到生物屈服点。一些果蔬的屈服应力(载荷-位移曲线上屈服点处的应力)见表 3-17。

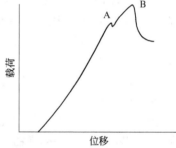

图 3-21 载荷-位移曲线
(资料来源:见参考文献 [6])

表 3-17 一些果蔬的屈服应力

果蔬名称	屈服应力/(kgf/cm²)	果蔬名称	屈服应力/(kgf/cm²)
白薯	24~34	黄瓜	3~6
胡萝卜	15~24	柿子	2~16
萝卜	20~28	梨	2~3
马铃薯	4~15		

(资料来源:见参考文献 [6])

3.6.3.3 S-N 曲线

经过包装的易腐货物因种类不同,振动耐性也不同。例如,草莓和番茄的振动耐性小,而温州柑橘、马铃薯的振动耐性较大。一般将这些不同的振动耐性用 S-N 曲线表示,其中

N 表示包装食品达到损伤（商品界限）时允许反复振动的次数，S 用加在瓦楞纸板箱外包装的加速度 G_A 表示，一些果蔬的 S-N 曲线如图 3-22 所示。从图中可以看出，当作用的加速度相同时，振动耐性越小的食品，振动次数少就使食品损伤，其关系用式(3-27) 表示。

$$N \times G_A^\alpha = \beta \tag{3-27}$$

式中，α、β 为常数，由易腐货物性质决定，通过 α、β 值，可以推测运输中食品的损伤程度和运输模拟时等价加速度的设计。

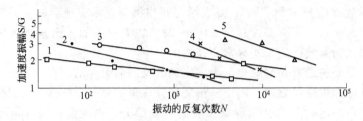

图 3-22　一些果蔬的 S-N 曲线
1—草莓；2—莴苣；3—葡萄；4—桃；5—梨
（资料来源：见参考文献 [6]）

3.6.3.4　最大加速度 G_{max} 因素

易腐货物耐受最大加速度的大小称之为 G_{max} 因素，G_{max} 因素在易腐货物中也作为冲击耐性的指标使用。不过即使是同一种易腐货物，其 G_{max} 因素也会因固体差异而存在偏差。因此，往往以易腐货物群中 95% 能耐受的最大加速度，或者相同种类所有样本最大加速度平均值的 80% 作为 G_{max} 因素。例如 20 世纪梨的 G_{max} 为 26～43g（g 为重力加速度），苹果 45g 左右，鸡蛋 60～90g 等。

另外，运输过程中，不同堆放高度的果蔬箱振动的水平是不同的，顶层箱振动的强度比底层高。而同是顶层箱，车厢前后的振动强度也是不同高度，后端的振动强度比前端高。表 3-18 给出了卡车经过 500km 长途运输后车厢前端顶层和后端顶层两个位置的黄花梨机械伤情况。结果表明，几乎所有水果都因振动而受到不同程度的损伤，车厢后端顶层的黄花梨平均损伤面积远远高于车厢前端顶层。

表 3-18　运输过程中车厢前后不同位置的黄花梨机械伤程度

位　　置	车厢前端顶层	车厢后端顶层
每个梨上平均机械伤/个	10.70±0.22	14.40±0.45
每个梨上平均机械伤面积百分比/%	2.97±0.23	8.49±0.24

注：结果表示为损伤±标准差。（资料来源：见参考文献 [7]）

复习思考题

1. 易腐货物含有哪些化学成分？
2. 蛋白质的化学性质如何？它对贮运有什么要求？
3. 脂肪的化学性质如何？它对贮运有什么要求？
4. 糖类的化学性质如何？它对贮运有什么要求？
5. 酶的化学性质如何？它对贮运有什么要求？
6. 什么叫水分活度？水分活度影响易腐货物稳定性的机理是什么？
7. 什么叫玻璃态转化温度？利用玻璃化转化温度提高食品稳定性的方法有哪些？
8. 易腐货物腐烂变质的原因有哪些？

9. 呼吸热对贮运易腐货物有什么影响？
10. 防止易腐货物腐烂变质的基本途径是什么？
11. 易腐货物有哪些物理特性？
12. 冷却对食品品质有何影响？运输冷却货物有什么好处？
13. 冷冻对食品品质有何影响？
14. 碰撞与振动对易腐货物品质的影响有哪些？
15. 某冷冻食品物流过程中的时间、温度等数据如下表，请用 T.T.T 方法计算其最后剩余品质。

某冷冻食品物流过程中时间、温度数据

阶　段	温度/℃	每天品质降低率/%	时间/d
①流通加工	−20	0.40	2
②运输	−18	0.48	3
③批发商贮存	−18	0.48	5
④配送	−12	1.30	1
⑤零售商贮存	−18	0.48	3
⑥搬运装卸	−9	1.90	1/6

16. 有猪肉 50t，温度为 25℃，其含水量为 65%，表面积为 1000m^2，要求冷却到 2℃，冷却室内空气温度为 −1℃，散热系数为 11.6W/(m^2·K)，修正系数为 0.5，冷却时间为多少？

17. 已知某块状肉的密度为 950kg/m^3，厚度为 100mm，含水量 70%，冻结温度为 −1℃，冷却介质温度为 −25℃，冻结终了时的肉温为 −18℃，肉的热传导系数平均为 1.4W/(m^2·K)，散热系数为 35W/(m^2·K)，请计算冻结时间。

案 例 分 析

巴氏杀菌乳冷藏配送期间的温度及品质变化

巴氏杀菌乳采用低温杀菌技术，能最大限度保证牛奶的营养成分不致流失，所以越来越受到消费者的喜好，占液态奶销量的 50% 左右。但是由于巴氏杀菌不能杀死芽孢，酵母含量高，因此在贮存、运输和销售过程中必须采用冷链技术。如果不能保持低温，牛乳中的芽孢就会恢复繁殖，可能产生有毒物质，增加消费者食物中毒的风险。冷链过程中的配送环节衔接牛乳的生产和销售，是冷链的重要环节。配送过程中，外部环境变化较大，且车门不断地开启，导致车厢内的温度很难准确控制，增加了巴氏杀菌乳品质变化的风险；此外，车厢内的温度分布和配送时间也可能影响乳的品质。本案例通过实验考察巴氏杀菌乳在实际配送过程中的温度和品质变化，并提出建议。

1. 配送期间的温度变化

按产品的保质要求，需在 2~4℃下配送，但在实际配送过程中，配送人员通常都会考虑配送时间、外界环境温度、能耗等因素。根据广州市区配送的特点，该企业配送人员设定配送温度为 8℃。外界温度在 25~32℃ 时，测得配送期间车厢门口的空气温度和乳温变化如图 3-23 所示，车厢内部和车厢中部的乳温变化如图 3-24 所示。由于配送过程中每到一个配送地点，车厢门就得开关一次以便卸货，车厢门开关时间间隔和外界温度都会影响车厢门口的空气温度和乳温。从图 3-23 可以看出，配送过程中车厢门口温度波动很频繁，并且波动的幅度很大，最大的波动范围达到 20℃ 以上，但由于每次配送的卸货时间较短（平均 5min），即使车厢门口温度波动大，乳温仍保持在 8℃ 左右。从图 3-24 可以看出，配送过程中车厢中部的乳温也基本保持在 8℃ 左右，而车厢最内部乳温则波动较大，随着卸货作业的进行，车门频繁打开，车厢最内部乳温从 8.5℃ 左右开始上升，3h后上升到12℃左右，之后车厢内货物减少，车厢最内部的巴氏杀菌乳与冷空气的热交换增加，因此乳温又开始下降，最后稳定在10℃左右，整个配送阶段车厢最内部乳温的平均温度在10℃左右。之所以出现如此变化可能是由于本次配送过程中冷藏车车厢内采用顶端送风的方式，车厢门口和中部的温度比较接近设定的8℃，而处于回风口位置的车厢最内部温度则较高。

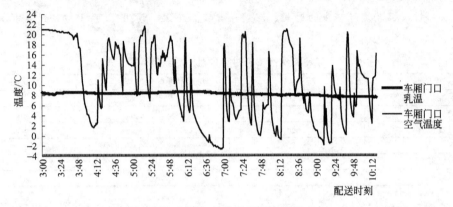

图3-23 车厢门口乳温与空气温度变化

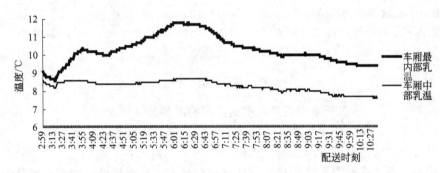

图3-24 车厢最内部乳温与车厢中部乳温变化

2. 菌落总数变化

由于巴氏杀菌乳冷藏期间微生物会继续生长繁殖，而引起牛乳腐败变质的大部分是细菌，因此可用菌落总数来评价牛乳被微生物分解的程度。根据上述实际测量结果，设定两个实验组的温度分别为8℃（模拟车厢门口和中部乳温）和10℃（模拟车厢最内部乳温）。实验结果如图3-25所示，菌落总数随配送时间的延长而增多。作为对照组（2℃）的乳样，其菌落总数随配送时间的延长变化很小；而车厢门口和车厢中部乳样的菌落总数在配送16h后开始大幅增加；车厢最内部乳样的菌落总数则在配送12h后开始大幅增加，并且增加的速度明显高于车厢门口和中部乳样。因此从菌落总数稳定的角度考虑，巴氏杀菌乳8℃配送的时间应控制在12h以内。

3. 配送期间酸度变化

酸度是评价牛乳品质的主要指标之一，牛乳中的细菌生长繁殖以后，会分解牛乳中的乳糖而产生乳酸，从而使牛乳的酸度增加。按上述实验方法测得配送期间巴氏杀菌乳酸度变化如图3-26所示，酸度随配送时间的延长而稍有增多。作为对照组（2℃）的乳样，其酸度变化很小；而车厢门口和车厢中部乳样的酸度配送16h后增加较快；车厢最内部乳样的菌落总数则在配送12h后增幅加大，并且增加的速度高于车厢门口和车厢中

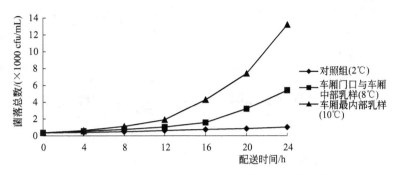

图 3-25　配送期间车厢内各部位乳样菌落总数变化

部乳样。因此从酸度稳定的角度考虑，巴氏杀菌乳 8℃ 配送的时间也应控制在 12h 以内。

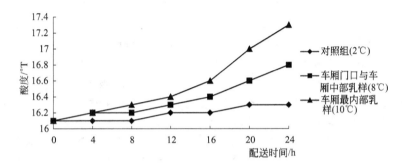

图 3-26　配送期间车厢内各部位乳样酸度变化

4. 配送期间蛋白质含量变化

经测定，对照组、车厢最内部乳样、车厢门口和车厢中部乳样的蛋白质含量在上述实验条件下 24h 内变化都不大，均保持在 2.95% 左右，说明在此配送条件下，巴氏杀菌乳的蛋白质含量稳定。

（资料来源：见参考文献 [9]）

思考题：巴氏杀菌乳冷藏配送过程中，哪些指标变化较大？如何控制巴氏杀菌乳冷藏配送过程中的品质变化？

参 考 文 献

[1] 谢如鹤，陈善道. 鲜活货物运输技术问答. 第2版. 北京：中国铁道出版社，2002.
[2] 关志强. 食品冷冻冷藏原理与技术. 北京：化学工业出版社，2010.
[3] 冯思哲. 食品冷藏学. 北京：中国轻工业出版社，2010.
[4] 于学军，张国治. 冷冻、冷藏食品的贮藏与运输. 北京：化学工业出版社，2007.
[5] 张国治，温纪平. 速冻食品的品质控制. 北京：化学工业出版社，2007.
[6] 日本食品流通系统协会. 食品流通技术指南. 中日食品流通开发委员会译. 北京：中国商业出版社，1992.
[7] 周然，李云飞. 运输过程中的机械伤对销售条件下黄花梨品质变化的影响. 第六届食品冷藏链大会论文集. 2008.
[8] 林朝朋，谢如鹤，许晓春. 低温运输期间鲜切马铃薯的品质变化及其保鲜剂筛选的研究. 西南农业大学学报，2008 (3).
[9] 邹毅峰，林朝朋，傅伟. 巴氏杀菌乳冷藏配送期间的温度及品质变化. 食品工业科技，2009 (2)：97-98.
[10] M. H. Zwietering, J. C. Dewit, S. Notermans. Application of predictive microbiology to estimate the number of bacillus cereus in pasteurized milk at the point of consumption. International Journal of Food Microbiology, 1996, 30 (1-2)：55-70.

4 冷链运输装备与节能

本章主要介绍冷链运输装备的基本情况、运用和节能措施。

通过本章学习，要求掌握冷链运输装备基本要求及分类，冷链运输装备技术指标参数及测试方法，冷链运输装备结构，了解冷链运输装备技术水平现状及未来发展趋势、冷链运输装备的运用以及热计算，了解影响冷链运输装备能耗的因素和节能措施。

云南鲜花运输

对于80%靠飞机运输的云南鲜花（云花），已不适应国内外市场对云花需求日益剧增的现状，花卉外销亟待加强鲜花的公路运输。昆明至广东、广西和曼谷等省际和国际高速公路的建成开通，给鲜花汽车冷藏运输带来了新的机遇，花卉物流运输发展潜力巨大。

东航在国内航空中具有较强的点对点优势，一直以来公司对云南鲜花的运输都非常支持，运送到国内的鲜花占总货运量的80%。连续三年来，由于战略上的调整，东航云南分公司的国内货运量每年呈20%递减，而现在经营的六七条国际航线，运输量已达到饱和状态，另外东航云南分公司虽增加了几架波音737客机，但由于此机型货运量不大，鲜花运输量并没有明显增加。

上海市场对鲜花的品质要求越来越高，对云南鲜花的需求也明显增加，上海市场平均每天需求40~50t鲜花。上海等消费市场上明显的变化就是，市民喜欢在周末举办婚庆等活动，虽然周一至周三花卉销量不大、价格低，但每逢周五和周六，很多婚庆公司开始大量购花，行情开始好转。不过，国内鲜花需求大量增加的节假日，往往正是航空运力紧张的时候，导致目标市场花卉供不应求而价格大涨，产地市场的花卉却又因大量滞留而大跌。航空运输运力不稳定，遇节假日时航空舱位紧缩等问题一直是制约云花发展的瓶颈之一，但随着昆明至广东和广西的省级高速公路，以及昆明至泰国曼谷的国际大通道的建成通车，最大程度克服了鲜花公路运输时间的不确定性，给云花开拓省内外市场带来了新的机遇。

从昆明至广州的鲜花冷藏运输，30个小时即可到达广州岭南花市，且运花车辆还可以直接进入该市场，鲜花装卸仅两次（即云南装车，目标市场卸货），大大降低了鲜花损伤率，很好地保证了鲜花在目标市场的品质。便捷、快速的汽车运输不仅为鲜花汽车运输带来了方便，最大限度保障鲜花准时送到，同时还节省运输成本，鲜花从昆明至广州的冷藏运输费为（1.2~1.7）万元/次（单程），每次运输数量为170箱左右，每千克运费折算为1.0元左右，较飞机运输节省了2~3.5元/千克。眼下，云南鲜花多数赶昆明的早班飞机，中午以前鲜花到达广州花卉市场进行二次批发，如开通公路运输，则可弥补下午5点后广州花市无大批云南鲜花批发的空白。

此外，昆明至曼谷国际高速公路的开通，也为云花走向亚洲市场提供了强有力的保障，为建设以曼谷为中心、辐射整个东南亚和南亚的云花外销批发市场打下坚实基础。如果采用汽车冷藏运输，现今昆明至曼谷只需3天左右的时间。

资料来源：http://traityn.cyzn.cn/cyzn-front/traitYN/xiangxi.asp?news_id=10201

随着人们生活水平的日益提高，对易腐食品需求量和品质的要求也越来越高。据统计，目前在世界范围内，至少有 100 万辆公路冷藏运输车及 50 万 TEU（国际标准集装箱单位）冷藏集装箱处于使用状态之中，其中，所运输易腐食品零售价值估计在 12000 亿美元以上。作为冷链运输的载体——冷链运输装备而言，已有百余年的历史：20 世纪初，已开始生产冷链运输工具；第二次世界大战前铁路运输在易腐货物运输中占主要地位；50 年代和 60 年代冷藏保温汽车和冷藏船舶发展较快；20 世纪 70 年代以来，冷藏集装箱发展迅速。

4.1 冷链运输装备基本要求及分类

4.1.1 冷链运输装备技术要求

冷藏链中的运输设备，主要是铁路冷藏（保温）车、公路冷藏汽车、冷藏船（舱）、冷藏集装箱，以及相应的转运、贮存、换装等设施。

在技术上，应满足以下基本要求。

(1) 具有良好的制冷、通风及必要的加热设备，以保证食品运输条件。

(2) 运输冷冻、冷却食品的车、箱体应具有良好的隔热性能，以减少外界环境对运输过程条件的"干扰"。

(3) 冷链运输的车、船、箱等，应具有一定的通风换气设备，并配备一定的装卸器具，以实现合理装卸，保证良好的贮运环境。

(4) 冷链运输设备应配有可靠、准确且方便操作的检测、监视、记录设备，并进行故障预报和事故报警。

(5) 冷链运输设备应具有承重大、有效容积大、自重小的特点，及具有良好的适用性。

4.1.2 冷链运输装备分类

4.1.2.1 陆路运输

(1) 冷藏汽车

这里冷藏汽车［图 4-1(a)］一般是指一体式的汽车，其制冷箱体是固定在底盘上的。也可以是多功能面包车，车厢后部与驾驶室分开并且进行绝热处理以保持货物温度。冷藏汽车的制冷系统分为两个大类：非独立式（车驱动）和独立式（自驱动）。非独立式使用卡车的发动机来驱动制冷机组的压缩机或者驱动发电机，然后通过发电机来驱动制冷机组的压缩机。独立式则有自带的发动机，通常是柴油发动机，以此来独立地驱动制冷系统，而无需借助车辆的发动机动力。

(2) 拖车

拖头牵引的制冷拖车是另外一种运输装备。与安装在卡车上的独立式机组相似，安装在拖车车厢上的拖车机组尺寸更大，适应于需要更大制冷量的拖车厢体。拖车的制冷机组安装在箱体的前端，调节的空气通过拖车厢内顶部的风槽将冷空气送到车厢的各个部位并最终在压差的作用下回到制冷机组。跟卡车机组一样，拖车机组中的顶部送风系统通常不能对货物进行快速降温，因此承运人要确保在装货前将货物预冷到所需的合适温度。

(3) 冷藏集装箱

冷藏集装箱是一具有良好隔热、气密，且能维持一定低温要求，适用于各类易腐食品运送、贮存的特殊集装箱。标准的冷藏集装箱都可以被用作铁路与公路冷藏运输。它分为带有冷冻机的内藏式机械冷藏集装箱和没有冷冻机的外置式机械冷藏集装箱。其类型如图 4-1(b) 所示。

(a) 冷藏汽车　　　　　　(b) 冷藏集装箱

(c) 铁路冷藏车

图 4-1　冷藏运输装备示意图

(4) 铁路冷藏车

铁路冷藏车一般采用集成的自带动力制冷机组。其送风系统和拖车的送风系统类似，制冷系统将冷空气送到车厢的顶部，冷空气流经货物，从车厢底部返回。与集装箱类似，只要货物的堆放合理，满足气流布局要求，一般都可以长距离运输。如图 4-1(c) 所示。

4.1.2.2　水运

水上冷藏运输主要有两大类，一类是温控集装箱，另一类是冷藏船。

(1) 冷藏集装箱

冷藏集装箱依靠电力驱动压缩机，其电力由船上的发电机或者便携式发电机提供。当集装箱到达码头之后，被转运到底盘上，这些底盘一般都会装有发电机组。这样，装在底盘上的冷藏集装箱就可以像拖车一样，由拖头牵引，在陆路继续运输。

(2) 冷藏船

冷藏船的货舱为冷藏舱，常隔成若干个舱室。每个舱室是一个独立的封闭的装货空间。舱壁、舱门均为气密，并覆盖有泡沫塑料、铝板聚合物等隔热材料，使相邻舱室互不导热，以满足不同货物对温度的不同要求。冷藏舱的上下层甲板之间或甲板和舱底之间的高度跟其他货船的比较小，以防货物堆积过高而压坏下层货物。冷藏船上有制冷装置，包括制冷机组和各种管路。制冷机组一般由制冷压缩机、驱动电动机和冷凝器组成。

4.1.2.3　空运

当采用空运时，为了适合飞机某些位置的特殊形状，需要将货品装入集装器（也称为航空集装箱）。一般的冷藏集装器采用干冰作为冷媒，但是干冰作为冷媒具有一定的局限性：控温精度不高；没有加热功能；需要特殊的加冰基站等。近来 Envirotainer 公司推出的新型 RKNe1 系列航空温控集装箱解决了上述困扰，它采用机械压缩式制冷方式，使用英格索兰公司冷王（Thermo King）品牌的 AIR 100 制冷机组。该航空温控集装器主要应用于一些特殊的温控运输用途，例如疫苗以及对温度敏感的药品（蛋白质类药物）等，其温度控制范围一般在 2~8℃，这些货品都具有很高的附加值。

4.2 冷链运输装备技术参数及测试方法

4.2.1 冷藏集装箱技术参数

中国冷藏集装箱制造业的发展是从 1995 年开始。当年扬州组建了"通利"冷藏箱公司，生产 20 英尺和 40 英尺海运标准冷藏集装箱。1996 年上海"中集"冷藏集装箱公司成立。之后上海又组建了"胜狮"冷藏集装箱公司，生产国际 ISO 标准 40 英尺（长 40 英尺×宽 8 英尺×高 8.6 英尺）冷藏集装箱。近年 40×8×9.6 的高箱已成为我国冷藏集装箱企业生产的主型箱。我国冷藏集装箱建造业发展迅速，正逐步成为世界冷藏集装箱生产的大国，我国生产的各型冷藏集装箱用的制冷机组主要是美国"开利"（Carrier）和日本大金（Daikin）等公司的产品。其机组均为全封闭活塞式或涡旋式制冷压缩机。制冷剂以 R134a 和 R404A 为多。

4.2.1.1 外部尺寸和额定质量

为了能确保冷藏集装箱在国际运输中的互换性，其外部尺寸必须符合国际统一标准的要求。冷藏集装箱外形尺寸和额定质量与相应的普通集装箱相同，符合 ISO 668 的要求。系列 1 集装箱外部尺寸和额定质量见表 4-1。实际上，随着冷藏箱制造技术的发展，有些 1AAA 型冷藏集装箱的额定质量为 34000kg，有些 1CC 型冷藏集装箱的额定质量为 30000kg，大大超出了 ISO 国际标准，这对冷藏集装箱的制造技术、结构强度提出了更高的要求，目前冷藏箱制造商大都能满足这些要求。

表 4-1 冷藏集装箱外部尺寸和额定质量

集装箱型号	长度 L /mm	公差 /mm	宽度 W /mm	公差 /mm	高度 H /mm	公差 /mm	额定质量 R /kg	lb
1AA	12192	0-10	2438	0-5	2896	0-5	30480	97200
1A					2591	0-5		
1A					2438	0-5		
1AX					<2438			
1BBB	9125	0-10	2438	0-5	2896	0-5	25400	56000
1BB					2591	0-5		
1B					2438	0-5		
1BX					<2438			
1CC	6058	0-6	2438	0-5	2591	0-5	24000	52900
1C					2438	0-5		
1CX					<2438			
1D	2991	0-5	2438	0-5	2438	0-5	10160	22400
1DX					<2438			

注：lb（磅）

4.2.1.2 代码、内外设计温度和最大漏热率

机冷式冷藏集装箱为保温集装箱的一种。ISO1496-2 对包括机冷式冷藏集装箱在内的各类保温集装箱进行了分类，并用二位数字对其进行了编码，规定了各种保温集装箱的最大漏热率及箱内外设计温度，详见表 4-2。

表中漏热率指集装箱在箱内外温度为设计温度时的漏热率。用 U_{max} 表示，单位为 W/

K。漏热率越小表示冷藏集装箱的保温性能越好。

表 4-2 保温集装箱分类表

代码	项目	最大漏热率[1] $U_{max}/(W/K)$					设计温度[2] 箱内		箱外	
		1D	1C, 1CC	1B, 1BB	1BBB	1A, 1AA	1AAA	K	℃	K	℃
30	耗用冷剂或冷藏集装箱	15	26	37	40	48	51	255	−18	311	+38
31	机冷式冷藏集装箱	15	26	37	40	48	51	255	−18	311	+38
32	制冷/加热集装箱[4]	15	26	37	40	48	51	289	+16	253	−20
								255	−18	311	+38
33	加热集装箱	15	26	37	40	48	51	289	+16	253	−20
34	备用号										
36	带动力的机冷式冷藏/加热集装箱	15	26	37	40	48	51	255	−18	311	+18
37	带动力的冷藏/加热集装箱备用号[4]	15	26	37	40	48	51	289	+16	253	−20
								255	−18	311	+38
38	带动力的加热集装箱	15	26	37	40	48	51	289	+16	253	−20
39	备用号										
40	外置式挂装冷藏/加热集装箱	15	26	37	40	48	51	[3]		[3]	
41	内置式挂装冷藏/加热集装箱	15	26	37	40	48	51	[3]		[3]	
42	外置式挂装冷藏/加热集装箱	26	46	66	71	86	92	[3]		[3]	
43	备用号										
45	隔热集装箱（Ⅰ）	15	26	37	40	48	51	—		—	
46	隔热集装箱（Ⅱ）	26	46	66	71	86	92	—		—	
47~49	备用号										

[1]代号为 30,31,32,33,36,40,41 和 45 的重隔热集装箱的最大漏热率 U_{max} 系按传热系数 $K≈0.4W/(m^2·K)$ 换算而成。代号为 42 和 46 的轻隔热集装箱的最大漏热率 U_{max} 系按照传热系数 $K≈0.7W/(m^2·K)$ 换算而成；[2]见表4-3；[3]此类保温集装箱的温度限值未作规定，其实际性能按各运输方式所挂装的设备能力而定。[4]32.37 排下的数据是对应上述标号的,此表格为保温集装箱分类标的固定格式。

表 4-3 开尔文温度（K）和摄氏温度（℃）的对照表

开尔文温度/K	0	273.15	253	255	288	289	293	298	305	311
摄氏温度/℃	−273.15	0	−20	−18	+15	+16	+20	+25	+32	+38

4.2.1.3 内部最小尺寸、门框开口和漏气率

由于所有的保温集装箱都有隔热层，隔热层一般由发泡材料构成，隔热层越厚，其漏热率越小。但箱内容积就越小，装货越少。反之，隔热层越薄，其漏热率越大，制冷装置制冷时间多，所需的制冷装置功率大，但装货比较多。因此 ISO 1496-2 不但规定了保温集装箱的漏热率，也规定了保温层及冷机的厚度，从而保证了保温集装箱的最小内部尺寸，如表4-4所示。

表 4-4 最小的内部尺寸[1]　　　　　　　　　　　　单位：mm

箱型代码	由外部尺寸减去相应的下列数值			
	长[1]	宽	高[1] 无鹅颈槽	有鹅颈槽
30,31,32,33	690	220	345	385
36,37,38,41	990			
40	440			
42	390	180	310	350
45	340	220	285	340
46	290	180	250	290

[1]对于那些按早期 ISO 标准制造的保温集装箱，特别是装有柴油发电机组的冷藏集装箱，其内部的长度尺寸明显小于表列数值。某些保温集装箱的内部高度和长度尺寸，已考虑到空气循环的需要。

按 ISO 1496-2 规定：每个保温集装箱至少在一端设有门。所有箱门和端部开口应尽可能大，以方便装卸货，箱门内框的净宽、净高应接近于上表规定的最小内部尺寸。

漏气率：按 ISO1496-2 规定：对只设一个箱门的保温集装箱，其漏气率按标准状态计，不应超过 $10m^3/h$。箱内如侧开门，压力在 25mm 水柱时，每增设一个箱门的漏气率允许增加 $5m^3/h$。事实上，由于技术的进步，目前只设一个箱门的冷藏集装箱漏气率在 $5m^3/h$ 以下，甚至可降到 $3m^3/h$ 以下，大大增加了保温能力。当冷藏集装箱带气调装置时，其至要求漏气率达到 $1m^3/h$ 以下。漏气率的大小，在很大程度上表示了冷藏箱箱体制造商和制冷装置制造商的制造工艺水平。

4.2.2 其他冷藏运输装备

4.2.2.1 冷藏汽车

冷藏汽车实际上称作冷藏保温汽车，它有冷藏汽车和保温汽车两大类。保温汽车是指具有隔热车厢，适用于食品短途保温运输的汽车。冷藏汽车是指具有隔热车厢，并设有制冷装置的汽车。我国在 20 世纪 50 年代后期，开始用保温汽车加冰运输冷藏肉类、禽蛋等易腐食品。20 世纪 60 年代至 70 年代先后从东欧国家进口数百辆中型保温车；70 年代到 80 年代，从日本、意大利、罗马尼亚等进口各种吨位冷藏汽车；70 年代中后期，我国开始生产冷藏保温汽车，至今约有 4 万辆以上。随着我国公路建设的快速发展，公路冷藏运输与铁路、水路相比，其比例不断提高，车辆吨位结构发生变化，原来重、中、轻分别占 10%、70%、20%，现在则分别占 10%、40%、50%。随着我国食品工业发展，食品冷链的逐步完善，我国冷藏车也将快速发展。

冷藏汽车可以按以下方式分类。

（1）按制冷装置的制冷方式分类

其可分为机械冷藏汽车、蓄冷板式冷藏汽车、液化气体冷藏汽车、液氮冷藏汽车等。其中机械冷藏汽车是冷藏汽车中的主型车。

① 机械冷藏汽车　国内外现有的冷藏汽车大多采用的是机械式制冷的方式。机械式制冷主要是利用氟里昂为工质的蒸汽压缩式制冷。制冷机组通常安装在车厢前端，称为车首式制冷机组。大型货车的制冷压缩机配备专门的发动机，小型货车的压缩机与汽车共用一台发动机。压缩机与汽车共用一台发动机时，车体较轻，但压缩机的制冷能力与车行速度有关，车速低时，制冷能力小，通常按车速 40km/h 的速度设计制冷机的制冷能力。

机械式制冷的冷藏汽车是目前发展得相当完善、在国内外应用较为广泛的一种冷藏运输方式。其优点是：厢内温度比较均匀稳定，并且厢内温度可调，运输成本较低。但是它的缺点是制冷系统结构复杂、零部件多、初投资大、噪声大、容易发生设备故障和系统泄漏，维修量大、大型车的降温速度慢且时间长、需要融霜，而且面临着氟里昂制冷剂被禁用的问题。

② 蓄冷板式冷藏汽车　蓄冷板式冷藏汽车依靠冷冻板所蓄之冷量将厢内温度维持在所需温度范围之内。这种冷藏汽车结构简单，但由于比较笨重，冷冻板贮存的冷量有限，能达到的最低温度和运输时间都受到限制，而且其冷却速度慢，冷板充冷又麻烦，充冷站的建立投资费用很大，冷板搬上搬下的工作量大，特别是冷板体积较大占用了冷藏厢的内部容积。

③ 液化气体冷藏汽车　液化气体冷藏汽车是把液化气体（常用的如液氮和液态二氧化碳）直接喷入冷藏车厢，液化气体能使货物快速降温并在其周围形成惰性气体保护层，这不

仅能有效地控制货物的变质过程，而且能更好地保持蔬菜、水果、食用肉类和奶制品的新鲜度，以提高食用价值。

④ 液氮冷藏车 液氮冷藏车能够急速制冷，但是作为液化气体冷藏汽车，成本偏高是其一直以来发展的一个瓶颈。近年来，模拟计算液氮冷藏车在冷冻、冷却、冻藏运输食品上的液氮耗量；模拟分析液氮冷藏车冷藏箱内流场、温度场、食品冻结特性以及冻藏冷藏运输中食品温度变化特性等，提出有效充分利用冷源的技术措施来降低成本，成为冷链物流的一个研究热点。

法国液化空气公司成功地解决了这一问题，研制出能够急速制冷，能始终保持冷藏车厢内的恒定温度，并可实现无噪声运行、成本低、节能环保的液氮冷藏车。近年来在欧洲食品冷链市场非常受欢迎。尤其是德国，液氮车的年增加量超过200辆。

(2) 按专用设备的功能分类

根据《关于易腐货物的国际运输及使用的专用设备的国际协议》（简称ATP），冷藏汽车可作如下分类。

① 按隔热车体总传热系数分：普通隔热型 $0.4W/(m^2 \cdot K) < K \leqslant 0.7W/(m^2 \cdot K)$；强化隔热型 $K \leqslant 0.4W/(m^2 \cdot K)$。我国标准为 A 类 $K \leqslant 0.4W/(m^2 \cdot K)$；B 类 $0.4W/(m^2 \cdot K) < K \leqslant 0.7W/(m^2 \cdot K)$。

② 机械冷藏汽车按外温 t_w 为 30℃ 时，车内温度 t_n 可持续保持的温度范围分为：A 级 $t_n = 0 \sim 12℃$ 之间任意给定；B 级 $t_n = -10 \sim 12℃$ 之间任意给定；C 级 $t_n = -20 \sim 12℃$ 之间任意给定；D 级 t_n 能达到 $\leqslant 2℃$；E 级 t_n 达到 $\leqslant -10℃$；F 级 t_n 能达到 $\leqslant -20℃$。

③ 非机械式冷藏汽车按外温 t_w 为 30℃ 时，车内温度 t_n 可持续保持的温度范围为：A 级 t_n 能达到 $\leqslant 7℃$；B 级 t_n 能达到 $\leqslant -10℃$；C 级 t_n 能达到 $\leqslant -20℃$。

④ 装有加热装置的冷藏汽车，按车内温度可升至 12℃ 以上，维持某一温度 12h，其允许的外温条件分：A 级允许外界平均温度为 $-10℃$；B 级允许外界平均温度为 $-20℃$。

表 4-5 列出了两款冷藏汽车的主要技术参数。

表 4-5 冷藏汽车技术参数举例

产品名称	BJ5020XLC-A 型冷藏车	产品号	ZHTT83T904L
总质量/kg	1884	罐体容积	
额定载质量/kg	498	外形尺寸	4360,4460×1560×2400
整备质量/kg	1256	货厢尺寸	2600×1460×1470
额定载客		准拖挂车总质量	
驾驶室准乘人数	2	载质量利用系数	0.5
接近角/离去角/,(°)	28/28,24/28	前悬/后悬/,mm	795/1195,895/1195
轴数	2	轴距	2370
轴荷/kg	754/1130	最高车速/(km/h)	90
其他	货箱顶部封闭不可开启,带 OBD(车载自动诊断系统)。选装新前围及前部灯具,选装保险杠,因选装保险杠引起前悬加长 100。整车长 4360 对应前后悬 795/1195,整车长 4460 对应前后悬 895/1195。喷涂参数位置可根据各地政策变化		
产品名称	ZJV5100XLCSD 冷藏车	产品号	ZHTT83T904L
总质量/kg	9995	箱体容积	
额定载质量/kg	4300	外形尺寸	8995×2350×3300
整备质量/kg	5500	货厢尺寸	6935×2135×2000

驾驶室准乘人数	3	载质量利用系数	0.5
接近角/离去角,/(°)	21/9.5	前悬/后悬,/mm	1110/2685
轴数	2	轴距	2370
轴荷/kg	3565/6430	最高车速/(km/h)	110
其他		车厢顶部封闭,不可开启。该产品车厢两侧可选装侧门。也可选装功率相当的其他型号的制冷机	

4.2.2.2 铁路冷藏车

铁路冷藏运输曾在我国冷藏运输业中占有举足轻重的地位。

1949年中华人民共和国成立,为适应国民经济的发展,铁路运输在国民经济恢复、调整、改造和发展的方针下,于1952年上海铁路总局在上海张华浜建立了我国第一个铁路冷藏车运输段,由于当时冷藏车其少,旧式冰冷冷藏车不足百辆,满足不了铁路冷藏货物运输的需要,故不得不用一般运货棚车,甚至敞车代运易腐食品货物。而在仅有的冰冷冷藏车中由于运用管理不善,冷藏车和冷藏货调度又不及时,常常有车无货,或有货无车。在有货无车时,只能临时用货车代替冷藏车运送冷藏货,因而造成严重货损。

1952年我国在武昌建立了铁路冷藏车生产厂,并批量生产B5型车顶式加冰冷藏车。1953年又生产了车端式加冰冷藏车及B3型加冰冷藏车。加冰冷藏车以冰盐混合物为冷源,它借助冰盐混合物的溶化吸收融解热使车内易腐食品降温。这种车的车内空气为自然对流循环,一般食品冷却、冻结的速度较慢。在外温20℃条件下仅能维持车内温度−1～−4℃的低温。1956年铁道部新设计了B11型车顶冰厢式冰冷冷藏车,新车在结构技术上进行了较大的改进,冰厢贮冰容积增加,其车内降温速度及降温程度明显提高,能使在外温35℃的环境下,仍能维持车内−7℃的低温,可满足一般冻结货的运输要求。1958年为适应我国食品运输的发展,又向前民主德国进口了200辆车顶式冰冷冷藏车。这些车除配送给上海铁路总局外也部分配送给北京、沈阳等铁路局。上海铁路总局所属张华浜冷藏车段即成为我国铁路运输的主要营运单位,有效地保证了上海、北京等大城市的易腐食品运输与供应。

20世纪50年代后期,根据当时的形势,由于扩大中苏食品贸易,保证北京食品的供应等原因,1958年上海张华浜冷藏车段整体搬迁至北京丰台,成立铁道部北京铁路局丰台保温车段。

1956～1961年期间,我国向前民主德国进口了以氨为制冷剂的机械制冷式铁路冷藏车。按我国铁路命名分别为B16型和B17型冷藏车。该型车主要承担我国与前苏联的易腐食品贸易,完成从我国内蒙古二连浩特和满洲里以及黑龙江省黑河市出口运输。B16型、B17型铁路机械冷藏车为间接制冷的(氨制冷剂)盐水制冷系统。B16型以23辆车为一组,B17型以12辆车为一组,每组车设有机械发电车,由柴油发电机向机械制冷装置供电。盐水系统由盐水循环泵把低温盐水输送到各货物车的盐水冷却盘管使车内降温。车组的机械发电车兼乘务车挂在列车中部,可方便地向两端各货车供冷和乘务员对货物车的检查。以氨为制冷剂利用盐水循环的机械式冷藏车,正常制冷可维持车内温度−12～−15℃。机械式冷藏车比冰冷式冷藏车在技术性能上有了较大的提高,车辆结构亦有变化,车内净高增加、自重减轻,载货量也有提高,加上列车自身的发电、制冷,免去冰冷车停站加冰的时间,大大地提高了列车全程运行速度,更有效地保证了冷藏货物的运送质量。因此,这种氨制冷的冷藏车一度成为我国铁路冷藏运输的主导。然而,由于以氨制冷的间接制冷系统的弊端甚多。如制冷系统复杂,管路发生泄漏对车辆及钢轨腐蚀严重,随着使用时间的延长,问题也就愈加明显。所以它并不是铁路冷藏运输，或者说食品冷藏链中最理想的运输工具。为此，在1959年，由上海交通大学、上海冷气机厂和铁道部青岛四方车辆研究所联合开发研制了JB5型冷藏车，其制冷剂为R12，列车集中供电，各货物车由各自的制冷机直接制冷，吹风冷却。该型冷藏车在外温40℃条件下，可维持车内−12～+14℃的温度。该车温度自动控制，能适应各种冷却或冻结食品的冷藏运输。JB5型冷藏车的研制成功证明了我国有自己设计制造机械式冷藏车的能力。上海交通大学和上海冷气机厂，亦成为我国冷藏车制冷装置设计、制造的主要单位。上海交通大学1960年开始招收"铁路冷藏、空调"学科研究生，成为国内第一所培养高层次制冷空调专门人才的高校。

1969～1970年，我国大陆对我国香港食品贸易量的不断扩大，使铁道部在上海铁路局所属江湾车站，建立了江湾保温车段（即冷藏车段）。配属了10辆车一组B18型机械冷藏车200辆。B18型铁路机械冷藏车是向前民主德国进口的以R12为制冷剂，直接吹风冷却的冷藏车。每组车中有1辆机械车（柴油发电机组兼乘务车），9辆货物车。在每辆货物车两端顶部装有制冷机组，向货物车供冷。必要时，各货物车自身设有小型柴油发电机组向制冷机组供电，作为单节冷藏车使用。这种以R12为制冷剂，选用两级压缩式制冷机，机组的控制及总体性能有了明显提高。制冷装置在环境温度40℃的条件下，可维持车内−18～+12℃的温度。而冬季在寒冷地区运行时，还可以对车内电加热，以保证冷却的鲜货（如水果、蔬菜等）的运送质量。江湾保温车段也成为上海乃至华东、华中地区食品冷藏运输的重要机械之一。

20世纪80～90年代，我国铁路冷藏运输工具有较大的发展，1998年比1991年增加了约74%，最高峰时达到8000余辆，但2000年以后，由于市场的变化以及加冰冷藏车的技术与管理缺陷，铁路逐渐停止加冰冷藏车的使用，限制机冷车的生产，冷藏车数量大幅减少。到2012年，仅有250组机冷车在作为冷藏运输工具运用，主要是B_{22}和B_{22-2}，两者的技术参数基本一致。

主要机冷车参数如表4-6所示。

表4-6 铁路机冷车的技术参数

参　　数	B_{22},B_{22-2}	参　　数	B_{22},B_{22-2}
限界	GB 146.1—83	传热系数/[W/(m²·K)]	≤0.27
构造速度/(km/h)	120	气密系数 g/(m³/h)	≤40
轴数(轴)/轴重,t	4/21	车内温度/℃	−24～+14
车辆自重/t	38	通风量/(m³/h)	阻力6mmH₂O时,4000
车辆载重/t	46	设计外气温度/℃	−45～+45
有效容积/m³	105	压缩机型式	双级
有效载货面积/m²	46.0	电机功率/kW	2×7.5
线性尺寸/m;外长,内长,内宽,装货高	21,18,2.558,2.3	循环风机功率/kW	2×1.04
隔热结构及隔热料	聚氨酯		

4.2.2.3 冷藏船与冷藏集装箱

我国船舶冷藏运输最早于1958年出现在上海。当时为开展我国东海、黄海渔业捕捞运输业务，曾改造了一条第二次世界大战期间上海长江口的沉船，由上海鱼品厂、上海船舶设计院、上海船厂等部门联合设计制冷装置。这条船成为我国第一艘带有氨制冷装置及冻结设备的海洋冷藏加工运输船。该船装了一台4缸氨制冷压缩机，2台2缸氨制冷压缩机（缸径150mm）组成双级压缩制冷循环，制冷蒸发温度可达到−33℃。既保证了食品的速冻，更保证了鱼品冷藏的低温（−18℃）。该船沿用到20世纪70年代后期"退役"。

船舶制冷技术的推广应用与发展从1967年上海、广州开始。当时国内几家造船厂开始建造万吨级海洋客货轮。如12000t"阳"字号轮——"朝阳"、"岳阳"、"庆阳"、"向阳"、"丹阳"、"邵阳"等，又如14000t的"风"字号轮——"风庆"、"风歌"、"风驰"等。这些船均采用了国产制冷、空调设备，以保证船员舱室空调和船员伙食冷库的制冷。成功地使用国产船用制冷、空调设备，有力地促进了我国船用制冷技术的应用与发展，也为我国海上和内河冷藏运输奠定了技术基础。

船舶伙食冷库及空调制冷设备，在20世纪70～80年代基本上均为国内上海冷气机厂、广州冷冻机厂和天津制冷机厂生产。一般大型船舶伙食冷库，多采用2F10型和4FV10型制冷压缩机，空调多采用6FW10型和8FS10型压缩机。20世纪70～80年代船用制冷设备均采用R12或R22制冷剂。

我国海上国际间的冷藏运输是从1967年开始，当时从罗马尼亚进口了"长安"、"新安"轮，船上设有冷藏舱，1971年又从当时的南斯拉夫进口了"丰城"、"盐城"、"江城"轮。同样船上设有600t冷藏货舱。1974年交通部上海远洋运输公司又从前南斯拉夫进口总吨位13000t的"江川"、"银川"、"汉川"、"铜川"四条万吨级杂货轮，船上亦设有冷藏货舱。这些船舶在我国海上食品运输和食品进出口贸易中发挥了很大的作用。这批进口船上多数采用国外制冷技术较先进的进口设备和自动控制系统。

1983年上海船厂为中波轮船公司设计建造了我国第一艘设有冷藏货舱的远洋多用途货船"华陀"号，建造成功后，继而又建造了"屈原"号、"张衡"号等。该型船按我国《钢质海船建造规范》设计，并符合国际船级社的技术要求。设计的冷藏货舱舱容为2400m³；选用丹麦SABROE公司SMC10-8S型活塞式制冷压缩机三台；选用R22制冷剂，总制冷量为180kW（在40℃/－28℃的工况下）。采用吹风式冷却。冷藏货舱温度可以自动调节与控制。具有较完善的安全监控系统和事故声光报警系统，能满足冷藏货舱－20～＋8℃的使用温度要求。

我国内河和沿海冷藏运输，目前依然比较落后，内河冷藏运输至今基本上是空白。虽然20世纪80年代后期上海等地一部分内河客船设有伙食冷库或空调系统，但冷藏货运输量甚少，仅在非常必要时载运1～2只小型机械制冷式冷藏集装箱而已。不过，在上海、青岛、福建、浙江等省市却有本省市的食品运输专用船及船队。如上海市的"沪冷"、浙江省的"浙冷"、山东省的"鲁冷"和"延安"号等。这些船对其本省、市而言亦可以是食品冷链的一部分。

随着我国改革开放政策的实施，沿海省市地区渔业部门自建渔品冷藏库得到重视。一些中、小型渔业冷藏船开始建造并投入运行。1987年上海船舶及海洋工程设计研究院为浙江粮油进出口公司设计了总吨位299t的"越海"号冷藏船。该船设有130t冷藏货舱。制冷系统为R22制冷剂的活塞式压缩机。冷舱温度可在－18～＋8℃之间调节与控制。该船可航行于浙江沿海、日本中部港口和中国香港等地，完成海上渔业和其他食品的冷冻、冷藏运输。1991年该院为大连黄海渔业公司设计了总吨位775t的沿海和近洋冷藏运输船。该船设有500t冷藏货舱，选用R22制冷剂，两台活塞式制冷压缩机，总制冷容量为54.5kW。冷冻货舱温度可达－30℃。这些船舶的设计、建造与应用，提高了我国冷藏船的设计能力、制造水平，也促进了我国沿海和近洋冷藏运输的发展，进而为完善我国食品冷藏链建设提供了条件。

虽然我国近年沿海、内河食品冷藏运输有一定的发展，但相对公路、铁路的冷藏运输，其运量依然不大。

另外，船用制冷设备原先使用的R12、R502等制冷剂，随着国际上CFC制冷剂的禁用和"蒙特利尔议定书"的实施。R12、R502 制冷剂已退出历史舞台，R22 制冷剂也将逐步为其他环保型制冷剂所替代。从近年国际上造船趋势看，R404a 制冷剂更受重视，R407c 也得到应用，而 R134a 和 R507c 等则有下降的趋势。美国约克（YORK）公司，已推出 R410 制冷剂的船用制冷压缩机。不过在制冷历史上应用悠久的氨制冷剂（属天然制冷剂）又有了新的发展时机。

20 世纪 80 年代迅速兴起的冷藏集装箱运输，严重地冲击了传统的船舶冷藏舱和专业冷舱船，甚至冲击到陆上铁路冷藏列车。冷藏集装箱有使用灵活、货物损失少和安全可靠的特点；随着材料工业的发展和制冷技术、自动控制技术的进步；一代新型、轻质、技术性能可靠，又有完善的控制功能的新型冷藏集装箱，已逐步为冷藏运输部门所采用。冷藏集装箱可以在冷藏列车、冷藏船及冷藏货舱、冷藏汽车之间周转、运用。

近年海上冷藏集装箱运输不断挤占常规船舶冷藏货舱和冷藏船的运量。按 1999 年统计，全世界 4000 万吨海运冷冻货中，冷藏集装箱运量已占 40%～45%，并逐年不断扩大比例。冷藏集装箱更能适应现代化集装箱船的快运。再加上具有更先进的自动控制与信号采集、显示系统和远距离信息传输，方便运输过程的监控，故冷冻冷藏货的质量更易保证，更受货主欢迎。

1984 年上海远洋运输公司向日本"三菱"电机公司购买了 30 只 40 英尺冷藏集装箱，自此中国开始了冷藏集装箱远洋运输的新纪元。1985 年上海远洋运输公司又向日本"大金"（Daikin）公司进口了 200 只 40 英尺冷藏集装箱。这批冷藏集装箱投入中美、地中海和欧洲航线运行，取得了良好的效果。我国现有冷藏集装箱均为内置制冷机组式冷藏箱，箱内吹风冷却，冷风循环均匀。采用半封闭或全封闭制冷压缩机，制冷剂为 R22、R134a、R404。冷藏箱的使用温度可满足-18～+16℃的要求；并能进行 33 天的连续温度记录。新型冷藏集装箱可通过全自动化船舶进行远距离信息传输。例如美国约克（YORK）公司的 REFLON 冷藏集装箱控制系列，就是一套用于检测、控制，适用于各种类型冷藏集装箱的监控装置。它根据冷藏集装箱的地址码来收集有效数据，并贮存于数据库中，又通过微处理芯片来分析传输过来的数据。在故障或非正常运行状态下控制报警信号，并发送至中央报警系统，以达到监控冷藏箱的目的。该监控系统可以通过电力载波（PCT）原理远距离地监控冷藏箱制冷机的运行。这样，船舶所处控制中心就可以随时监控在世界任何航区、位置的船载冷藏集装箱的运行情况。

1999 年中国远洋公司开通了名为"绿色快航"的捷运服务，投入 3 艘 560 标准箱、航速 17.55 节的"松河"、"竹河"和"梅河"号集装箱船，完成上海、青岛、连云港至日本的循环式航运，把新鲜的果、蔬以不超过 48h 时间内运到目的港，保证了鲜货迅速上市。此举取得了良好的效益。

值得一提的是：上海沪东中华造船厂近期还为德国设计建造了一艘 2700 箱位的"柏林快航"号大型全冷藏集装箱船。该船采用全新的制冷系统，设有两种供冷模式。舱内载运的集装箱为外置机组式，由船上集中供冷，保证每只箱内的温度达-30℃。在甲板上载运的冷藏箱为内置机组式，由甲板电源集中供电，冷藏箱内制冷机自动运行，箱内温度可根据装载货物要求给定，并自动调节与控制。

4.2.3 冷链运输装备测试技术及要求

为保证冷链运输装备性能的稳定，在装备出厂（包括新造和大修）时需对其各项指标进行检测。一般来说，检测指标包括强度及动力学试验、水密性试验、气密性试验、漏热试验和控温性能试验等多项内容，其中，强度及动力学试验、漏雨测试应在水密性试验、气密性试验、漏热试验和控温性能试验之前进行。以下将以冷藏集装箱为例对气密性试验、漏热试验和控温性能试验三项热工测试项目进行介绍。

4.2.3.1 漏雨测试

（1）试验目的

本试验是对冷链运输工具的车封、带垫片的外部接缝以及其他设有关闭装置的开口等处的水密性进行验证。如果设有制冷和/或加热装置，则亦在它们的电器和仪表箱外壳及外露零件等处进行测试。

（2）试验方法

对受试区进行喷水试验，喷口的内径为 12.5mm，射水压强为 100kPa（相当于 10.33m 水柱）。喷嘴与受试区表面保持 1.5m 距离，射流的移动速度为 100mm/s。试验也可采用几个喷嘴同时进行，但受试区各接缝处所受到的射水压强应大于单个喷嘴。

（3）试验要求

试验后，冷链运输工具内或电器盒内不应出现渗漏现象，系统能够正常工作。

4.2.3.2 气密性试验

（1）试验条件

试验应安排在全部强度试验完成之后，漏热试验开始之前进行。试验时，冷链运输装备内、外温度应设定在 15~25℃ 之间，温度波动应小于 3℃。

（2）试验方法

使冷链运输工具处在正常使用状态，并按正常条件关闭车门。同时，将通风口、排水口关闭。用气密接口使空气经流量计和调节阀送入车内。向冷链运输工具内送气，使内、外压差升至 50±1Pa，调整进气量并使该压差保持稳定，在达到稳定状态后，记录保持该压差时的送气量。试验时，压差表不能接在供气管路上，其精度为 ±5%，空气流量计的精度为 ±3%。

（3）试验要求

试验后，冷链运输工具应满足 ISO1496-2 的相关要求。

4.2.3.3 漏热试验

（1）试验条件

① 本试验是为了确保冷链运输工具的冷藏性能。试验应在气密性试验合格之后进行。试验进行时，车（箱）门、通风口、排水口应关闭。

② 试验采用内部加热法进行，此时，需要建立一个热平衡状态。置加热装置于车（箱）内，使其本身和有关风扇的功率与通过车体隔热层所漏出的热量达到平衡。测量仪器应按下列要求选择并校正：

温度计：±0.5℃；
功率表：测量值 ±2%；
空气流量计：±3%；
风速计：±10%。

冷链运输工具的漏热，应以总漏热率 U_θ 来表示，由式(4-1)算出：

$$U_\theta = \frac{Q}{\theta_i - \theta_e} \tag{4-1}$$

式中 U_θ——总漏热率，W/K；
Q——车内加热器和风扇所耗功率之和，W；
θ_i——车（箱）内平均温度，℃，为每个测试记录间隔末了测得的各个温度测值的算术平均值，温度测点布置在距车内壁面100mm处，至少12点；
θ_e——车（箱）外平均温度，℃，为每个测试记录间隔末了测得的各个温度测值的算术平均值，温度测点布置在距外壁面100mm处，至少12点。

温度测量点布置见图 4-2。通常：

$$\theta = \frac{\theta_i + \theta_e}{2} \quad (4-2)$$

式中 θ——车（箱）内外空气平均温度，℃。

③ 车外空气应保持流动，在车体的中部附近，距侧壁和顶部 100mm 处所测风速不应超过 2m/s。

(2) 试验方法

① 漏热试验的测试数据，应在连续进行 8h 以上的试验中测得，此时的试验条件应满足：

a. 外界空气平均温度在 20～25℃ 之间，内外温差应大于 20℃；

b. 试验期间，内部最高和最低温度点的温差不超过 3℃；

c. 试验期间，外界最高和最低温度点的温差不超过 3℃；

d. 任何两次内部平均温度 θ_i 的温差不超过 1.5℃；

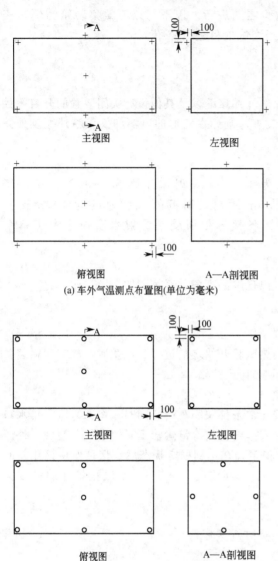

图 4-2 温度测量点布置示意图

e. 任何两次外界平均温度 θ_e 的温差不超过 1.5℃；

f. 最高耗用功率 Q_h 和最低耗用功率 Q_l 间的最大差值不应超过 Q_l 的 3%。

$$(Q_h - Q_l)_{max} \leq 0.03 Q_l \quad (4-3)$$

② 电加热元件应采用低发射率的材料进行防辐射，避免加热元件直接辐射车厢内壁，尽量降低辐射影响。为确保车（箱）内温度分布均匀，元件释放的热量应通过一台或数台电风扇形成必要但不过量的空气循环。风扇应置于车（箱）内，当对机械冷藏车进行测试时，不应采取防止少量气流通过机组的措施，也不应使用机组的风扇。

如果试验中使用了所配机组的风机，则在试验报告中应予以注明。此时所测得的漏热值 U_θ 因包含有蒸发器风机的功耗，计算时应计入内加热功率 Q 中。

③ 安装在内、外部的各测温元件，应有防止热辐射的保护。测读每组数据的时间间隔

应不超过30min。

(3) 漏热率的计算

漏热率 U 应从进入稳定状态后，持续时间不少于8h中所测得17次或更多次的测量值按式(4-4)算出：

$$U = \frac{1}{n}\sum_{1}^{n} U_\theta \qquad (4-4)$$

式中，$n \geq 17$。

按式(4-4)得出的 U 值，应用下角标标明试验中的平均壁温。还应按照 U 与平均壁温的关系曲线得出按标准平均壁温20℃修正后的 U 值。

(4) 试验要求

冷链运输工具应满足ISO 1496-2的相关要求（见表4-2）。

4.2.3.4 机械冷藏车的制冷性能试验

(1) 基本要求

① 本试验检验机械冷藏车在给定的车外温度 θ_e 下保持车内给定温度 θ_i 的能力。要求在仅有漏热负荷下能运行8h；在投入附加的热负荷 Q 后继续运行4h，附加热负荷 Q 至少应等于漏热试验所测得总漏热的25%，即：附加热负荷 $\geq 0.25 U_\theta (\theta_e - \theta_i)$。

② 应在已经做过漏热试验的冷藏车上进行本项试验。

③ 应在被测试冷藏车内配备相应的设备和仪器仪表，并对相关项目进行检测：

a. 配备温度传感器，车外和车内温度传感器的布置按图4-2的规定；

b. 应配备供给加热器和风扇的电力；

c. 车体一侧外部中央附近的气流速度应予以测定；

d. 车内加热器和风扇的电力的能耗应予以测定；

e. 测定车内送风和回风的干球温度，每点至少设2个（共4个）传感器；

f. 测定风冷式冷凝器进口处的空气温度。

(2) 试验条件

① 车外温度保持在38℃左右，在任一时间内，车外最高和最低温度点的最大温差不超过3℃。

② 车内温度不得超过冷藏车额定最低温度，所谓的车内温度指车内12个测点温度的平均值。

③ 在冷藏车中部附近，距侧壁100mm处所测得的车外气流速度不应超过2m/s；车内气流速度依蒸发器风机和加热器风机而定。

(3) 试验方法

① 建立车内、外所要求的温度。底部疏水装置、融霜疏水装置（如果设有该装置）和安全阀处于正常工作状态下，而车门和换气装置则按正常方式关闭。

② 如制冷设备需要融霜，则在融霜后，应重新建立稳定状态，才能继续进行实验。

③ 在达到稳定状态后，机组应继续运行8h，此时车内温度将在定值上下波动。在此之后即按规定，使加热器和风扇投入运行，并在重新达到平衡后继续运行4h。在8h和4h的稳定时间内，车内、外温度，加热器和风机的能耗，都应以最长不超过30min的间隔加以记录。

(4) 试验要求

设备应能使车内平均温度保持在额定最低温度至少8h，而且在按规定加入附加热负荷后至少能再保持4h。必要时，在试验中可采用功率表测量制冷机能耗，也可使用燃油计量装置测量油耗。最好能测出蒸发器出口和压缩机进、出口处的温度，压缩机进、出口处的压力（特别是对机械制冷的样机更应这样做），以便在性能出现缺陷时有足够的数据可供诊断。

4.2.3.5 耗用制冷剂冷藏车的性能试验

(1) 基本要求

① 本试验是为了检测耗用制冷剂的冷藏车（液氮冷藏车、加冰冷藏车等）在给定的车外温度 θ_e 下保持车内给定温度 θ_i 的能力。要求冷藏车在仅有漏热负荷下能运行8h；当加上附加热负荷后继续4h，附加热负荷包括所加电热和风扇，至少应等于漏热试验所测得总漏热量的25%。即：附加热负荷 $\geqslant 0.25 U_\theta (\theta_e - \theta_i)$。

② 试验应在已经做过漏热试验的冷藏车上进行。

③ 应在被测试冷藏车内配备相应的设备和仪器仪表，对相关项目进行检测：

a. 配备温度传感器，车外和车内温度传感器的布置按相关标准的规定（这时，车内如有位于制冷剂喷入气流之中的温度传感器，应予移开）；

b. 车内加热器和风扇的电力的能耗应予以测定；

c. 车体一侧外部中央附近的气流速度应予以测定。

(2) 试验条件

① 车外温度保持在38℃左右，在任一时间内，车外最高和最低温度点的最大温差应不超过3℃。

② 车内温度不应超过冷藏车额定最低温度，该内温是指12个测点所测得的平均值。

③ 在车体中部距侧壁100mm处所测得的车外空气流速不应超过2m/s。

(3) 试验方法

① 将冷藏车置于温度可被稳定且能满足试验要求的环境中，待车内、外和车壁间的相对温差均不超过3℃时，试验方可进行。底部疏水装置、融霜疏水装置（如果设有该装置）及安全阀等均应处于正常工作状态，而车门和通气装置则按正常方式关闭。

② 达到工作温度后，投入加热器和风扇，并在重新建立起稳定状态后，试验应能再继续进行4h。在整个试验过程中，应以最长不超过30min的时间间隔，对车内、外温度进行记录。

(4) 试验要求

设备应能使车内的平均温度保持在额定最低温度至少8h，并在按规定加入附加热负荷后继续保持4h以上。如需要，可在试验的末尾测定制冷剂的耗用量。

所有工作人员均应该警惕的是，不论是冷藏车、试验间还是临近的封闭空间内，都有因积聚有害气体而导致危险的可能，在确认无危险前，不允许人员进入。

4.3 冷链运输装备结构

由上可知，冷链运输装备不论为何一类型，总是由围护结构、制冷系统等组成。通过调查发现，就世界范围而言，冷藏运输装备使用最为广泛的是冷藏集装箱，以下将以冷藏集装箱为例，对其制造工艺结构进行分析。

4.3.1 冷藏集装箱整体结构

冷藏集装箱属于集装箱的一种，其基本结构应满足 ISO 668 和 ISO 3874 等国际标准，但由于兼有制冷和保温的特点，在结构上和普通干货集装箱有许多不同的特殊处。

带有制冷装置的冷藏集装箱的箱内温度通常可以维持在 $-25\sim+25℃$ 之间的任一设定值，除了可以控制和调节箱内温度外，冷藏集装箱还可以加上气调装置（Controlled Atmosphere System & Modified Atmosphere System）、除湿和加湿装置（Dehumidifier & Humidifier），另外还可以加上臭氧（O_3）发生装置，以便更好地在运输过程中保护货物。带有气调装置的冷藏箱对气密性有更高要求，一般不允许超过 $1m^3/h$，用于贮运蔬菜和水果的箱内最佳湿度为 $75\%\sim95\%$（RH）。所有这些功能要求应首先从结构中予以保证。

一般冷藏集装箱箱体的总体结构如图 4-3 所示。

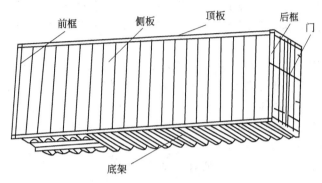

图 4-3　冷藏集装箱箱体整体结构

按集装箱的惯例，从箱门向里看，把冷藏集装箱箱体分为底架、侧板、顶板、前框、后框、门 6 大部件。这 6 大部件都有不同的功能，其合理的组合就组成了一个冷藏集装箱箱体，再加上一个制冷装置就形成了一个完整的冷藏集装箱。在此，对这 6 大部件做比较详细的论述。

4.3.2　底架

不锈钢冷藏集装箱的底架由上部的 T 形铝地板，下部的波纹副地板，两侧的下侧梁下部以及中间的发泡层构成。考虑到实际操作需要，底架还包括了鹅颈槽（40 英尺冷藏箱），叉车槽（20 英尺冷藏箱），以及疏水装置。

T 形断面的地板为冷风提供了通道，由于 T 形铝质地板用材少，强度高，因而被普遍采用。为改善气流和提高冷效，在 T 形地板的腹板处亦可开通风孔，20 英尺冷藏箱（20′冷藏箱）由于箱内长度较小，箱内气流情况较好，因此有时 T 形地板的腹板处亦不开通风孔。但 40 英尺冷藏箱（40′冷藏箱）由于箱内长度较长，箱内气流情况相对较差，因此在 T 形地板的腹板处一般都开通风孔。ATO-DLO（荷兰农业技术研究所）要求 T 形的高度不小于 30mm，过低会影响冷气循环，但也不宜过高，否则会减少箱容积。一般 20′冷藏箱的 T 形地板高度为 40mm，40′冷藏箱的 T 形地板高度为 63.5mm，另外还可以根据箱主要求，设置一定数量的固货点，要求每个固货点设施能承受 5kN 拉力。

T 形地板下面，副地板上面可设置木枕（或塑料条）进行承载力的传递，其发泡密度可由箱主确定。如 OOCL 箱由于其发泡密度较低，只有 $40kg/m^3$，因而其底部都加有木枕，以增加箱底的刚性。目前大部分冷箱设计无木枕（或塑料条），而是通过适当提高隔热层泡沫密度来增加承载能力。当冷箱设计为无木枕或无塑料条时，也可在 T 形地板下加几根 Ω 形的铝型材来进一步防止 T 形地板和泡体之间的分层。无论哪种设计，都应满足地板强度的要求。

波纹副地板一般由 MGSS（铁素体不锈钢）或 CORTEN 钢（一种最常用于集装箱的优质耐候高强度钢）折弯成梯型状的波纹而成。折弯后的波纹地板具有很大的强度和刚度，已经基本取代了过去冷藏箱常用的平副地板加底横架的传统型式。

下侧梁下部一般由 MGSS 或 CORTEN 钢折弯成 L 形而成。波纹副地板就焊在 L 形的下侧架下部上，在总装时，底架上的下侧梁下部和侧板上的下侧梁上部焊在一起，并同前后框相连，就形成了冷藏集装箱的整体结构。

中间的聚氨酯硬质发泡材料，由多元醇预先同一定比例的 R141b 发泡剂相混合，在发泡机的枪头内与一定比例异氰酸酯充分混合，注入 T 形地板和波纹底架形成的空腔内，发泡固化而成。因为用于地板的聚氨酯硬质发泡材料采用了很高的密度（65kg/m³ 以上），所以具有很高的强度和刚度，能够承受冷藏集装箱在各种情况下对地板的要求。

也有一种冷藏集装箱在空腔的中间沿底架放十条左右塑料条，把空腔等距离分隔开来，再把中间小腔分别用发泡材料充满，由于塑料条等承受比较大的力。因此对发泡材料的强度要求就低些，此时发泡材料的密度比较低，为 40kg/m³ 左右。

如果是 40 英尺箱，底架前端部应有鹅颈槽，鹅颈槽可由 4～4.5mm 厚 CORTEN 钢材料制成，也可由 MGSS 不锈铁制成。

20 英尺箱则不具有鹅颈槽，只是有一对叉车槽，材料由 6.0mm 厚 CORTEN 钢或 MGSS 不锈铁制成。

冷藏集装箱两端的最低部位都必须各设有两只疏水器，它只供排出积水，但不允许空气流出去，过去一般采用鸭嘴形橡胶阀。当凝结水高达阀体的 1/3～1/2 容积时，靠重力使橡胶阀打开排水，然后靠其弹力自行关闭。但是鸭嘴形橡胶阀有二个固有缺点：一是在冷藏集装箱使用过程中塞子一旦塞住，就不能打开，或者打开了就不能塞住。也就是说不能实现"自动"；其次在进行气调运输时，如果把塞子打开，在气调压力为 75mm 水柱时，鸭嘴阀将常开漏气。如果把塞子塞住，就没有疏水功能。

冷藏集装箱对疏水装置有很严格的要求，要求在箱内从 0～75mm 水柱压力时，疏水装置能自动打开，没有水时应自动关闭。并且，当外界有水欲通过疏水器反流（溢入）箱内时，疏水器应能自动关闭，以防脏水污染箱内货物。目前，唯有几种浮球型的疏水器能完全满足冷藏集装箱对疏水装置的全部要求。

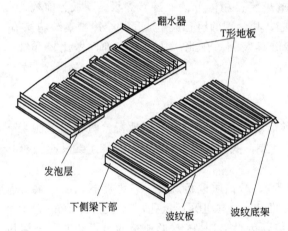

图 4-4 冷藏箱的底架结构

冷藏箱的底架结构如图 4-4 所示，底架技术要求见表 4-7。

表 4-7 集装箱底架

项 目	材 料	尺 寸	功 能
T 形地板	铝	高度 40mm(20′)，63.5mm(40′)	为冷风提供了通道、改善气流和提高冷效
波纹副地板	MGSS 或 CORTEN 钢	厚度 1.2～1.6mm	

续表

项　　目	材　料	尺　寸	功　　能
下侧梁下部	MGSS 或 CORTEN 钢	厚度 4.5mm	
中间发泡材料	聚氨酯硬质发泡		具有很高的强度和刚度,能够承受冷藏集装箱在各种情况下对地板的要求
叉车槽(20′) 鹅颈槽(40′)	CORTEN 或 MGSS(20′) CORTEN 或 MSGG(40′)	厚度 6.0mm(20′) 厚度 4~4.5mm(40′)	
疏水装置			要求在箱内从 0~75mm 水柱压力时,疏水装置能自动打开,没有水时应自动关闭;并且能防止污水反向流入

4.3.3 侧板

冷藏集装箱的左右侧板由上侧梁、下侧梁上部、外侧板、内侧板、中间的发泡层及侧柱组成。冷藏箱的侧板如图 4-5 所示。

上侧梁,由 CORTEN 钢或 MGSS 折弯而成。

下侧梁上部,由 CORTEN 钢或 MGSS 折弯而成。

外侧板由 MGSS 不锈铁或 SUS304 不锈钢板经压制波纹拼接而成后,同样由 MGSS 不锈铁或 SUS304 不锈钢压制成 Ω 形的侧柱,通过碰焊或双面胶带连在外侧板上,以增加侧板的刚性,并能防止分层的扩散。带有侧柱的侧板同上侧梁,下侧梁上部焊成一体。

内侧板由 SUS304 不锈钢压波拼接而成。这些压波就构成了冷藏集装箱侧面冷风从下到上的风道。

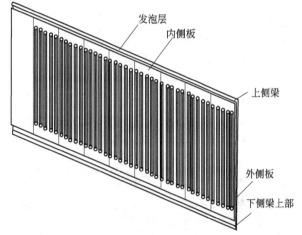

图 4-5 冷藏集装箱侧板结构图

在外侧板（连上下侧梁）和内侧板之间的空腔内发泡,就形成整个侧板,发泡材料的密度同箱型有关。侧板技术要求见表 4-8。

表 4-8 集装箱侧板

项　目	材　　料	尺　寸
上侧梁	CORTEN 钢或 MGSS	厚度 4.0mm
下侧梁上部	CORTEN 钢或 MGSS	厚度 4.0mm
外侧板	MGSS 不锈铁或 SUS304 不锈钢板	厚度 0.8~1.0mm
内侧板	SUS304 不锈钢	厚度 0.7mm
中间发泡层		发泡密度 65kg/m³（20 英尺箱） 55kg/m³（40 英尺箱） 厚度为 60mm 左右
侧柱	MGSS 不锈铁或 SUS304 不锈钢	

4.3.4 顶板

顶板由外顶板、内顶板、中间的发泡层和加强筋构成。外顶板由不锈铁或 SUS304 不锈钢拼焊而成。内顶板可以由整张预涂铝板或 SUS304 拼焊而成。为了进一步加强顶板和防止分层，在内外顶板之间可放置一些 Ω 形金属加强筋或塑料加强筋。在外顶板和内顶板之间充以发泡层即成了顶板。顶板的厚度一般为 80～90mm 左右。如图 4-6、表 4-9 所示。

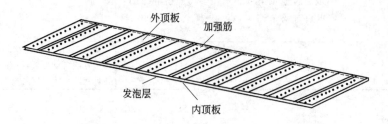

图 4-6 冷藏集装箱顶板结构

表 4-9 集装箱顶板

项 目	材 料	尺 寸	功 能
外顶板	MGSS 或 SUS304 不锈钢	厚度 0.8～1.0mm	压有外凸的横向波，以利泄水和防止分层
内顶板	0.9mm 厚预涂铝板或 0.7mm SUS304		压有三角形的小横波，可以防止热胀冷缩对分层的影响
中间发泡层		密度 40～45kg/m³	
加强筋	Ω 形金属加强筋或塑料加强筋		进一步加强顶板和防止分层

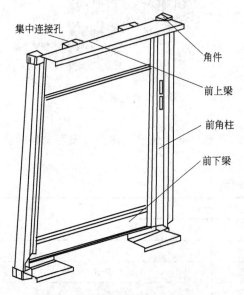

图 4-7 冷藏集装箱前框结构

4.3.5 前框

前框由前角柱、角件和前上梁、前下梁构成。

在前角柱两端焊上材质为 SCW-49 的角件，再同前上梁、前下梁焊接而形成前框。由于前框为箱体和制冷装置的结合部，其结合部尺寸必须同制冷装置相配合。同制冷装置的连接可分为"开式连接"（连接件不嵌入发泡层）及"闭式连接"（连接件嵌入发泡层）。如采用"开式连接"，则前框上只需开孔，连接由防松螺母、螺栓完成。如采用"闭式连接"，前框上需焊有 30 只螺母，装上制冷装置后，再用螺栓、防松垫圈连接而成。目前世界上 90% 以上的冷藏集装箱均采用"闭式连接"。但不论何种方法，均应能够承担运输过程出现的各种外力。并且，在制冷装置长期运转形成振动下，螺栓不应松动。

在前端框架处除设置与冷机的连接孔之外，有时还设有发电机挂孔及其连接件，其位置尺寸按 ISO 1496-2 要求。

冷藏集装箱前框参数见表 4-10，冷藏集装箱前框结构见图 4-7。

表 4-10　冷藏集装箱前框

项　目	材　料	项　目	材　料
前角柱	4.5～6mm CORTEN 钢或 MGSS	前上梁	4～4.5mm CORTEN 钢或 MGSS
角件	SCW-49	前下梁	4～4.5mm CORTEN 钢或 MGSS

4.3.6　后框

后框也可称为门框，为箱开门之处，也是货物的进出之处。因此，后框的开口应尽可能大。后框由后角柱、角件、门楣、门槛组成。内后角柱和外后角柱先拼焊后再在两端焊上角件。在门楣、门槛上焊上锁座及相关零件后，再焊在上述角件上，形成整个后框。每根角柱上开了 4～5 个铰链座，门通过门铰链、铰链销、后框角柱的铰链座实现铰链连接，每扇门的开度可到 260°以上。常用后框参数见表 4-11。

表 4-11　冷藏集装箱后框

项　目	材　料	项　目	材　料
后角柱	8mm CORTEN 钢或 MGSS 不锈铁(内后角柱) 6mm CORTEN 钢或 MGSS 不锈铁(外后角柱)	角件	SCW-49
		门楣	4～4.5mm CORTEN 钢或 MGSS 不锈铁
		门槛	6mm CORTEN 钢或 MGSS 不锈铁

4.3.7　门

冷藏集装箱的门也是具有隔热作用的，厚大约为 60mm，同普通集装箱相比，冷藏集装箱门显得厚重得多。其门的结构主要由外门板、内门板、中间发泡层、四周围以起连接强度作用的铝型材和起隔热作用的 PVC 塑料型材组成。外门板上装有四个门锁杆和 8～10 个门铰链，门通过不锈钢的铰链销和门框相连，因此门可以作 260°的自由转动。用 M8 的不锈钢螺钉把门锁杆和镀锌铰链板，装在外门板上，再围以铝型材和 PVC 型材。在 PVC 型材上盖上压有外凸波的内门板，中间充以发泡层，就组成了冷藏集装箱的箱门。再装上内外门封胶条，就可通过铰链板，铰链销安装在门框上，构成了冷藏集装箱的一部分。木门板是以二层 0.8～1.2mm 厚的铝板，中间夹以 25mm 左右的层压板构成，四周围以软 PVC 的外门封胶条，就组成了冷藏箱用的外门板。

冷藏集装箱门结构见图 4-8，有关参数见表 4-12。

表 4-12　冷藏集装箱门

项　目	材　料	尺　寸	功　能
外门板	MGSS 不锈铁或 SUS304 不锈钢	厚度 1.6～2.0mm	
内门板	SUS304 不锈钢	厚度 0.8mm	
中间发泡层		密度一般为 55kg/m³	
铝型材			起连接强度作用
PVC 型材			起隔热作用

注：为了防止箱门同门框之间的漏气、漏水，PVC 型材和铝型材外套有材料为三元乙丙合成橡胶的门封胶条。

4.3.8　角部封板

冷藏箱在总装之后，顶、底、侧板及前后框架之间留有 12 条空腔，必须用一些角部封板封闭起来，然后再二次发泡。因此角部封板主要是保证密封，并要注意转弯处圆弧角尽量大一点，并尽可能避免直角，这样在二次发泡时，泡液就会流动更畅一点，否则泡液流动不畅，就会造成局部发泡密度不够或空泡。由于安装角部封板时，都是单面操作，因此都采用一种锁芯拉钉（monobolt）来连接。

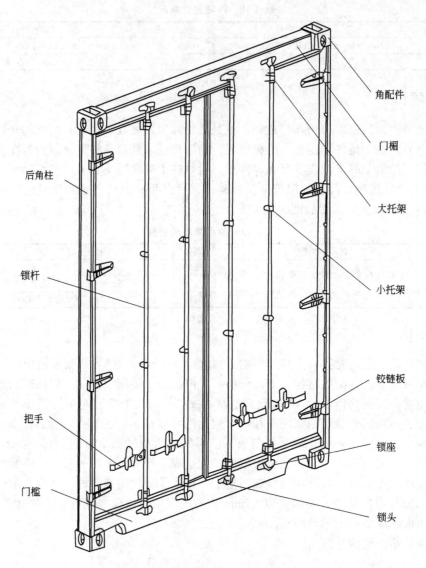

图 4-8 冷藏集装箱门板与门结构

4.4 冷链运输工具热计算

冷链运输工具的热计算是设计冷却设备、加温设备和空气循环设备的基础工作，在日常组织工作中也经常需要运用热计算。在热计算中最重要的是计算冷藏车各项冷消耗和冷却器的散冷量。把这两方面根据具体情况加以灵活运用，就可以找出一系列生产上所必需的数据来。以下将讨论冷藏车（含冷藏集装箱）热计算的基本原理。

4.4.1 冷消耗的计算

对于通用冷链运输工具来说，在各种情况下可能遇到的冷消耗因素共有八项，各项因素计算方法如下。

（1）车体传热冷消耗（Q_1，单位：kJ，下同）

$$Q_1 = 3.6 F_{车} K_{车} (t_{外} - t_{内}) Z \tag{4-5}$$

式中，$F_{车}$、$K_{车}$ 分别为车体的外表面积（m^2）和传热系数 [$W/(m^2 \cdot ℃)$]；$t_{外}$、$t_{内}$ 分别为在 Z 时间内外界阴面的平均气温和车内平均温度，℃；Z 为传热的时间，h。

其中
$$K_{车} = \frac{1}{\frac{1}{A_w} + \sum \frac{\delta_i}{\lambda_i} + \frac{1}{A_n}} \tag{4-6}$$

式中，A_n，A_w 分别为内、外表面热交换系数，$W/(m^2 \cdot K)$；δ_i 为第 i 层材料厚度，m；λ_i 为第 i 层材料导热系数，$W/(m \cdot K)$。

式（4-5）中 $F_{车}$ 是用车体的外表面积，即按车体外部六面的尺寸计算出的六个面积之和。由于车墙很厚，外表面积比内表面积大得多，传热实际上是通过平均表面积进行，那么为什么这里可以用外表面积计算呢？这主要是为了测量和计算方便。在测定传热系数时，就可按照外表面积计算，这样计算出来的 $K_{车}$ 已经考虑了 $F_{外}$ 与 $F_{均}$ 的差别，而且是对应于 $F_{外}$ 的。当试验时 $K_{车}$ 是按照车体的平均表面积计算的，则在使用公式（4-1）时，$F_{车}$ 应相应地采用平均表面积，$F_{均} = \sqrt{F_{外} F_{内}}$。车体的传热系数是不断变化的，新出厂的最小，在使用中逐渐增大，维修后又减小，以后又增大。我国目前还没有一套这种变化的试验资料，在做比较精确的试验时，每次都应对所选车辆重新测定 $K_{车}$ 值。

式（4-5）中的 $t_{外}$ 是车辆附近阴面的空气温度，阳面由于太阳辐射而增加的传热量另在 Q_3 中计算，$t_{内}$ 是车内各点的平均温度。$t_{外}$、$t_{内}$ 应该是在 Z 时间内定时测定的若干读数（每个读数是几个温度的读数的平均值）的总平均值。

（2）漏气的冷消耗（Q_2）

当车内外有温度差时，通过车门、通风口等不严密处会发生漏气。漏气量的大小和缝隙的大小、温差的大小、外界的气候条件（如风速、风向、下雨等）有关。同一型的车可能不同，同一辆车在不同的场合和时期可能有很大差别。因此，Q_2 是很难用计算的方法正确确定的，只能根据计算传热系数用试验方法确定。在一般情况下，可简化认为 $Q_2 = 0.1 Q_1$。

（3）太阳辐射的冷消耗（Q_3）

车体被太阳照射的部分因温度升高，所以传热温差也有所提高。计算公式如下：

$$\begin{aligned} Q_3 &= 3.6 \gamma F_{车} K_{车} (t_{阳} - t_{内}) z_{阳} - 3.6 \gamma F_{车} K_{车} (t_{外} - t_{内}) z_{阳} \\ &= 3.6 \gamma F_{车} K_{车} (t_{阳} - t_{外}) z_{阳} \end{aligned} \tag{4-7}$$

式中，γ 为车体被太阳照射面积占总面积的百分比，%；$t_{阳}$ 为车体被太阳照射面的温度，℃；$z_{阳}$ 为车体被太阳照射的时间，h。

根据对单辆车的试验观测，车辆经常有三面（顶、端、侧）被太阳照射，只有短暂的时间可能是两面（顶端或顶侧或端侧）被照。因此可以近似地把单辆车的被照面积取为 50%。通常车顶部比端侧墙温度高，端侧墙的温度也不相同，计算时应取测定各点的平均值，在粗略计算时，可取 $t_{阳}$ 比 $t_{外}$ 高 10~12℃。太阳照射的时间，在具体进行试验中可按测定值计算，在计划性的计算中，可按当时当地平均的日照时间折合计算。

（4）通风的冷消耗（Q_4）

运送某些货物（如未冷却的蔬菜、水果、鲜蛋以及熏制品等）时需要通风，通风时把外界的热空气带入车内，一方面需要降温（在计算时假定降到车内温度），另一方面可能有一部分水蒸气凝结（假定降到车内原有湿度水平），这两部分热量之和就是通风的冷消耗，计算公式如下：

$$Q_4 = V_{通} [C_{空} (t_{外} - t_{内}) + q(f_1 p_1 - f_2 p_1)] z_{阳} \tag{4-8}$$

式中，$V_{通}$ 为计算期间的通风容积，m³；$C_{空}$ 为空气的容积比热，1.297kJ/(m³·K)；q 为水蒸气的凝结热或凝固热。车内零上温度时为凝结热，可取 2.51kJ/g；车内零下温度时为凝固热，可取 2.845kJ/g；f_1、f_2 分别为通风时外界和车内空气的相对湿度，%；p_1、p_2 分别为空气在外界与车内温度时的饱和绝对湿度，g/m³。

(5) 货物降温的冷消耗（Q_5）

$$Q_5 = (m_{货}c_{货} + m_{容}c_{容})\Delta t \tag{4-9}$$

式中，$m_{货}$、$m_{容}$ 为货物及包装容器的重量，kg；$c_{货}$、$c_{容}$ 为货物及包装容器的比热容，kJ/(kg·K)；Δt 为计算期内货物降温度数，K。

(6) 车体降温的冷消耗（Q_6）

车体在冷却以前，可以把车体温度看做与环境温度相同，冷却后，外壁与外界空气温度一致，内壁与车内温度相同，计算公式如式(4-10)所示：

$$Q_6 = m_{车}c_{车}\left(t_{初} - \frac{t'_{外} - t'_{内}}{2}\right) \tag{4-10}$$

式中，$m_{车}$ 为车体需要冷却部分的重量，kg；$c_{车}$ 为车体需要冷却部分的比热容，kJ/(kg·K)；$t_{初}$ 为车体初始温度，℃；$t'_{外}$、$t'_{内}$ 为计算终了时车体内外表面温度，℃。

(7) 货物呼吸的冷消耗（Q_7）

$$Q_7 = m_{货}q_{货}z_{货} \tag{4-11}$$

式中，$q_{货}$ 为货物在车内温度下的呼吸热，kJ/(h·kg)；$z_{货}$ 为货物在车内时间，h。

(8) 循环风机的冷消耗（Q_8）

$$Q_8 = 3600N_{风机}z_{风机} \tag{4-12}$$

式中，$N_{风机}$ 为循环风机功率，kW；$z_{风机}$ 为循环风机开动时间，h。

4.4.2 装运货物时的实际冷消耗

在装运某种具体货物时，其冷消耗因素并不总是八项。各类货物制约因素互有差别。有些货物即使冷消耗的因素相同，但数据却有差别。举例如下：

① 冻货。运送冻货时，车体需要预冷、传热、漏热、太阳辐射热、风机散热都有，但货物不需要冷却和通风，也无呼吸，因此冻货的冷消耗如下：

$$Q = Q_1 + Q_2 + Q_3 + Q_6 + Q_8$$

② 冷却的水果、蔬菜和鲜蛋。这类货物在运送中除传热、漏热、太阳辐射、车体降温风机散热等项冷消耗外，还多一项呼吸的冷消耗。果蔬和鲜蛋在冷却后运送一般不需通风。

$$Q = Q_1 + Q_2 + Q_3 + Q_6 + Q_7 + Q_8$$

③ 未冷却的水果、蔬菜和鲜蛋。这类货物八项冷消耗俱全。

$$Q = Q_1 + Q_2 + Q_3 + Q_4 + Q_5 + Q_6 + Q_7 + Q_8$$

4.5 冷链运输装备节能

4.5.1 影响能耗的主要因素及措施

4.5.1.1 漏热量的影响

冷链运输装备之所以能控制食品温度，除了有效的制冷手段外，良好的隔热性能也是十分重要的。假设45英尺冷藏集装箱隔热性能不同，在不同温度条件下其热负荷如图4-9所示，由图可见，不同条件下能耗差距是十分大的。以冰激凌等需要低温运输的食品为例，车内温度常在-18℃以下，而考虑到太阳辐射的影响，车外综合温度超过60℃也十分常见，此时，若冷链运输装备的隔热性能好[设传热系数为0.2W/(m²·K)]，则热负荷为1.2kW左右，但如果传热系数为0.5W/(m²·K)，则热负荷将接近3kW。值得注意的是，传热系数为0.5W/(m²·K)的冷藏车在现实生活中比比皆是，尤其是使用过很长一段年限的车辆，漏热量的增加造成能耗激增。此外，因一般45英尺冷藏集装箱在-20℃/30℃的工况条件下的制冷量仅为6~10kW，因此，车体漏热量大不仅影响能耗，还有可能使得车辆无法满足食品品质保证的需要，造成更大的影响。

由此可见，对于冷链运输装备，一方面在最初选择时，应采用隔热性能好的设备；另一方面，要注意使用过程中的维护，及时维修，以达到保证装备隔热性能的作用。但在实际操作中仍存在一定的误区。

一是过于注重车辆传热系数 K 值，而忽略了厢体热桥效应。目前我国在进行冷藏车隔热性能测试时，多采用传热系数 K 为分析、比较的基础。若从传热系数 K 的物理意义的源头出发，K 反映了厢体材料的绝热效果、厢板的保温材料种类以及厚

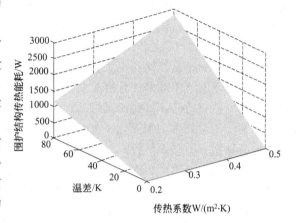

图4-9　45英尺冷藏集装箱漏热量分析

度等因素，但无法反映因厢体几何尺寸的不同、不同位置材质不同（车厢部分位置需采用钢筋进行强化）所造成的整体传热和车厢隔热薄弱环节（热桥效应）。在冷藏车使用一段时间之后，由于车辆的振动、车厢各接口的开裂等，这些薄弱环节的漏热量也将越来越大，为此，必须引入漏热率 L 来表征车厢漏热效果。漏热率 L（W/m²）是北美国家为表征冷藏车单位面积传热量而引入的传热单位，能更好地分析整车隔热效果，因此运输商在选择冷藏车时综合考虑 K 和 L，将能对车辆隔热效果做出更全面的评价。

二是忽略车辆老化率。目前，国际上通常采用聚氨酯泡沫制作隔热材料阻止外界热量传入车厢内，由于这种方法具有高绝热、易加工、整体成型的特点，从而被大规模使用。在制作时，首先将混合好的聚氨酯泡沫注入车壁内外夹层间，待其固化后形成模块化整体。可见，这种制作发泡过程实际是一种化学反应，气体在泡沫中膨胀并保留在聚氨酯的微小空隙结构中。随着厢体的老化，这些气流会从微小空隙逃逸，而外界的空气和水便会渗入这些空隙，从而严重降低其隔热性能。研究表明，车辆隔热性能下降率约为每年5%，5年即为25%。在欧美，冷链运输公司一般3~5年会对冷藏车厢进行全面更换，而国内车辆常常从车辆采购到报废，很少对车厢进行维护或更换，使得车辆在使用后期性能严重下降，大大增加了能耗。

4.5.1.2　漏气量的影响

冷链运输中所采用的运输装备，如冷藏集装箱其气密性并不是100%完好，在运输过程中必定有气体渗透入或者渗透出集装箱，从而改变冷链运输内部单元的温湿度和气体成分，最终可能会导致运输食品腐败变质，另外也会影响到运输装备的运输总能耗。冷藏集装箱在运输货物过程中，由于围护结构缝隙逐渐增大也会使得其整体气密性下降。

在冷链运输过程中，若运输货物状态确定，运输装备渗风能耗则主要取决于装备内外温差和装备的渗透漏气量，运输装备的内外温差则主要由外部自然环境条件所决定。冷链运输装备的性能与设计标准、制作工艺水平和装备的老化率、使用年限都有很大关系。我国铁路冷藏车气密性要求仅为50Pa压差下漏气量小于40~60m³（远低于冷藏集装箱和冷藏汽车的

相关要求）；在使用年限方面，我国现存铁路冷藏车九成以上使用年限超过十年，超过二十年的占到六成；据统计，在运输一线使用的冷藏装备就因以上这些原因导致渗透漏气量高达 100m³/h 以上，能耗浪费巨大。

随着车速的提高，渗风量越来越大，因此在列车运行速度越来越快的今天，不论从节能还是食品品质安全的角度考虑，均应对装备气密性提起重视。

目前，在发泡工艺上常用三明治发泡（先将每个车壁做好后拼装为一个整体）或整体式发泡（将车厢外表面整体成型后一次性充注发泡料），由于三明治发泡在各壁面间存在接口，所以气密性常存在先天不足，且随着使用时限的增长漏量也会不断增加，因此应尽量淘汰。此外，车辆老化导致气密性下降是难以避免的，为此，必须定期对车辆进行检修和维护。

车门渗风同样是能耗的主要来源。在车门关闭时，门封是阻止漏气的重要装置，因此门封应具有良好的密闭效果并且容易更换，因为随着密封条的老化，漏气现象会越来越严重，建议一年一换；此外，目前的密封条材料一般是 PVC（聚氯乙烯），但它的低温耐疲劳性能差，特别是温差较大时易损坏，而 EPDM（三元乙丙橡胶）具有大温差下耐疲劳的特点，建议采用其作为密封条材料。

此外，在车辆装载和卸货时，车门需长时间开启，若不采取保护措施，车外热湿空气渗入车内，一方面增加热负荷，另一方面还会导致蒸发器结霜影响车辆制冷，因此建议采用塑料门帘进行隔热。在塑料门帘选材上，应选用满足食品安全需要的食品级 PVC 材质门帘，同时应有足够的耐低温性能；在安装方式上，应从门顶到门底完全遮盖，且门帘叶片皆相互重叠，保证隔热、隔气的有效性。

4.5.1.3 田间热与呼吸热的影响

新鲜产品在采摘后运输时仍然具有生命力，在呼吸的同时不断产生水、二氧化碳和热量。呼吸作用消耗了果蔬养分，缩短贮存时间，对食品保存是极为不利的。而不同果蔬所产生的呼吸热也是有区别的，此外与货物温度以及周围氧气和二氧化碳的浓度也密切相关。为控制货物周围气体成分，对于某些呼吸作用强的果蔬，出于品质的考虑，在运输过程中必须强制通风，如《铁路鲜活货物运输规范》中明确要求未冷却水果、蔬菜和其他需要通风运输的货物每昼夜需要通风 2 次以上，这就需要运输方在通风过程中严格控制通风量，减少内外空气交换带来的热损失，同时，在车辆制造时考虑将通风口由手动操作改为电控操作，优化设计。

另一方面，研究表明食品呼吸作用随温度的升高而升高，温度每升高 10K，食品的呼吸作用会增强 2~3 倍，因此在冷链运输开始之前通过预冷措施将货温降到适宜的区间对降低能耗具有重大意义。应该看到，冷链运输装备是维持适当低温的设施而不是强制降温的装置（大型地面冷库的制冷成本只有机械冷藏车制冷成本的 1/8 左右），若生鲜食品不预冷，车辆不得不减少食品装载量，降低了使用效率。同时，由于温度达不到设定要求，制冷压缩机长时间运行又增加了油耗。据统计，运输同样的货物，预冷和未预冷的单位能耗相差 50%。此外，未经预冷的水果、蔬菜在运输中的腐烂率高达 25% 左右，而预冷后腐烂率在 5% 以下，其经济效益和社会效益是不言而喻的。可见，冷链的操作贯穿于农田到餐桌的整个流程，冷链运输作为冷链中极为重要的一环，其效果的好坏与生产、加工、预冷、冷藏、零售等环节密切相关的。但从现场调查来看，目前我国冷链运输预冷率不高，绝大部分果蔬在运输前都没有进行预冷处理，而冻肉、冰淇淋等冻结货物往往在运输前的冷冻不充分，据统计，90% 以上的果蔬在运输前并未预冷，需 −18℃ 以下运输的冻肉承运时多为 −6~−12℃，而冰淇淋也经常达不到 −18℃ 的规定承运温度。

4.5.2 影响能耗的其他因素

4.5.2.1 大门空气幕的设立

在冷链运输中，由于配货及其他原因，实际装货时间较长，在此期间大门的开敞极易导致货物温升，品质下降，因此，如在冷链运输装备车门处安置风幕设备将能有效改善车内温度分布，节约能源。由图4-10可知，对于冷链运输装备，大门高度在3m以内，因此，选用初始风速为7～9m/s的风幕即可。

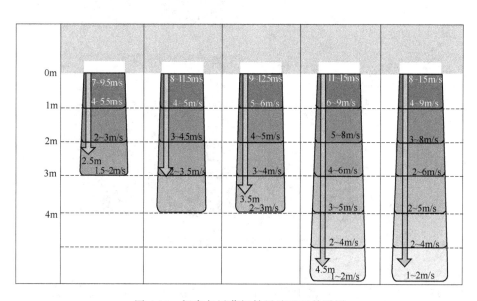

图4-10 门高与风幕初始风速匹配关系图

风幕机又称空气幕、风帘机、风闸，如图4-11所示。风幕机产品广泛应用于工厂、商店、餐厅、药店、冷库、宾馆、医院、机场、车站等环境的出入口上及一切装有空调器的场所，应用特制的高转速电机，带动贯流式、离心式或轴流式风轮运转产生一道强大的气流屏障，有效地保持了室内的空气环境温度和室内空气清洁，阻止冷热空气对流，减少空调能耗，防止灰尘、昆虫及有害气体的侵入，提供一个舒适的工作、购物、休闲环境。

在冷链运输中，由于配货及其他原因，实际装货时间较长，在此期间大门的开敞极易导致货物温升、品质下降，因此，如在冷链运输装备车门处安置风幕设备将能有效改善车内温度分布，节约能源。

4.5.2.2 送风方式

目前冷藏装备多采用上出风的送风方式，这种方式技术成熟，但存在一定缺陷。首先是强制从上向下送风时，冷风吸热后是上升的，这就形成了冲突，其次为保证送风速度的均匀性，风道不能太小，这也使得车厢装货容积减少。

为改善车厢内温度场分布，国外冷链运输装备生产商开始采用下送上回的送风方式，在该方法中，空气由蒸发器风扇驱动为主，冷空气受热上升这一原理为辅进行循环。冷空气在冷链运输装备底部通过T形槽和离水格子之间的空隙流动，由货物间空隙以及车壁的凹形风道吸收外界以及食品内部的散热量，冷空气受热上升，通过车厢内顶部和货物上部形成的回风通道被吸入蒸发器，经过蒸发器时吸入冷量，降温后由车底部送出，以此方式不断

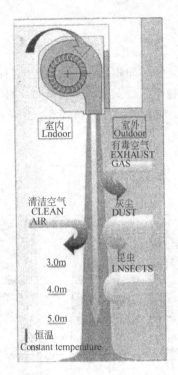

图 4-11　风幕机原理示意图

循环。

对于下送上回的送风方式，由于车内自然对流和强制循环一致，气流稳定性好，同时由于不设大送风道，装货容积大，获得了越来越广泛的应用。目前，在冷藏集装箱中已基本采用下送上回。

4.5.2.3　制冷机组的选择

制冷机组的优劣直接影响到冷链运输装备能耗的高低，因此，在冷藏车设计中，可以考虑使用新型制冷机组，提高效率。如具有新型涡旋式压缩机的制冷机组、具有一定气调功能的制冷机组（美国开利公司发明了 EverFlash 气调装置，利用一个小型空气压缩机压缩空气使其通过氮气分子筛过滤后氮气进入，实现气调；美国冷藏公司利用水果、蔬菜在运输中不断消耗氧气产生二氧化碳气体的原理，配以电脑控制的新鲜空气通风控制系统，把二者结合起来，巧妙地控制箱内气体成分，实现了气调运输）等。

冷链运输装备制冷装置的数字化控制也是必需的。目前西方发达国家以实现由人工操作的 PTI 检查向自动 PTI 检查的转变。电子温度记录可记录多达 80 天的温度信息。如果出现故障，不必像以前靠经验来判断，故障信息会自动出现在显示屏上，只需按图索骥就可以了。依靠解码器，运输装备内部温度信息可直接通过电源线传到监控箱，方便了操作。

制冷机组技术的提高将能大幅提高运输食品的品质，在节能方面，它也是最为直接的：制冷机组性能每提高 1%，节能效率也将直接提高 1%，因此，制冷机组的选型是冷链运输装备设计的重中之重。一方面，应引入国际先进技术提高制冷系统效率；另一方面，在冷链运输装备设计时，可有针对性地设计为适用于冷却货物运输的冷链运输装备和适用于冷冻货物运输的冷链运输装备，通过整个运输装备的最优化设计，提高运行效率和节能效果。

4.5.2.4 通风换气

在冷链运输中，因货物的需要，有时是必须采用自然通风的方式对车内空气进行置换。此时，如内外温差大则会导致货物温升显著，在影响食品品质的同时还将大量消耗制冷系统冷量。因此，如在通风换气系统加设空气-空气换热器则能有效解决上述问题。所谓空气-空气换热器即指在通风过程中通过换热器，使内外空气进行能量交换的设备。

目前，空气-空气换热器有以下三种类型：采用全热转轮式热回收装置的空气-空气换热器；采用板式热回收装置的空气-空气换热器；采用通道轮式热回收装置的空气-空气换热器。

根据上述三种类型设备的特点，对其在设计、应用中的通风换气效果进行对比、分析如下。

（1）全热转轮式空气-空气换热器

它是传统的新风处理设备。具有热回收效率高、结构简单等优点。但体积大、阻力损失约在200~300Pa。且存在二次污染、装置再生等问题。

（2）板式热回收空气-空气换热器

板式热回收装置也是传统的热回收设备，如图4-12所示。目前我国常见的新风换气机采用板式显热换热器。板式换热器一般采用金属板制成。板间距3~8mm、阻力在200~400Pa、热回收效率一般在40%~60%左右。采用板式热回收装置的新风换气机受板式换热器的结构限制，体积大、阻力大。当一侧气流温度低于另一侧气流的露点温度时，会产生凝结水，甚至发生结冰现象，引起阻力剧增，影响使用寿命。板式热回收式新风换气机采用双风机实现通风换气，在通风系统中使用时，系统阻力损失大，造成通风换气效率低。

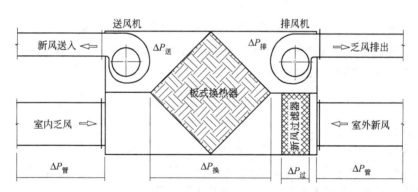

图4-12 板式热回收空气-空气换热器工作原理图

目前国内采用板式热回收装置的板式热回收空气-空气换热器的产品结构大致相同。其主要技术参数（全压或机外余压）一般以风机参数为准，并没有指出板式换热器的阻力，极易造成设计上的失误。仍以上图为例加以说明。

① 当新风换气机安装在通风换气系统中时，由于换热器、新风过滤器的存在，新风换气机内阻极大。

② 送风机首先要克服换热器阻力 $\Delta P_{换}$、新风过滤器阻力 $\Delta P_{过}$ 和新风风管阻力 $\Delta P_{管}$。这些阻力将达到300~500Pa，严重影响风机的送风量和送风带载能力。

③ 排风机除需要克服室内换风风管的阻力 $\Delta P_{管}$ 外，还要克服换热器阻力 $\Delta P_{换}$，影响

新风机的排风能力。

④ 在实际使用时，表现为新风送入量小、排风能力低、使得整个系统的通风换气效率降低。

（3）通道轮式板式热回收空气-空气换热器

通道轮式换热器是近几年开发成功的新型换热装置，如图4-13所示。它集换热装置和双向风机于一身，具有结构简单、体积小、换热效率高等特点。通道轮式换热器一般采用金属薄板作为换热通道。新风和换风通道相临且相互隔离。并由单电机拖动处于高速旋转状态。当气流进入各自的换热通道时，气流无法在通道表面形成层流界面，气体分子增加与通道器壁的碰撞机会，大大提高能量转换效率。因而在相同风量情况下，换热器体积和内阻要小很多。另外，由于换热器工作时处于旋转状态，当一侧气流温度低于另一侧气流的露点温度时，也会产生凝结水。但凝结水会在离心力的作用下甩出换热器，不会至发生结冰现象和影响使用寿命。通道轮式板式热回收空气-空气换热器在单电机驱动下可实现双向通风换气，在通风系统中使用时，换气机产生的排风负压、出风正压可全部用于克服系统风管阻力，通风换气效率可达70%左右。

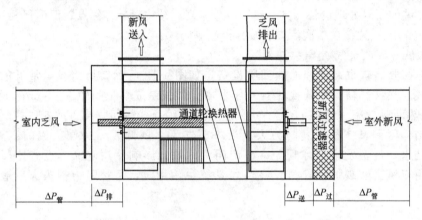

图4-13 通道轮式空气-空气换热器工作原理图

在空调领域，上述技术已较为成熟，并已得到广泛应用。技术完全可以应用于冷藏车，从而达到节能降耗、保证食品品质的目的。

复习思考题

1. 冷链运输装备主要有哪些？
2. 冷藏集装箱有哪几部分构成，其主要技术指标参数有哪些？
3. 冷链运输工具的热计算一般包括哪些？针对不同的货物的冷消耗举例说明。
4. 影响冷链运输能耗的主要因素有哪些？应如何处理？
5. 冷链运输装备性能测试的指标主要有哪些？
6. 分析世界及我国冷链运输装备发展趋势。
7. 设用一个20英尺冷藏集装箱将10t香蕉通过海运从深圳运往上海，船舱温度为30℃，运输时间为5天，集装箱漏热率为25W/℃，漏气率为5m³/h，若集装箱内温度分别为11℃和15℃，请分别计算该全程能耗量。

扩展阅读：国外冷链运输装备现状与发展

国际上通常把易腐货物运输中采用冷藏运输所占的比率称为冷藏运输率，以此作为衡量冷链运输发展程度的标志。目前，欧、美、日等发达国家的冷链运输率可达80%～90%，俄罗斯和东欧国家为50%左右，而发展中国家一般只有10%~20%。近年来，公路冷藏运输的运量占冷藏运输总运量的比率不断上升：欧洲和日本达60%~80%，美国为80%~90%，在易腐货物冷藏运输的周转量中，欧、美、日各国公路运输所占比率均占60%以上。可见，公路运输已逐步取代铁路运输成为冷藏运输的主要方式，特别是在中距离和短距离冷藏运输中发挥主体作用。美国运距在500公里以下的冷藏货物基本都采用公路运输。根据地域特点不同，以下分别对欧洲、美国和俄罗斯典型的冷藏运输情况予以介绍。

(1) 欧洲冷链运输装备的发展

就欧洲而言，大规模冷链运输起源于20世纪40年代末、50年代初的西欧地区，当时22个国家的铁路运输企业联合成立了欧洲铁路冷藏运输公司（INTERFRIGO），在欧洲开展相关业务，西欧由于土地面积狭小，且有完善的地面服务系统，所以冰冷车得到了广泛应用。此外，由于各国间冷链运输的运距不长，冷藏车用快运货物列车挂运，夕发朝至，故欧洲冷藏运输公司也广泛使用了各类隔热车辆。随后，美国、前苏联等经济较为发达的国家和地区也陆续展开了铁路冷藏运输方面的研究和应用。其中，由于美国国内建立有良好的预冷系统，故运输设备以隔热车为主。

目前，国际上最大的铁路冷藏运输公司之一——欧洲铁路冷藏运输公司可视其为欧洲冷藏运输的历史和代表。该公司成立于1949年，主要经营欧洲各成员国的铁路易腐货物运输业务。曾拥有的冷藏车型为：加冰冷藏车、机械冷藏车、干冰冷藏车、隔热车、液氮冷藏车等，根据装载能力又分标准型（N）、大型（GC）、特大型（TGC）和超大型（SC可换轨型）。该公司除自己拥有部分冷藏车外，还以提供"冷藏车停车场"方式，管理使用其他铁路公司的冷藏车。如1980年该公司拥有的冷藏车数为6974辆，而同时可支配的外公司车辆为16523辆。近年来该公司的冷藏车数在不断减少，1987年时冷藏车数25341辆（1973年时车数最多达26000辆，完成近30万辆次的运输任务），1993年减少到11005辆。该公司1993年与欧洲铁路集装箱运输公司合并，组成国际集装箱冷藏运输公司ICF（Intercontainer-Interfrigo. s. c）。该公司现今跨国管理24个成员国的冷链运输业务，各成员国均设分公司。在车型上，欧洲冷藏运输公司二十世纪九十年代拥有隔热车近1000辆，约占控温车总数的7%。车型发展向着更现代化、大型化方向发展。该公司在庆祝成立50周年时，又生产了50辆具有新型轻质材料底架的机械冷藏车（WAF36型）。目前，该公司共拥有包括机械冷藏车、加冰冷藏车/隔热车、可加温隔热车在内的多种车型，其比例大致为1:2:1。此外，由于欧洲各国的运输距离不长，易腐货物主要用铁路快运货物列车或经由公路汽车运送，能做到夕发朝至，运输时间短，符合隔热运输的条件，因而隔热车也得到广泛运用和发展。法国和德国分别拥有隔热（保温）汽车5万辆和4.5万辆。

(2) 美国冷链运输装备的发展

美国是农业生产大国，也是消费大国。据统计，目前美国的冷藏食品消费量占总食品消费量的50%以上，这也使得其国内冷链运输极为发达。美国铁路在1951年曾有10万多辆冷藏车，且多为冰冷车。以后逐年淘汰冰冷车、新造机冷车。其中，20世纪70年代机冷车一度发展迅猛，后由于其他运输方式的竞争，铁路运量减少，70年代后期开始逐年缩减铁路冷藏车数量，1974年美国有冰冷车1.5万辆，机冷车2.6万辆，1984年有铁路冷藏车约6.0万辆，其中冰冷车约1万辆，到1997年铁路冷藏车减少为29650辆，截止2001年仍有25500余辆铁路冷藏车，占美国铁路货车总数1.9%，与此同时，仍在进行新冷源冷藏车的试验。随着冷藏车的减少，美国隔热车的运用量越来越大：1974年有隔热车6.3万辆，到1984年隔热车超过10万辆。之所以出现这种现象是因为美国在各易腐货物的主要产区均建立了预冷包装站，全国有完善的预冷系统。这为采用隔热车运输提供了重要的物质基础。同时，先进的生产技术性，特别是其良好的隔热性能和气密性能，可保证所装载的货物每昼夜的温度变化不超过0.8℃。这为采用隔热车运输提供了技术保障。此外，隔热车的造价大大低于其他冷藏车，运用的经济效益好，尤其是70年代开始的石油危机使得机冷车的运用更不经济，这为采用隔热车运输提供了利益驱动力。

除铁路运输外，美国现有公路冷藏车数约为205000辆，其中车辆多以出租形式运用。即拥有冷藏车辆的公司负责车辆维修保养，出租性能良好的车辆，运输公司租赁冷藏车进行运输。也有部分公司拥有车辆并参与运输，这主要是一些小型运输公司或个体经营者。在操作上，通常是通过中介公司将货主与车辆拥有者及运输业务有机地结合起来，共同完成运输任务。

（3）俄罗斯冷链运输装备的发展

前苏联从1952年开始生产车顶式冰冷车，1965年停造冰冷车。1952年前苏联开始采用23辆一列的机械冷藏车，1956年开始增加3辆、5辆和12辆一组的机冷车；1959年机冷车占冷藏车的比例为6%，1965年增至16.9%，1970年增加到30.1%，1975年达到56%~60%。从1966年开始运用单节机冷车，至1990年全俄共有冷藏车（指有冷源的车辆）66500辆，全部为机冷车。控温车辆（含冷藏车与隔热车）中，单节车11000辆，占总数的16.3%，成组车占79%。另有4.7%的隔热车（亦称无冷源冷藏车）。据1992年俄国有关资料介绍，其成组机冷车仍有23节、21节、12节、5节等多种形式。同时，俄交通部车辆总局还认为，从1965年起停止生产冰冷车（其在俄国有使用条件）不正确，应重新考虑控温车辆的构成，重新使用冰冷车。并认为今后控温车中的单节车的比例应占到60%~65%，这当中应使隔热车的比例占25%~30%。

在市场经济条件下，批量不太大的易腐货物的运输客户很多。如果仍然使用现有的以5节式机械冷藏车组为主来运送这些货物，那是很不经济的。需要等待组织同一方向的货流，集中起来够5辆车的总吨位后，方可装运，而且装卸作业量也很大。这样需耽搁很长时间。在这种情况下应提供单节式独立制冷的冷藏车，配备极少量的工作人员。

在《俄罗斯新一代货车的研制和生产》规划草案中的"专用车辆"一章中，规定了生产3种类型的冷藏车：带有工作间和三明治型（夹层结构）隔热层的单节式机械冷藏车；带优质隔热层的隔热车；运送水果、蔬菜的隔热通风棚车。选择这些类型的车辆，是考虑到由于农产品的生产加工单位规模的小型化，以及单批易腐货物吨位的减小而带来的运输市场行情的变化。但在运输方式上，在小批量货源增长的同时，使得一部分货物被公路运输分流，但铁路运输仍占主体地位。

思考题：对比分析我国冷链运输装备的发展前景。

参 考 文 献

[1] 陈善道，孙桂初．铁路冷链运输．北京：中国铁道出版社，1981．
[2] 谢如鹤．鲜活易腐食品的"保鲜链"．冷藏技术，1996，74（1）：41-42．
[3] 尉迟斌．实用制冷与空调工程手册．北京：机械工业出版社，2003．
[4] 申江等．低温物流技术概论．天津：天津商业大学出版社，2012．
[5] 王世良．机械制冷冷藏集装箱与运输．北京：人民交通出版社，2005．
[6] 刘鼎铭．国际集装箱及其标准化．北京：人民交通出版社，1998．
[7] 刘广海．冷藏运输能耗分析与装备优化研究．长沙：中南大学出版社，2007．
[8] 黄欣．冷藏链中易腐食品冷藏运输品质安全与节能应用体系研究．长沙：中南大学出版社，2011．
[9] 高玲玲，王鉴衡．液氮冷藏车——一种新型的高效低温冷藏车辆．全国冷链大会论文集，2008．
[10] 卢士勋，杨万枫．我国铁路、船舶冷藏运输的技术应用和发展．全国制冷年会论文集，2005．

5 易腐货物冷链运输组织

本章从冷链运输货物和运输工具准备、过程操作、运行组织与途中服务三个方面介绍了易腐货物冷链运输组织的原理、技术和方法,范围涵盖了冷链运输全程。

通过本章的学习,应了解我国易腐货物冷链运输组织的理论和操作体系。掌握易腐货物的冷链运输流程、作业要求、操作方法及其组织方法,并能运用于具体实践中进行易腐货物冷链运输的操作指导、过程管理和全程控制;了解货物预冷和运输工具预冷的作用、原理和方法;掌握易腐货物预冷速度、运输工具预冷时间和易腐货物装载量计算方法。

世界级冷藏配送中心:易腐货物如何实现周转

某华南冷链配送中心建筑面积11500m^2,使用净高9m。其中干仓面积5600m^2,贮存量约5100个栈板位;冻库面积4000m^2,4900个栈板位;冷藏库面积为500m^2,约为100个栈板位。目前整个中心运营管理着2500余种品项。仓贮部和运输部每天连续24h营运,为广州及周边地区400多家餐厅提供优质服务,涵盖肯德基、必胜客、宅急送、塔可钟4个品牌。目前该冷藏配送中心每年的配送箱数约为600万以上,每年车辆行驶约为600多万公里,最长的运输路线单程行驶里程数1100km。

该中心的一大特色是打造了一条完整的冷链。易腐货物在冷库、冷藏库以及冷藏车(箱)之间周转时,都在低温卸货码头暂存。低温卸货码头为全封闭结构,有效控制了卸货区域的温度,冷藏车(箱)、低温卸货码头、冷藏库以及冻库形成了恒定温度的货物保存空间,可以使货物在恒定温度下保存、搬运、选择和运输,确保冷链的完整性,从而保障食品安全与品质。

该中心建立和管理着自己的物流网络,目前在全国设有16个配送中心,所配送的产品从烹饪用具到鸡原料、新鲜蔬菜、食用油、纸杯、吸管等,可谓一应俱全。目前其配送网络已遍布全国400多个城市,为其集团旗下的2000多家餐厅提供"配送准点、货物准确和食品安全"的配送服务。

(资料来源:邓汝春《冷链物流运营实务》)

5.1 概 述

5.1.1 易腐货物的运输要求

易腐货物主要是食品,其运输组织特点由易腐货物自身特性、采用的运输工具和地理自然条件所决定。易腐货物与一般货物有质的区别,其运输质量与很多因素有关。要保证易腐货物的运输质量,必须使货物从生产(采收、捕捞、加工)到消费的全过程中一直处于适宜的温度、湿度、通风和清洁条件下，即形成"冷链"。易腐货物冷链运输的基本要求如下：

(1) 货物和运输工具达到运输要求

在运输前，易腐货物的采收要适时，加工要得当，应采取适宜的包装，并在尽可能短的时间内使货温降到适宜温度。运输工具必须技术状态良好，符合卫生条件，装车前应将运输工具预冷到适宜温度。

(2) 适宜的温度

冷链运输主要是采用低温控制的方法来抑制货物的呼吸作用和微生物的活动。因为动物性食品腐败的主要原因是微生物的作用，植物性食品腐败的主要原因是呼吸作用。同时，冷链运输中应连续不断地保持车内最佳的温度状态。冷链运输过程中的运输条件控制难度大，温度波动频繁或过大都对保持易腐货物质量不利。温度过高会加快易腐货物品质下降；温度过低易使易腐货物遭受冷害或冻害。

(3) 适宜的湿度

易腐货物运输质量与环境中的湿度有很大的关系。当运输环境中的相对湿度在80%～95%，对大多数食品的贮藏和运输是适宜的。但有些食品对运输过程中的湿度条件和要求也有例外，如芹菜等鲜嫩蔬菜所需的相对湿度为90%～95%，洋葱、大蒜为65%～75%；一些散装食品、干燥或焙烤食品的运输则需要非常干燥的环境，如果湿度过大，则食品吸湿性增强，使包装内水分活性增加，质构发生改变，促进了细菌、霉菌等微生物的繁殖；粉状产品在冷藏温度下的贮藏期较长，但相对湿度高于50%时，如果包装的隔湿性不好，也会发生成团或结块等现象，此类产品应采用隔湿性较好的包装材料，并要求运输时环境适当干燥。

(4) 适当的通风

运输中对果蔬类易腐货物通风很有必要。特别在温度较高的情况下应注意通风散热，这样可以排除易腐货物所产生的废热、二氧化碳及其他气体，废热被不断循环的箱内冷却空气带走，而二氧化碳等废气则被冷却后的新鲜空气代替。

(5) 清洁卫生

冷链运输要求清洁卫生的环境。清洁是应用于易腐货物、冷链装备及其运行的环境策略。运输前、在途、卸载后要保证车（箱）内环境清洁。冷链运输要保证提供最终服务的是"清洁"的产品，即质量没有受外界污染的产品。这样才能提高冷链设备运行效率、减少货物被污染腐败变质和造成食品安全事故的风险。

(6) 快速运送

冷链运输要保证易腐货物迅速到达。例如机械冷藏车（箱）应按规定的标准设定控制温度，压缩待取、待送时间，以最快的速度把装车完毕的车辆（箱）编挂运行。沿途应压缩技术作业时间，使易腐货物快速而质量良好地送交收货人。此外，装卸是冷链运输的薄弱环节，应采用合理、先进的装卸机具和装卸方法，操作过程应有利于保持易腐货物质量的适宜温度和不造成货物的机械损伤。

5.1.2 易腐货物的运输方法

为了保持适宜的运输温度，需要根据货物特性及不同的外温条件，采用不同的运输方法。易腐货物常用的运输方法有冷藏运输、气调运输、通风运输、保温运输、防寒运输和加温运输等六种方法。

(1) 冷藏运输

冷藏运输是指通过一定的制冷方式，在运输工具内保持低于外界气温的温度，使货物保持在适宜的温度条件下的运输方法。装运易腐货物的运输工具，必须具有隔热车（箱）体和制冷设备（冰箱、制冷机和其他冷源装置），并在运输中不断制冷，使车内或箱内保持货物所要求的低于外温的规定温度。目前采用的制冷方式一般有冰盐制冷、机械制冷、冷冻板制冷、液氮制冷等。

（2）气调运输

气调运输是指运输过程中通过对运输环境中的空气成分、浓度及温湿度等条件的控制和调节，保证货物的新鲜度和质量。先进的冷藏技术和气调系统相结合可以扩大易腐货物的冷链运输范围。

气调运输的特点是：通过低温可以抑制易腐货物新陈代谢和细菌繁殖；通过低氧可以抑制果蔬呼吸、推迟后熟、抑制叶绿素降低、减少乙烯产生、降低抗坏血酸的损失、改变不饱和脂肪酸的比例，降低不溶性果胶的变化等。适宜的贮运氧气含量一般为2%～5%，氧含量过低会产生厌氧性呼吸障碍；适宜的二氧化碳浓度可以抑制呼吸、延缓后熟，降低果蔬的成熟反应速度，改变各种糖分比例，适宜的二氧化碳含量一般为2%～10%；相对湿度是果蔬气调运输的重要影响因素之一。控制乙烯含量，乙烯具有催熟作用，研究表明，对叶绿素分解、果实蒂分解具有促进作用，往往造成蒂落后褐变，影响外观质量。比如苹果贮运的乙烯含量最高允许值为0.3%。

（3）通风运输

通风运输是指在运输过程或部分区段需开启门、窗、通风孔或吊起运输工具侧板进行通风的运输方法。通风运输时进入车（箱）内的空气温度应低于车内温度，否则不宜通风，以防因通风提高车内温度；但外界温度过低时也不宜通风，以免造成冷害或冻害。

（4）保温运输

保温运输是指不采用任何制冷、加温措施，仅利用车体的隔热结构，使易腐货物本身蓄积的冷量或热量以较为缓慢的速度散失，在一定时间内维持低于或高于外界气温的温度，保持车内适宜温度的一种运输方法。

（5）防寒运输

防寒运输实质上是指加强隔热性能的保温运输，但只用于寒季运送易发生冷害或冻害的易腐货物。即在寒季运输怕冻的易腐货物，用保温运输工具还不能防止车内温度降低到货物允许运输温度的下限时，必须采用补充的隔热措施以防止货物发生冻害、冷害的一种运输方法。防寒措施一般是在车内壁、车门处加挂草帘、棉被等防寒物，车底板铺稻草、稻壳，并用稻草、棉絮等堵塞排水管、泄水孔。在外界气温不低于－15℃，运输时间不超过7昼夜时，可用加防寒设备的冷藏车（箱）或隔热车进行防寒运输。

（6）加温运输

加温运输是指由运输工具提供热源（开启电热器或燃烧火炉），使车内保持高于外界气温的适宜温度以运输易腐货物的一种方法。

5.2 易腐货物承运

易腐货物的承运是冷链运输组织的初始环节，是保证运输质量的第一步。承运工作要把握好易腐货物的热状态、货物质量、容许运输期限、货物预冷、包装和检验检疫。

5.2.1 承运质量要求

（1）热状态

目前我国易腐货物按其热状态可分为冻结货物、冷却货物和未冷却货物三大类。冻结货物是指通过前处理后快速冻结在-18℃的易腐货物。冷却货物是指预冷到其冰点以上的适宜贮运的易腐货物。未冷却货物是指未进行任何冷加工，按自然温度状态提交运输的易腐货物。

货物的热状态不同，其承运温度也不同。《易腐货物控温运输技术要求》（GB/T 22918—2008）规定，冻结货物如速冻果蔬、冻鱼、冻肉的承运温度为-18℃以下，运输工具保持的温度为-15℃以下。如果承运时温度过高，易腐货物在运输途中容易软化，失去商品价值，即使再复冻，其品质会降低，重量也会损失。冷却货物如叶类蔬菜和部分水果的承运温度为0～3℃，运输工具保持的温度0～3℃。冷却货物的承运温度不能高于应保持的运输温度的上限。

易腐货物的热状态是选择运输方法的重要依据，如冻结货物温度偏高，则货物所积蓄的冷量就少。同时，冷藏车（箱）的制冷能力有限，冻结货物降温难度较大。一般冻结货物的库存温度应低于承运温度5℃以下，以补偿装车过程中或在站台停放时温度上升的损失。装车场地离冷库较远，或用保温汽车向铁路冷藏车（箱）直接过车装载时，货物温度应保证在装车完毕时不高于承运温度。对低温敏感的冷却货物，其温度在温热季节应掌握在承运温度的下限，寒季则应掌握在承运温度的上限。

托运人应根据货物的热状态、外温等条件确定采用"冷藏运输"、"保温运输"、"通风运输"等不同运输方式。承运人应严格按照不同热状态各自的承运温度接收、承运货物。

（2）货物质量

冷链运输只能最大限度地保持货物质量，而不可提高其质量。如果承运时货物本身的质量不合要求，运输中必然容易引起腐烂变质。因此把好进货质量关对确保运输质量事关重大，要注意检查货物的外观、色泽、气味是否正常，是否存在腐烂变质现象。影响果蔬类货物承运质量的重要因素有采收期、采收方法和采后处理。

① 采收期　成熟度与采收期是否合适有直接关系。蔬菜、水果的采收期应是其发育健全、营养积累充分、品质风味达到最佳的时期。该时期蔬菜、水果表现出本品种应有的外形、色泽和风味。过早、过晚采收不仅影响品质、风味，也会影响其承运质量，以致造成损失。由于蔬菜、水果从近成熟到充分成熟后质量变化极快，为此，需要运输的水果、蔬菜为保持较好的承运质量，应在成熟前几天采收。

② 采收方法和采后处理　采收方法和采后处理也是影响货物承运质量的重要因素。一般水果、蔬菜宜在晴天太阳出来、露水散尽后采收，采收时应注意轻拿轻放，尽量避免砍伤或割散蔬菜，尽量保持水果的茸毛和果粉。有些蔬菜如马铃薯、大蒜、白菜、洋葱等采收后宜在田间晾晒，使其水分蒸发、伤口愈合，促进保护组织的生成。对大白菜、萝卜等还应除去泥土，清除黄帮、烂叶，砍去长根，削掉顶盘。水果在采收后应将果筐放在通风凉爽的树下或棚下，码成品字型通风垛，进行通风降温，以散掉大量的田间热，这对运输十分有利。采收后的水果、蔬菜应尽快进行预冷。国外对采后处理工作十分重视。美国用于蔬菜采后处理的费用高于采前费用3～10倍，其采后处理工作包括：田间采收、清水洗涤、杀菌处理、打膜和薄膜包装，必要时对果蔬进行催熟处理、分级包装和预冷，这些工作均由机械化流水线完成。

（3）容许运输期限

易腐货物由于自身的特性，各有不同的容许运输期限，超过了这一期限，就不能保证其质量。承运人在现有技术设备条件和运输组织水平下，将易腐货物运送一定距离有一个时间限度，称为"货物运到期限"，其长短取决于货物的种类、性质、状态、产地、季节、运输工具等因素。只有当易腐货物的容许运输期限大于运到期限时，才能保证货物的运输质量。

(4) 货物预冷

这里的预冷主要是指在装车前将易腐货物的温度在地面冷库降至适宜的承运温度。易腐货物应采取预冷以去除加工热、田间热，并存贮在适宜的温度下。在装载之前，应采用手持式温度计测量温度。如果装载之前货物没有预冷到其所需要的温度，运输工具的制冷机组就很难有足够的时间在运输过程中将货物降到适宜的温度。

(5) 包装

① 包装的基本作用。保护货物安全，提高运输工具装载能力，便于贮运、装卸和提高作业效率，对冻结和冷却货物还可起到在装卸搬运中减少外界气温对货温影响的作用。采用高质量的抗压包装将会减小货品损坏的可能性，冷冻货品一般包装在实心的、没有通风孔的包装盒中；新鲜果蔬，一般采用带有通风孔的包装盒，这样可以使得货品周围有连续的冷气流，并且不断地带走货品的呼吸热。

② 货物包装应符合国家标准有关规定。包装未作具体规定的货物，托运人应根据易腐货物性质、重量、运输方法、运输距离、气候及货车装载条件等，使用适合运输需要和能保证运输安全的必要包装。包装应适合货物性质，包装材料和结构能满足货物要求，对娇嫩的货物包装要坚固，有足够强度以承受堆码的压力。堆码到规定高度，下层包装不变形。对需要通风的货物，包装还应具有适当的间隙或特设的通风孔，空隙总面积占包装总面积的5%～10%即可。每件包装重量要适当，以便于装卸和搬运。

③ 易腐货物包装的外型尺寸应规格化、标准化。这样可以提高包装生产率，便于装载、堆码定型、自动化，加速易腐货物流通。

5.2.2 承运作业过程

(1) 检查货物运单

易腐货物的承运作业是发运工作的初始环节。这个环节工作质量的好坏，直接影响到运输过程的其他环节。承运作业从检查货物运单开始。检查时除应像普通货物一样，首先核对货物运单上所记载的事项是否符合易腐货物运输的基本条件、到站的营业办理范围、到站与需求地是否相符、托收货人名称及地址是否填写清楚、准确之外，还应着重检查标志易腐货物特点的事项是否填记完全、准确。尤其应该注意检查下列各点。

① 易腐货物的名称和热状态。这是确定货物运输方法的基础，在货物运单上必须填写准确，不能有任何含混。比如"冻猪肉""冻牛肉"就不可笼统地填写成"冻肉"。"冷却蛋"不能笼统地填成"鸡蛋"，更不能填成概括名称"冷却货物"、"冻结货物"等。因为同属"冻货"的货物，既有动物性的，还有植物性的，在运输过程中它们所要求的条件是不相同的，如冰淇淋比冻肉所要求的运输温度就更低。又如芹菜、白菜、黄瓜等不能笼统地填成"蔬菜"，因为它们所要求的运输条件也是有差别的。同时，对具体的货物还应在运单上准确地注明温度数值，因为货物温度是承运冷却和冻结货物的依据，如冻肉的承运温度应在 $-18℃$ 以下，高于 $-18℃$ 时，不应承运。除此之外，货物温度也是冻结货物交付温度的依据，所以托运人必须准确地填写清楚，以便正确办理。

② 易腐货物的容许运输期限。由于承运人办理的易腐货物种类很多，一般不如托运人对上述情况了解得透彻，所以必须由托运人以负责的态度正确地提出货物的容许运输期限，并在货物运单加以注明。托运人注明的货物容许运送期限，如小于规定的"货物运到期限"时，发站对这批货物一般不能承运。

考虑到运输途中可能导致运输延误，以及到达卸车地未能及时卸车等情况，为使易腐货物质量更有保证，铁路规定其容许运输期限至少须大于货物运到期限 3d，发站方可承运。

③ 易腐货物的运输方法。运输方法对易腐货物运输质量有决定性的影响。对其有关"途中制冷""途中不制冷"等注意事项，托运人在办理托运时，也应在货物运单予以注明，以便正确及时地进行有关作业。因为这些事项与运输工具拨配、途中服务、控温要求都有直接关系，如不事先掌握，容易造成差错。在检查运单时，对托运人填记的上述事项，不但要"看清楚"，而且要"问明白"。必须确认无讹，才能防患于未然。一字之差其后果则可能是成批货物之失。另外，填记运输有关事项，也是托运人与承运人相互划分责任的基本依据。因此，在检查运单时，对这些内容的填注必须特别仔细地核对准确。

经托运人与承运人商定不按标准规定的运输条件办理易腐货物的运输时，可与承运人商定另外的条件进行运输，并在运单内注明。

④ 易腐货物运输的办理限制。由于冷链运输的易腐货物在运送中要求特殊的设备和服务方法，为了便于运输，在受理托运时限按整车托运或按整车分卸办理，即不能按零担货物承运。易腐货物与非易腐货物不得按一批托运。

在铁路运输中，可按零担办理的易腐货物为常温运输的易腐货物。这类货物本身比较坚实，且运送季节的温度一般也比较低，不用冷藏车（箱）或保温车运输基本上也不致腐烂，如冬季按零担托运的柑橘、苹果等。这类货物在配装两站、三站整装零担车时，要尽量避免途中时间过久影响易腐货物质量。

（2）易腐货物运到期限确定

易腐货物在承运后，应尽可能缩短货物的容许运输期限，尽快将货物运到目的地。易腐货物运到期限的长短以及能否按规定的容许运输期限将易腐货物运到目的地，反映了冷链运输组织工作的质量。同时易腐货物运到期限也是判定货物可否承运的条件。

铁路货物运到期限包括下列三部分：

① 货物发送期间：1天；

② 货物运输期间：按每250运价公里或其不足为1天，按快运货物运输时，每500运价公里或其不足为1天；

③ 途中作业时间：整车分卸的易腐货物，每增加一个分卸站增加2天。起止时间是从承运"次日"起至卸车或货车调到交接地点止。

运价里程按照发站至到站间的最短径路计算，不包括专用线、货物支线的里程。因货物性质、自然灾害、政府指示或不是由于承运人责任、托运人要求等而绕道运输时，运价里程按实际经由计算。

按快运计算的运到期限，不仅作为退还货物快运加承运费的依据，而且也作为承运货物的根据。

（3）易腐货物承运质量检查

托运人准备易腐货物货源时，一定要认真检查货物质量是否符合运输要求。对已经开始腐烂、变质或有可能腐烂变质的货物，应就地加工处理，不要投入运输，以免造成更大的损失。某些不宜经受水湿的水果或蔬菜，如已发生雨湿浸泡现象，也不要提交运输，更不要搞"免责特约"。所以托运人托运的货物一定要保证国家标准所规定的质量要求。为此，发站应会同托运人抽查货物质量。对于不合规定的易腐货物不予承运是完全必要的，这是为了便于托运人与承运人之间进行权责分割，另一方面如果允许不符合要求的易腐货物投入运输，就无异于人为地造成货物的腐坏，同时浪费冷链运输资源。

在检查货物质量时，还应同时检查货物的热状态及卫生状态。对于有国家标准的货物，应按国家标准核对货物质量。

未冷却货物主要检查货物表面是否有污染、发霉、腐烂现象；色泽是否新鲜，有无不正常气味；植物类鲜活货物有无机械伤；成熟度是否适于运输以及有无不必要的"拖泥带水"等情况；对冷却或冻结货物，除上述有关情况之外，尤其应注意准确测定货物温度是否符合规定的标准范围。

（4）易腐货物承运检查的证件

承运易腐货物时，除应对货物运单的填记进行核查外，还应对货物质量、包装、凭证文件以及与押运有关的事项进行检查。

为了加强物资管理，对某些易腐货物有一定的政令限制。对这些物资的运输应附有省、自治区、直辖市或其他部门所颁发的相应的证明文件。如进出口物资应有外贸部或省、市、自治区外贸局签发的许可证，需要检疫的易腐货物，需要检疫机构出具的检疫证明，方能承运。

（5）易腐货物承运注意事项

托运人托运非易腐货物但要求冷藏运输办理时，应谨慎处理。因为按冷藏运输办理的主要是易腐货物，且绝大多数为食品，而需要冷链运输的非易腐货物，有些是危险品，有些是污秽品，这些非易腐货物的运输条件与易腐货物差别很大，如果不加区分，则会造成运输工具损坏，或使食品污染，都将造成严重后果。

发站承运易腐货物后，应在货物运单、票据封套、车牌和列车编组顺序单内分别填记红色"三角K"字标记，以引起有关作业人员的注意，加速运输工具取送、编挂和运行，加快有关作业。红色"三角K"字标记代表"快"，是要求"快运"的意思。

由于托运人的责任取消运输时，托运人应支付冷藏车（箱）回送费，已经预冷的冷藏车（箱）应支付制冷费。

5.3　运输工具准备

5.3.1　运输工具选用

（1）选用依据

为了保质保量、快速安全地进行易腐货物的冷链运输，装运易腐货物时，首先必须根据货物的特性及运输线路配拨适当的运输工具，尽可能使用冷藏车（箱）、保温车运输易腐货物。由于我国地区广阔，物产丰富，托运人和承运人对易腐货物的性质、质量，以及不同去向或不同距离运输质量的实际变化情况要协商一致。

装运易腐货物时，还应根据货物种类、数量、热状态、外界气温和运距等选用合适的冷藏车（箱），既保证运输质量，又经济合理地使用运输工具。如运输冻结的水果、蔬菜、冰淇淋、冰砖等应选用机械冷藏车，按照货物要求保持车内温度，确保运输质量。热季运输未冷却的娇嫩水果和叶菜也应优先选用机械冷藏车（箱）。因为这些运输工具产冷量大，又有强制性循环装置，可以较快地冷却。一般冻货，如冻肉、冻鱼、冻家禽、水果、蔬菜运输可选用各型冷藏车（箱）；在外温适宜时某些果蔬也可用棚敞车通风运输，特别是青番茄、南瓜、土豆、白菜、萝卜等坚实耐压的水果、蔬菜。

（2）注意事项

① 为防止冷藏车（箱）车内设备被损坏、污染，也为了便利装卸车作业，加速运输工具周转，无包装的水果、蔬菜、卤鱼和会损坏车内设备的易腐货物不得使用冷藏车（箱）运输，但西瓜、哈密瓜、南瓜、冬瓜除外。

② 对于铁路机械冷藏组织两站分卸或分装时，两站间的距离不得超过400公里，第一装车站的装车数或第二卸车站的卸车数均不得少于全组车数的一半（枢纽地区除外）。

③ 为了更好地组织易腐货物的装车工作，协调货源与车源，承运人应密切联系托运人，共同商定易腐货物的进货、装车有关事项和运输工具取送时间，做到一手抓车源、一手抓货源，防止有货无车或有车无货的现象发生。

5.3.2 运输工具检查

装货前应对车辆（箱）进行检查，这是保证易腐货物运输质量的重要前提之一。检查包括技术检查与货运检查。

（1）技术检查

在技术检查时应仔细检查定检（厂修、段修、辅修）是否过期，如果过期就不能使用，防止使用定检过期的运输工具以致造成不必要的倒装、途中扣修影响货物运到期限或造成货损事故。

（2）货运检查

主要应检查运输工具的制冷/加热设备是否正常工作；检查运输工具的隔热壁是否正常，门的密封是否完好；检查冰箱、通风及循环装置是否作用良好，底格板是否齐全等；还应检查运输工具是否清洁，包括有无异味，有无外来污染物等。不能保证货物运输质量和安全的运输工具不应使用。

5.3.3 厢体预冷及预冷时间计算

（1）厢体预冷的作用

冷藏车（箱）在装货前应将其预冷到易腐货物所要求的运输温度，这样可以减少运行途中的热负荷。减轻热负荷，在热季尤为重要。车辆（箱）的预冷是指在装车前将冷藏车（箱）内温度冷却到货物适宜的运输温度。对未冷却货物来说有利于降温和保持车内适宜的温度；对冻结和冷却货物来说可防止货温的波动，有利于提高运输质量。有时对提高易腐货物装载数量也有积极作用。

（2）厢体预冷的操作

预冷时应紧闭厢门。装货前开启厢门应关闭制冷机组，尽量减小厢内温度波动。如果不关闭机组，厢内冷空气在蒸发器风扇的搅动下流出厢体，而外部的暖湿空气将流入厢内，导致内部温度变化，更严重的是，流入的暖湿空气在遇到冷空气时，会在蒸发器出口处结霜或者结冰，严重影响蒸发器的排风与制冷效果。可采用门帘或风幕减小内外空气交换的不利影响。

（3）预冷时间

厢体预冷时间与外温、应达到的预冷温度、运输工具种类和制冷能力等因素有关。如果时间允许，最好将其预冷到货物所要求的运输温度。具体运输温度参考国家标准《易腐货物控温运输技术要求》（GB/T 22918—2008）。在寒季装运冻结货物或在温季装运其他货物时，可不预冷。

预冷的时间长短对预冷效果关系很大。机械式制冷车（箱）要预冷到规定的温度一般还是比较容易的，但应注意是把"车（箱）体温度"降到规定的标准，而不是把"车（箱）内空气温度"降低到规定标准。车（箱）内空气温度往往不等于厢体的温度。一般在热季车体的含热量比较大，如果只是降低了空气温度，一停止制冷温度很快就会回升，起不到预冷的作用。

空载时降温时间可由式(5-1)计算：

$$Z_{预} = \frac{\frac{1}{2}m_{车}c_{车}(t_{外}-t_{预})}{3.6q_{冷}-3.6F_{车}K_{车}[1.1(t_{外}-t_{内})+\gamma z_{阳}(t_{阳}-t_{外})]} \text{(h)} \quad (5-1)$$

式中 $m_车$——厢体需要冷却部分（包括内部固定设备）的重量，kg；

$c_车$——车体比热容，一般取 1.42～1.47kJ/(kg·K)；

$t_外$——外界阴面的平均温度，℃；

$t_内$——降温过程中厢内平均温度，℃；

$t_预$——厢体预冷应达到的温度，℃；

$t_阳$——冷藏车（箱）被太阳照射面的温度，℃；

$q_冷$——制冷机组在降温过程中的平均产冷量，W，可由机组特性曲线查定；

$F_车$——厢体的平均传热面积，m²，$F_车=\sqrt{F_内 \cdot F_外}$，$F_内$、$F_外$ 分别为厢体的内表面积和外表面积，m²；

$K_车$——厢体的总传热系数，W/(m²·K)；

γ——冷藏车（箱）被太阳照射的面积占总面积的百分数，%；

$z_阳$——计算期间太阳照射冷藏车（箱）的时间，h。

5.4 易腐货物预冷

5.4.1 货物预冷的作用

预冷一般指易腐货物从常温迅速降至所需要的适宜温度的过程。即冷链贮运之前的快速冷却工序。果蔬冷链流程如图 5-1 所示。

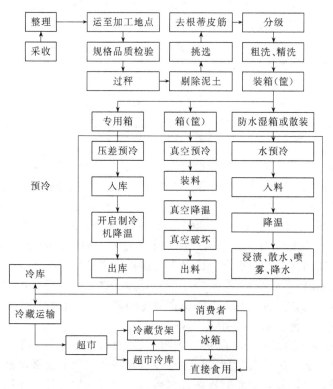

图 5-1 果蔬冷链流程图

（1）易腐货物预冷的必要性

水果、蔬菜类易腐货物，在采收之后、冷藏贮运之前应除去其田间热，迅速冷却到适宜的温度。若不经过预冷即直接进入贮藏或运输，将使果蔬降温缓慢而使鲜度和品质下降，并且不可恢复。因为果蔬采收后仍是生命体，继续进行呼吸作用和后熟作用；同时，由于采收后受环境温度的影响，一般表面温度较高，加之较强的呼吸作用，营养成分不断发生变化，并释放热量。呼吸热的大小与其所处的环境温度成非线性关系。比如菠菜、黄瓜、茄子、青刀豆等在温度为25℃时呼吸速度较快。热量的释放会造成温度的持续升高，温度增高的同时，呼吸热以更快的速度增大，水分大量蒸发，从而失去鲜艳饱满的外观而萎蔫皱缩，导致商品价值降低，使货架期大为缩短。相关研究表明，水果采收后降温的速度越快，降温越接近最佳贮藏温度，水果的贮藏期越长。为了延长水果、蔬菜的货架期，减少其在流通中的损耗，使消费者获得高鲜度的果蔬，预冷工艺必不可少。此外，为了最大限度地保持果蔬的生鲜品质和延长货架寿命，预冷最好在产地进行，而且越快越好，预冷不及时或不彻底，都会增加产品的采后损失。

此外，对于易腐货物中常见的肉类，预冷可以迅速排除加工热，使肉体表面干燥，防止微生物繁殖生长和减少内部水分的蒸发，促使其成熟，既便于贮藏又可以使肉味鲜美。

(2) 易腐货物预冷的作用

① 预冷可以保证易腐货物的贮运质量　利用地面预冷设备，可以在较短时间内降低易腐货物的温度，迅速消除水果、蔬菜的加工热、田间热，及时控制货物的呼吸作用和后熟作用，从而延长其贮运期，并保持原有品质。例如甜玉米，在收获后必须尽快预冷至0℃（用真空预冷或水冷法均可），预冷时间非常重要，因为采收后其所含蔗糖很快会变成淀粉，这种变化在10℃时比0℃时要快6倍，在21℃时快10倍，在32℃时快20倍。预冷与不预冷对其品质影响也相当大，如甜玉米，采收30小时后预冷与不预冷的含糖量下降分别为10.7%和33.9%，其风味下降率分别为27%和52%。如表5-1所示。

表5-1　甜玉米预冷前后含糖量与风味评价比较

处理	含糖量/%			风味评价	
	收获时	30h后	54h后	30h后	54h后
预冷	5.6	5	4.9	7.3	6.5
不预冷	5.6	3.7	3.7	4.8	4

注：风味评价采用10分制。10分代表风味非常好，1分代表风味非常"不好"。

此外，及时降温还可及时抑制微生物的生长繁殖，对防止腐败变质十分有利。同时，迅速预冷可减少干耗，保持原有外观和风味。特别是对代谢旺盛而贮运寿命短的果蔬，如桃、草莓、荔枝、芒果、番荔枝、番石榴、芦笋、甜玉米等更有必要。未经预冷的水果、蔬菜在运输过程的腐烂率高达25%左右，损失惊人，预冷后腐烂率在5%以下。

② 预冷可以减少运输工具的热负荷　冷藏车（箱）一般只有能力保持其间货物的温度，很少有能力降低货物温度。比如水果、蔬菜类易腐货物在长期贮藏或运输以前未经预冷，势必在入库或装车后依靠库内或车上有限的冷量来降温，这就使得货温在很长时间内难以降到适宜的水平。温度越高，呼吸热越大，降温也就越困难，形成恶性循环，使水果、蔬菜迅速腐败变质。通过预冷后再运输，就消除了这一后患。

③ 预冷可以提高运输工具的装载量，缓解运量与运能的矛盾　预冷可提高运输的均衡性，从而进一步减少运输工具需要量。比如预冷后果蔬的热负荷显著降低，且由于其温度较低而便于紧密装载，可以装载更多的货物，提高总装载量。据计算，使用冷藏车（箱）装运预冷后的水果、蔬菜，每车可多装25%～30%，从而减少运输工具的需要量。

④ 预冷的经济效益　预冷可以降低贮运成本。一是预冷后的水果、蔬菜在贮运中温度波动小，其容许贮运期也大为延长，并可得到更好的销售质量和销售价格；同时因贮藏量或

装载量的提高，使得单位重量货物的贮运成本下降。二是采用专门的地面预冷设施进行预冷降温，要比在运输工具降温的制冷费用低得多。例如，大型冷库的制冷成本只有机械冷藏车制冷成本的 1/8 左右。由计算可知，未预冷的水果、蔬菜进入冷链运输，其田间热和呼吸热占总冷消耗的 70%～80%。若将此部分热量通过地面预冷设备除去，就能大大减轻运输中的制冷压力，并能节省可观的制冷费用。

5.4.2 预冷速度

(1) 影响预冷速度的因素

主要有货物的包装、堆码方法、预冷室内的空气流速与空气温度、产品和介质间的温差和接触程度、所采用的制冷介质的种类等。

① 货物包装　必须有空隙便于空气流通，包装内的衬垫材料（纸、刨花等）应考虑空气阻力不宜太大。冷水冷却可在包装前进行。

② 货物堆码方法　必须不妨碍空气流通，可考虑与空气冷却器相间堆码，也可考虑单箱去盖通过平板运输机，由上部向下吹冷空气。

③ 空气流速　约为 2～16m/s。如包装透气，则空气流速较小即可获得较快的降温速度；如包装不太透气，流速则需较大。例如苹果以 0℃ 低速空气自由吹拂，在 2h 内可由 20℃ 冷却至 5℃。但如包装不透气，箱高 300mm，以同样速度和温度的空气吹其顶部，就需 2 昼夜才能冷却到同样程度。

④ 空气温度　最低的界限是 －1℃，因为此时已有冻伤的危险。有些水果在低温下还会发生冷害，影响其正常后熟作用。

⑤ 冷却介质的种类　影响换热系数的大小。利用液体介质（如水）来冷却，由于换热系数比空气大许多倍，因而可以加速冷却过程。苹果、梨、桃、甜瓜、番茄、青豆、樱桃、葡萄等均可用水冷却。但为防止细菌感染，在用冷水淋浇以后要用药水浸润并须经过一个风干过程才能贮藏运输。

(2) 预冷速度计算

① 货物与冷却介质的温度变化　预冷速度计算是一个很复杂的问题。在冷却过程中，货物的温度逐渐降低而冷却介质的温度则逐渐上升，如图 5-2 所示。

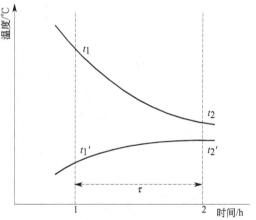

图 5-2　货物与冷却介质温度随时间变化对比

通常用冷却系数来表述冷却速度。所谓冷却系数，是指在温差为 1℃ 时，单位时间内被冷却物降温的度数，用符号 σ 表示：

$$\sigma = \frac{t_1 - t_2}{\tau \Delta t_m} \quad [K/(h \cdot K)] \tag{5-2}$$

式中　t_1、t_2——在时间 1、2 处的货物温度，℃；

t_1'、t_2'——在 1、2 两点时冷却介质的温度，℃；

τ——1、2 两点间的时间间隔；

Δt_m——在 τ 时间内的对数平均温差：

$$\Delta t_m = \frac{(t_1 - t_1') - (t_2 - t_2')}{\ln \frac{t_1 - t_1'}{t_2 - t_2'}}$$

② 预冷"半冷却时间" 法国学者里莎尔提出了所谓"半冷却时间"的概念。假定介质的温度不变(如连续吹出冷空气或连续淋下冷水时可近似地看作不变),每经过一个时间间隔z,货物与冷却介质的温差就比原来降低一半,这个时间称之为半冷却时间。如图5-3所示。

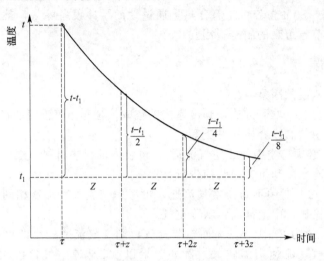

图 5-3　易腐货物预冷半冷却时间示意图

可以证明,半冷却时间与冷却系数的乘积近似地为一常数0.7。半冷却时间同样与货物品名、包装、空气流速、冷却方式等因素有关。国外有关研究数据见表5-2。

表 5-2　水果蔬菜的预冷速度

冷却方式	冷却工况的特征	半冷却时间 z	冷却系数 σ
普通冷库库房,弱空气循环	苹果、梨,装开口箱,由20℃降至2℃	14～17h	0.04～0.05
	梨,装纸箱,开口,每箱重18kg	23h	0.03
	梨,装木箱,带盖,每箱重18kg	26h	0.027
	梨,装纸箱,带盖,每箱重18kg	28h	0.025
大型冷库库房,空气加强循环,换气次数150,垂直吹向货物	葡萄	8～10h	0.07～0.11
	李	11～15h	0.05～0.06
	梨	15～22h	0.03～0.05
大型冷却隧道	葡萄	7h	0.1
	李	9h	0.08
	梨	14h	0.05
以高速冷空气(9～16m/s)吹向货物	苹果,装木箱,风速12.5m/s	40min	1.15
	桃,装在透气箱内,无包纸	26min	1.6
	杏,风速16m/s	13min	3.2
	李,无包装,风速9m/s	8min	3
在冷藏车(箱)内,由地面站冷空气冷却	根据水果蔬菜堆码紧密程度不同	3～6h	0.12～0.24
冰冷藏车(箱)空气强制循环	葡萄	6h	0.11
	樱桃,装纸箱	8h	0.09
用1℃冷水冷却	苹果,装木箱,每箱9kg,用水量12L/min	29min	1.43
	苹果,装木箱,每箱14kg,用水量30L/min	11～13min	3.2～3.8
	樱桃	4～5min	8.5～10
	杏	15min	2.8
	葡萄串	5min	9

几种预冷方法比较见表 5-3。采用不同的预冷方法,青豌豆的预冷速度比较见图 5-4。

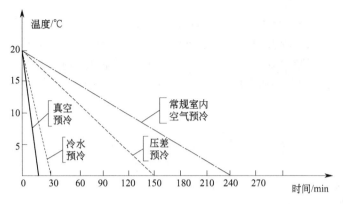

图 5-4 采用不同预冷方法青豌豆预冷速度比较

表 5-3 几种预冷方法比较

预冷方法	预冷速度	预冷能力	耗能	制造条件	占地面积	适用品种	包装	成本	设备造价	操作
冷风	很慢	小	高	一般	大	果蔬	简单	低	低	简单
压差	慢	大	低	一般	大	果蔬	较复杂	低	低	简单,易实现自控
真空	很快	大	高	严格	小	叶菜类	要求严格	高	高	复杂,易实现自控
冷水	快	很大	较高	一般	大	果实类、根茎类	要求严格	低	低	简单

5.5 装卸转运

5.5.1 装货作业

装货作业是冷链中的重要环节,正确的货物准备和装卸操作将有助于确保货物的运输质量。

(1) 装货速度、时间、场地和组织方法

第一,装货过程特别是搬运过程货物或货物包装将直接暴露于外气之中,这必然引起货温的升高,升温的幅度与货温和外温间的温差、装货时间、车体预冷温度、每批货物的表面积等因素有关。试验和计算表明,搬运时间每增加一分钟,对用编织袋包装的 2500kg 左右的冻分割肉,温升约增加 0.1~0.2℃;外温每升高 5℃,温升约增加 0.1~0.2℃。

发运人和收货人双方确认易腐货物的名称、重量、数量、包装等信息无误后,应尽快将易腐货物装入运输工具。在冷藏车(箱)内进行装(卸)货时,尽量快速并不得中断;在不同冷链运输方式之间的对装、对卸的作业间隔期间,应及时将冷藏车(箱)的车门关闭,以免浪费冷量影响货物质量。装货完毕应迅速关闭车(箱)门。

装货过程中应尽量减少开门时间和次数。当预冷的易腐货物被合理地装入预冷车厢,门关闭后,制冷机组开始运行。由于装载过程中的冷量损失,机组不得不花费一定的时间将温度重新降低到设定的温度。每次装卸货物的开门时间越长,机组用来降温的时间也就越长。因此,加快装卸速度、改善搬运作业条件、加大每次搬运的货件数量、采取必要的隔热防护措施,对减少货物温升十分必要。

第二,组织装(卸)货作业时,发站和托运人应加强装(卸)货的组织工作,互相配合,力争缩短作业时间。积极采用机械装卸和托盘装载是加快装卸速度的有效手段。积极推行联合运输中不同冷链运输方式之间比如冷藏汽车和冷藏铁路车的对装、对卸也是加快装卸速度的有效措施。

第三，易腐货物的装（卸）货作业最好安排在夜间进行，因为夜间没有太阳辐射，空气较为凉爽，同时，夜间比较安静，尘土也较少，对保持货物的热状态及卫生状态有利。如必须在白天作业时，为了减少日晒、雨淋、风吹等自然条件对货物质量的影响，装卸场地应尽可能安排在有防晒、防雨设施的地点，并尽量组织快装、快卸。同时，装货作业应尽量做到快速平稳，避免撞击、挤压、振动、跌落等现象。

（2）装货作业过程

装货作业前待运的易腐货物自冷藏库提取的操作事项。冷藏库宜建造封闭式月台，如有封闭式月台，冷藏库操作人员可适当提前从冷藏库内将待装运的货物运送到月台上，操作人员将运输工具停靠在冷库月台靠近易腐货物处，运输工具门对准封闭式月台的门套，并调整好二者的连接高度；如无封闭式月台，宜用活动式连接器将冷库门与运输工具门相对接。

装货作业中不应使用会损坏设备的工具，不要损坏冷藏车（箱）的底格板和车门，以免影响冷藏车（箱）的气密性。装货轻拿轻放，宜使用叉车和托盘，装载不稳固的，应采取加固措施，一旦装载完毕，货物应固定在厢内，避免在运输途中因货物移动冲撞而受到损害。

装车作业发现问题应及时联系收货人、托运人共同解决。装货完毕，相关人员应检查车（箱）门是否关闭严密，并及时记录车（箱）内温度。

通风运输的货物，可开启车门，吊起侧板，并加以固定，用栅栏将货物挡住，以免运行中发生意外事故。

装货完毕，离开并关闭车（箱）门。及时记录车内温度。启动制冷机组，确认正确的运行模式及温度设定。采用手动除霜模式，除去蒸发器盘管上的霜或者冰，以确认最佳的制冷效果。发站应认真填写"冷藏车（箱）作业单"随车递送。铁路冷藏车运送时，对同一到站和要求同一温度的货物，可不限车数填写一份，交机械冷藏车司乘人员递交到站。"冷藏车（箱）作业单"是全面掌握易腐货物运输过程的基本记录。始发地、中途站及到站都应按照要求逐项登记，以便作为总结易腐货物运输经验和检查分析运输事故，划分工作责任的一种依据，并作为吸取教训改进工作的参考。装货完毕后货物发运流程见图5-5。

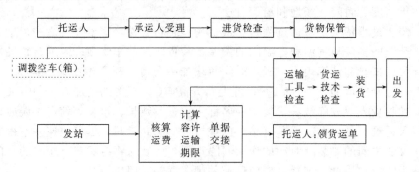

图5-5 易腐货物发运作业程序示意图

（3）常见易腐货物装货作业

① 装货品种为冷鲜肉时，对于待运的胴体（1/2或1/4胴体），必须用防腐支架等装置，以悬挂式运输，其高度以鲜肉不接触车厢底为宜。分割肉应避免高层垛起，最好库内有货架或使用集装箱，并且留有一定空间，以便于冷气顺畅流通。装货品种为冻肉、冻鱼等冷冻货物时，由于这类货物自身不会发出热量，而且在装箱前已预冷到设定的运输温度，要求紧密堆码，不仅可以提高冷藏车的容积的利用率，而且可以减少与空气的接触面，降低能耗。

② 装货品种为水果、蔬菜等冷却货物时，因呼吸作用产生二氧化碳、水汽、少量乙烯及其他微量气体和热量，装载方式应稳固装载留通风空隙，以免在运输过程中造成货件间的相对运动引起产品的震动，使冷空气能在包装材料和整个货物之间循环流动，带走因呼吸产生的气体和热量，补充新鲜空气。当必须同时装载货件大小不一的纸箱时，堆码时应将大而重的纸箱放置于车（箱）底层。此外，还应留有平行通道，以便空气在货堆间流通。堆码完毕后，最后一排包装箱与车（箱）后门之前应由支撑架隔开，同时货堆还应加固绑牢，避免货件间的运动影响货堆间的空气流通。产品运达目的地后，打开后门时包装箱下坠对工人可能造成危险。可根据实际需要安装一个简单的木制支架。

装载前应对运输工具内部空气初始温度进行调控，在温度适宜时方可装载。在环境温度高于运输温度时，运输工具内部空气初始温度应至少调整为运输温度范围的上限；在环境温度低于运输温度时，运输工具内部空气初始温度应至少调整为运输温度范围的下限，如无法达到，运输工具应提前预冷。可参考国家标准《易腐货物控温运输技术要求》（GB/T 22918—2008），最大温度偏差应不大于3℃。

装载过程中应实时监控运输工具内部温度，时刻注意观察制冷机组的显示屏或者其他测温装置，以确保温度的合理性。任何温度的偏离都必须及时解决。即使是短时间内的很小的温度波动，货物的质量也有可能受到影响。如温度大于允许值，应停止装货，并对运输工具进行检查，如仍无法维持其内部温度，应更换运输工具。装载过程中易腐货物温度变化应不大于3℃。同时也要有温度监控的记录。

预冷的货物被合理地装入车厢，门关闭，制冷机组开始运行。在易腐货物抵达需求地之前，应尽量减少开门的次数和每次开门的时间。开门时，制冷机组应关闭。如果在卸货过程中，遇到延误或装（卸）货作业中断，车（箱）门应保持关闭，且制冷系统应保持运转直到恢复装（卸）货作业。采用门帘可以减少冷量损失，缩短重新开机降温的时间。

另外，有关货物温度以及外观质量的检测只有在低温的环境下方可进行。

装载时应确保厢体的六个面都有足够的空间保证合理的气流分布，良好的气流模式是保证温度及货物质量的关键因素。即使制冷机组有很好的制冷效果，但如果气流模式不合理，也会导致货物品质下降。任何的堵塞或者障碍都可能导致冷气流的"短路"，导致某个区域的温度较高，产生"局部热区"。如图5-6所示。车（箱）内蒸发器的回风口必须保持通畅。松软的物质，例如纸屑、塑料包装等会很容易被吸入蒸发器，导致气流堵塞。

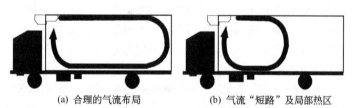

(a) 合理的气流布局　　　　(b) 气流"短路"及局部热区

图5-6　冷藏车气流分布示意图

使用托盘装货其底部应有开口，能使空气从其底部顺利穿过。如果使用塑料包装，不能包住托盘的底部开口。滑托板和手工堆放则不利于气流的合理分布。

在堆放的货物与车（箱）壁之间和各个货件之间的空隙，尽可能均匀确保气流分布一致。空气能顺着车（箱）体中心到壁端自由流通，由车（箱）上部至下部的方向自由流通，最好也能保证空气能顺着车（箱）上部到下部的方向自由流通，这点在冬季加温运输时尤为重要。因此，装货时每件货物都不应直接接触车（箱）底板和壁板，在货物与底板和壁板之间必须留有空隙，以免通过车（箱）壁和底板进入内部的热量直接传给货物，从而使货物温度上升。装载低温较敏感的果蔬时，货件不能紧靠车（箱）的出风口，以免发生低温伤害，必要时可在上述部位的货件上面遮盖草席或草袋，使低温空气不直接与货物接触。另外货物也不要紧靠制冷机组放置，以免堵住气流。

（4）冷藏集装箱作业

对于冷藏集装箱，应设定适宜的温度、湿度、通风量；装箱时制冷系统应停止工作；箱内堆装的货物应牢固、稳妥；箱内堆装货物的总重量不超过冷藏箱最大允许装载重量；冷藏箱装货后总重量（包括附属设备的重量）在运输途中不应超过任一途经国的道路限重。箱内堆装的易腐货物应低于红色警戒线和不超出T型槽的垂直面，这样做是为了保证冷空气循环良好，不能用塑料薄膜覆盖易腐货物。

装货的堆放方式应当使冷却空气在包装材料和整个货物之间循环流动。必须使冷藏集装箱整个底部处于被货物或其他覆盖物覆盖的状态。在货物装载量不足时，在未被货物包装箱覆盖区域，必须用厚纸板等将底部全部覆盖住，货物垫板和集装箱之间留出的空隙必须用厚纸板妥善盖好，以防止空气"循环短路"；使送入冷藏集装箱底部的冷风只能从货物装载区向上流动，并从货物内部或表面吹过，带走热量，形成良好的箱内流量循环。

装货时还应做到垫板上堆装包装箱的四个角要上下对齐，以便重量均匀分布，包装顶部和底部的通风孔应上下对齐，特别是装载果蔬类易腐货物的包装，以保证冷却空气顺畅地流过货物。

按国际惯例一般换气量由货物托运人来决定。换气的主要作用是排出冷藏集装箱中货物呼吸作用而产生的有害气体。冷藏货物因"呼吸"作用而产生的热量、水蒸气、二氧化碳及其他废气会对货物不利。换气量可以根据需要设定。新鲜空气换气量取决于所运输货物状况及贮存温度。在一定程度上，还取决于包装种类和冷藏集装箱内的堆装方式。冷藏集装箱一般都装有新鲜空气换气风门格栅装置。换气风门不应在冷藏温度－12℃以下的状况使用，否则进入空气带有湿气，则可能导致结冰，尤其影响与空气输送出口直接相邻的产品，冰块会损伤货物并有可能中断空气流动。同时，由于换气会增加冷藏集装箱的热负荷，因此在保证货物运送质量的前提下，应尽量减少换气风门开度，减少换气量。

另外集装箱装货需要注意的是，一般不要预冷集装箱，因为一打开遇冷后的集装箱，外界的热空气遇到箱内的冷空气就会在集装箱的内部表面大量凝聚。凝结水会毁坏货物包装上的标签，因此必须用冷藏集装箱内制冷系统的蒸发器来除去水分，装箱时进入的热量和通过集装箱壁渗入的热量，加上货物源源不断"呼吸"放出的热量也需要通过蒸发器除去。一旦这些水和热量通过蒸发器管排出，就会在上面凝结成冰，制冷设备开始进入短暂除霜状态，这样一来，用于冷却货物的制冷量就会减少。

特别是在炎热、潮湿的热带气候下，对集装箱的任何预冷处理都可能出现问题，损坏货物。只有在冷库的温度和集装箱的温度一致，采用"冷风通道"时，才允许对冷藏集装箱进行预冷，"冷风通道"是架在冷库和集装箱之间的密封通道，用来阻挡外界空气进入。也是保证冷链"不断链"的必要措施。

（5）空运装货作业需要考虑的因素

因为飞机内的存贮空间、机场里货品的临时停放区不制冷，应重视货品在空运之前的装货作业，尽量减少货品暴露于高温环境的可能性。

托运人在将易腐货物交给机场和航空公司之前，必须先做好预冷工作。同样，航空公司也必须实施严格的标准操作流程。阿联酋航空公司的规定是，从飞机卸下到冷库或是到另一架转运飞机的操作时间不能超过90min。

因新鲜果蔬在运输途中会产生呼吸热，所以新鲜果蔬的空运不能采用非制冷的集装箱，而只能使用干冰等冷源的保温集装箱。如果使用被动式的制冷集装箱，因箱内没有较好的空气循环，货品之间以及与厢板之间必须保留至少 2cm 的空隙，以便有足够的空间保证气流的畅通。飞机货舱的形状及尺寸，决定了集装箱的形状及尺寸，也决定了货品的堆放方式。有些货运公司通过指定集装箱的最大载重量，来限制货品的最大装载量。另外，应确保集装箱内部的洁净，不含有任何残留物质。在同一集装箱中会装运不同货品时，要事先确认这些货品是否适合一起装运。

交叉堆放箱子可以保证其在运输过程中不易移动。采用角板及网罩等包裹使得货品成为不易移动的整体。将货品包装起来保持内部的冷空气，避免外部的热空气渗入。在包裹散装的货物时，应在运送到机场前的制冷房间内进行包裹。采用反光的材料包裹敞开的托盘，这样可以减少漏热；不要使用透明塑料，因为阳光会射入托盘内部。另外，应注意高海拔时压力的变化，压力较低时，果蔬容易脱水，所以应采用气密性较好的包装盒进行包装，以防止脱水，特别是那些需要在较高湿度下运输的货品。另外，对于那些密封的包装袋，需要考虑因海拔变化导致的压力变化，包装袋应能承受这样的压力变化。

5.5.2 卸货作业

卸货作业是运输过程的终了作业，也是确定运输质量的最后环节，处理不当也可能造成"前功尽弃"，因此必须善始善终地把这一工作认真做好，基本要求是防护妥当、清洁快速。

（1）作业过程

收货人要求组织直接卸货时，应由收货人自卸，并要求组织不中断卸货作业，缩短运输工具待卸时间。到站对本站负责的冷藏车（箱）卸货作业必须派货运员监卸，对收货人负责卸货的也应派人检查，确认货物质量，并做好作业记录，重点是货物质量的正确判定和交接温度的确认。

到站在接到货物到达预报后，应及时通知收货人准备卸货。交接双方应预先明确卸货的相关信息，包括时间、地点、货物名称、货物重量和数量、货物包装、货物在运输工具内部的堆放形式、测温记录等。交接双方确认信息无误后，应尽快将易腐货物由运输工具卸至冷藏库的月台上，尽快装入冷藏库。需要冷链运输的易腐货物，须防护妥当以避免低温敏感货物的冷害或冻害或使冻结的货物软化等现象发生，收货人应准备防护用品及搬运工具，组织直接卸货。卸货作业程序如图 5-7 所示。

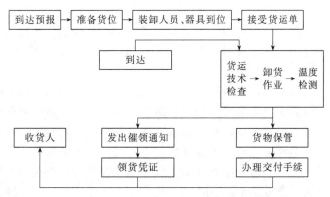

图 5-7 易腐货物卸货作业程序示意图

到站在必要时应抽查易腐货物质量和冻结、冷却货物的温度。检测冻结货的卸货温度可在卸完车门部位的货物时（刚从车门部位卸下的货物温度一般比较偏高，没有代表性，不宜用作测温货件），抽查 2~3 件货物（操作方法与装货时相同），以所测货物的平均温度值作为交接温度计入卸车作业单有关栏目内。货物腐烂变质时，应编制记录。因收货人不能及时卸货致使货物温度升高或变质时，由收货人负责。

（2）卸货作业注意事项

① 卸货时宜使用叉车和托盘，卸货过程中测得的货物温度超过允许值时，应尽快采取措施保持规定的温度，货物温度变化应不大于 3℃。

② 卸货前应检查易腐货物的清洁、品质状况；检查冷链运输工具的制冷/加热设备，应能正常工作；检查冷链运输工具的隔热层是否正常，门的密封是否完好；检查冷链运输工具内部温度是否符合所运易腐货物的温度要求，宜在冷链运输工具的前、中、后处分别抽样测试。卸货后应及时将运输工具清扫干净。装过水产类、肉类及被其他易腐货物污染的冷链运输工具，应进行彻底洗刷除污，必要时进行消毒，通风、晾干后关门。

5.5.3 转运接驳作业

转运接驳时，易腐货物交接双方应预先明确易腐货物的识别、堆放形式等相关信息。在确认易腐货物的名称、重量、数量、包装、堆放形式、测温记录等信息无误后，应尽快利用叉车和托盘将易腐货物由待卸运输工具转至待装运输工具。运输工具双方就近停靠，卸货之前做好易腐货物品质状况等检查。装载之前应检查运输工具的清洁状况、设备制冷是否正常，并调整待装运输工具内部空气初始温度。转载过程中宜采取遮阳防雨措施，易腐货物温度变化应不大于 3℃，且暴露在常温环境的时间应不大于 0.5h。转载完成后应及时清洁运输工具。

在运输途中，运输工具应按国家标准《易腐食品控温运输技术要求》中规定的速冻食品、水产品、肉类及肉类制品、乳制品、果蔬等温控要求保持内部温度。在外部环境温度较高时，应尽量使用调温的运输工具进行运输；在运输时间较短，外部环境温度允许时，可采用隔热车（箱）进行运输，但运输途中货物温度变化应不大于 3℃。

特别需要注意的是，当运输工具内部空气温度与外部环境温度存在 15℃ 以内温差，在充分保温或预冷的条件下，运输时间少于 12h 的，可用隔热车（箱）保温运输易腐货物；当运输工具内部空气温度与外部环境温度存在 15~30℃ 温差，运输时间少于 6h 的，可用隔热车（箱）保温运输易腐货物；当运输工具内部空气温度与外部环境温度存在 30℃ 以上温差，运输时间少于 3h 的，可用隔热车（箱）保温运输易腐货物。城市内的多点配送运输宜使用可调温的冷藏运输工具。

运输工具在运输易腐货物的途中，应尽量保持平稳，减少起伏和震动。在运输未冷却水果或蔬菜时，宜根据货物性质选择适当的时机进行通风换气。最低要求每隔 2h 记录一次运输工具内部温度，并进行实时控温。

装有易腐货物的运输工具，在运输途中不宜长时间停留、积压。遇有特殊情况需要停留时，应立即采取措施转运或就近妥善处理。运输工具操作人员应做好隔热围护结构和系统装置的日常维护保养，并做好记录。运输工具发生故障不能继续运时，应尽快抢修，不能及时修复时，应立即采取措施转运或就近妥善处理。

铁路冷藏车运送易腐货物时，除发货站应及时取送编挂外，编组站、区段站也应注意及时中转，编挂快运货物列车或最近的直达、直通列车。运输工具的中转停留时间，不得超过本站平均中转停留时间。

易腐货物在运输过程中最基本的要求是把货物温度保持在一定的范围之内，以保证货物不因温度变化而发生腐烂或变质。

在确定冷藏车（箱）的装载量时，除应考虑上述要求外，还应考虑货物性质、冷藏车（箱）的技术特性、运输距离、运送季节等因素。多数易腐货物在装载方法上与一般货物的差别很大。因为许多易腐货物都不耐挤压，装载高度常受限制，不少货物还要人为地留间隙以利车内空气循环。此外，易腐货物的单位容积装载重量一般都不太大（见表5-4），所以多数易腐货物不能充分利用冷藏车（箱）的载重力或容积。有些冷藏车（箱）的比容系数设计不合理、有些易腐货物的包装规格与运输工具内部尺寸不配合，都会影响冷藏车（箱）载重力的利用。

表5-4 各类易腐货物的平均单位容积装载量

品　　名	单位容积装载量/(kg/m³)	品　　名	单位容积装载量/(kg/m³)
冻牛肉	375	鲜水果	340
冻鱼	450	冰蛋(听)	550
冻禽(箱)	350	冰块	800
鲜蛋(箱)	320	冻牛肉	400
冻羊肉	300	冻鱼片(箱)	550
块状冻肉或冻副产品	650	动物油脂(箱)	630
冻鱼(箱)	350	罐头食品	600
冻鱼(盘)	300	其他食品	300

考虑各种影响因素，易腐货物使用冷藏车（箱）的装载量一般可按式(5-3)确定：

$$M_{货} = V\gamma\varphi \quad (\text{kg}) \tag{5-3}$$

式中 $M_{货}$——货物的装载量，kg；

V——冷藏车（箱）的有效装载容积，m³；

γ——易腐货物的单位容积装载量，kg/m³；

φ——冷藏车（箱）的容积充满系数，对冻结货物和不发热的冷却货物取0.9~1.0；对有呼吸热的货物取0.5~0.8，也可采用经验数值。

在目前情况下，水果、蔬菜（主要是叶菜）如不能预冷装入冷藏车（箱）运输，对制冷能力小的冷藏车（箱），需减少装载吨数，以保证货物安全。如发货站有条件在叶菜内夹入碎冰，则可不减少装载吨数，这样虽然额外耗费了冰，但由于运费节省更多，在经济上还是合适的。

货物容许装载吨数可按式(5-4)计算：

$$M_{货} = \frac{Q_{冷} - (Q_1 + Q_2 + Q_3 + Q_4 + Q_6)}{(C_{货}\Delta t + 0.1 \times C_{容}\Delta t)\frac{1}{48} + q_{货}} \times 3600 \quad (\text{kg}) \tag{5-4}$$

式中 $Q_{冷}$——制冷机组在运输条件下的工作产冷量，kW；

Q_1、Q_2、Q_3、Q_4、Q_6——分别为传热、漏热、太阳辐射、通风和车体冷却的冷消耗，kW；

48——规定应在48h内把蔬菜降到要求温度；

$C_{货}$——货物比热容，kJ/(kg·K)；

Δt——货物和包装需降温度数，℃；

0.1——估算包装重量占货重的10%；

$C_{容}$——包装的比热容，kJ/(kg·K)；

$q_{货}$——货物的呼吸热，kJ/(kg·h)。

在菜内夹冰量应考虑将全部货物和包装的温度降到适宜温度，并剩余10%~20%，以便到站卸车后仍能在一定的时间内保持这个温度，计算公式如下：

$$M_{冰}=1.1\sim 1.2\times \frac{(m_{货}C_{货}+0.1m_{货}\times C_{容})\times (t_{初}-t_{终})}{335} \text{（kg）} \quad (5\text{-}5)$$

式中　$1.1\sim 1.2$——冰量比计算量加大 $10\%\sim 20\%$；

　　　0.1——包装重量占货重的 10%；

　　　$m_{货}$——货物装载量，kg；

　　　$t_{初}$、$t_{终}$——货物装车时的初温和要求冷却到的终温，℃。

由于夹冰蔬菜在迅速降温后呼吸热很小，因此其他各项冷消耗完全可以由冷藏车（箱）的冷源负担。

5.6　运行组织与服务

5.6.1　运行组织方法

（1）冷链运输组织的特点

由于易腐货物本身具有与一般货物大不相同的特性，因此，在运输组织工作中也有很多特点，主要表现在：

① 易腐货物需要采用特殊的运输方法　易腐货物主要是农、牧、副、渔产品，在冷链运输过程中要求不间断地处于与货物性质相适宜的温湿度之下，并要求保持良好的卫生条件。有些易腐货物在冷链运输期间还要求进行适当的通风换气。在运输过程中，为了在运输工具内保持一定的温度，就需要根据不同的具体情况采取不同的措施。如冷藏、保温、防寒、加温等运输方法，以最大限度地保持货物的质量。在我国，热季或温季运送未预冷、冷却和冻结的易腐货物时，大都需要采用冷藏、冷冻方式的冷链运输，而在寒季或温度不太高的温季运输冷却货物时，则可采用保温或防寒运输；

② 易腐货物需要采用复杂的运输组织方式　易腐货物绝大部分是农产品、水产品，它的生产有很大的地区性、季节性和不稳定性。有些易腐货物要求有特定的采摘时间，如某些果蔬要求在清晨气温最低时采摘。然后经过加工、分级、包装等一系列作业再短途运往冷链物流中心或发货站，这就要求运输工具、货物和短途运输工具之间极其密切的配合。有些易腐货物到站要求特定时间到达，以便经过卸车、搬运、称重等作业后清晨上市。此外，某些易腐货物需要检疫，某些货物运输时需要派押运员随车服务，也都是增加组织工作复杂性的因素。

（2）冷链运输组织的内容

易腐货物的特性要求从产地到消费者手中，都不间断地保持一定的温度，同时以最快的速度运输。因此易腐货物冷链运输组织要求在设备、运输方式的组织和各冷链节点上的生产、运输、销售部门要充分协作、紧密配合，保证联合运输环环相扣，不使任何一个环节不符合要求。只有这样，才能保持货物的质量完好。如从生产到销售的整个过程中有一个环节、一个阶段不能保证一定的温度，或运输速度太慢，货物就不可避免地要降低质量，或者完全变质腐烂。

易腐货物冷链运输组织工作的协调配合，包括设备和组织工作两方面的内容。

① 在设备上，必须使生产采购部门、运输部门和销售部门都具有冷链设备，形成一个完整的冷链。

生产性冷库生产或加工出来的易腐货物，经由冷链运输工具运到区域中心的分配性冷库或港口的换装冷库贮存,接着由短途运输的冷藏汽车从分配性冷库运到区域内城市各销售点的小型冷库或冷藏柜,或经由水路冷藏船运往其他地区,使易腐货物从生产到消费始终处在同一标准的冷链条件下。

同时,冷链结点上的生产、运输、销售各部门设备比如各种冷库、铁路冷藏车、公路冷藏汽车、水路冷藏船以及冷藏集装箱在数量、质量和规格上都应协调配合。冷链设备发展的数量、速度和标准上要根据客观需要,互相配合地发展。在规格上,如易腐货物包装和托盘规格,铁路冷链运输车、冷藏汽车和冷藏船的装载重量和容积之间,以及它们适应低温和高温货物的各种类型之间也需要统筹考虑,以免互相脱节,造成设备的闲置或浪费。

② 在运输组织工作上必须使生产部门的货源准备,车辆准备,途中的运行组织,销售部门的分配安排和贮存准备以及和其他运输方式的衔接等,都要按照冷链运输过程的客观要求,做到相互沟通与协调,共同完成运输任务。

涉及具体某种易腐货物的冷链运输时,往往要受到当时特定运输环境的制约。需要考虑以下因素:

货物种类。货物的形状、单件重量容积、危险性、变质性等。比如冷冻肉、冷冻禽类,既可采用冷藏汽车运输,也可采用铁路冷藏运输。

运输量。一次运输的批量不同选择的运输方式也不同。一般来说,原材料等大批量的货物运输适合铁路运输或水运;而小批量的高价值货物则可以使用公路或航空运输。

运距。一般来说,中短距离的运输比较适合于公路运输;而远距离的运输则可用铁路、水路或航空运输。

交货时间。货物运输时间长短与交货时间有关,应该根据交货期来选择适合的运输方式。一般国际之间的冷藏货物大多采用冷藏集装箱或航空冷藏运输。

运输成本。货物价格和运输费用的高低是选择运输方式时要重点考虑的内容。并且还必须从物流成本的角度综合考虑。

(3) 易腐货物冷链运输组织工作应具备的基本条件

要保证易腐货物运输质量,必须从货源准备开始,做好有关冷链运输的各项工作,达到理想的冷链运输效果。易腐货物的冷链运输可采用铁路、公路、水路及航空等方式,运输方法应与货物特性和气候条件相适应。

由于易腐货物本身具有与一般货物大不相同的特性,在进行易腐货物冷链运输时,温度是主要的条件,贮运环境湿度的高低、通风和清洁都对易腐货物的质量产生直接的影响。

(4) 运行组织

① 建立运输工具的快速取送制度 根据统计资料,在运输组织不好的情况下,冷藏车在发到站的作业时间占10%,运行时间占40%,中途停留时间占50%,而在中途停留时间中,运输工具的待解、待送、待取和待发的时间又占80%以上。由此可见,要加速冷藏车(箱)的运行,压缩货物在途时间,建立运输工具的快速取送制度是十分必要的。

铁路冷藏车(箱)的编挂应做到尽量缩短停留时间,做到快解、快编、快发;除中间站装卸车外,均应根据作业计划将冷藏车(箱)编入快运列车或直达、直通、区段列车中。组织开行快运列车是加速易腐货物运输的好办法。

铁路快运货运列车运送易腐货物的办理范围主要是出口物资、支农物资。快运货物列车的基本特点是"定点、定线、定编组、定进路",即从编发站至终到站一贯到底。不论是列车的编成站,还是沿途站以及到达站均应严格按列车时刻表组织各项工作,使运输工具的非生产停留时间缩短到最小程度,极大地提高运输速度。

铁路快运货运列车还实行了发货站作业定型化,如定时送车、定时装车、定时取车、定时挂车等制度。为了把快运货物列车停车站以外的其他车站出口的运输工具挂入快运列车，还在运输方案中规定了衔接快运列车的运行线，从而大大地扩大了快运列车的吸引范围。

② 加强冷藏车（箱）的管理　加速冷藏车（箱）的运行，提高其运输和运用效率，与加强对冷藏车（箱）的监督和管理密不可分。为了加强冷藏车（箱）的管理，必须建立冷藏车各级管理机构和管理制度，实现对机冷车按车组的动态监督和管理，内容包括：车号、厂段修理日期、空重车状态、装货品名、装车站、卸车站、到达车次、到达时间、出发车次、出发时间、管辖范围内的停留时间、现车所在地及去向等。通过对上述内容的监督、管理，可使调度员随时掌握运输工具的装卸转运的动态，检查和督促冷藏车的快运，加速周转，提高运用效率。

5.6.2　途中服务

易腐货物运输的途中服务视货物性质及使用运输工具类型不同而有所区别。机械冷藏车装运的易腐货物主要由值乘人员进行操作，正确控制运输温度，除运行一定时间后需要地面设备进行加油、上水之外，沿途各单位不提供其他服务。

另外，在运输易腐货物时，由于我国幅员广大，南北方气温相差悬殊，因此在考虑气温条件选择运送服务方法时，应全面考虑全程各站的气温情况，全程的需要，按照冷藏的条件选用运输工具并采用相应的装载和途中服务方法，根据"特殊地段"的温度（温热季考虑较高温度地段，寒季考虑较低温度地段）采用较高要求的服务方法。

如运输全程兼及两种或两种以上服务方法，则发站在运输工具整备上要兼顾几种服务方法的需要。例如12月份由四川往东北发运柑橘，发地温度在10℃以上，到站温度在－20℃以下，这时按发站温度需要冷藏车（箱）运输，而按到站温度需要防寒。在这种情况下，装车前就需要在车内加挂棉门帘等防寒材料，并加冰冷却，中途视融冰情况确定是否补冰，到0℃以下地段即处于保温防寒状态。用机械冷藏车运输时也要按南段制冷、北段保温的方法掌握，必要时还可加温。

为了明确途中服务方法，便于机械冷藏车司乘人员正确操作，以免发生差错造成事故。托运人在办理托运时，也应在运单具体注明运输方法。

根据易腐货物运输的具体情况，需要对冷藏车（箱）进行通风。机械冷藏车由于结构上有自然通风与强制通风两套装置，途中、停站通风都很便于操作。

(1) 适当通风

为排除车内不良气体及杂味、多余的水汽并更换新鲜空气或帮助降低车内温度，冷藏车（箱）运输未经冷却的水果、蔬菜、蛋类及熏制品时，在途中均应视货物状态及外界气温进行适当的通风。

(2) 通风要求

进入车（箱）内的空气要干净、无煤烟、水汽和尘土，以免污损货物。

在热季或温季要求进入车内的空气温度低于车（箱）内温度，如高于车（箱）内温度时，应进行预冷，否则不宜通风，防止因通风而提高车（箱）内温度。一般说来，热季应在夜间或清晨为宜，受到太阳直接照晒的车（箱）门不许开启；寒季则应在白天进行。雨天、大雾天气如有必要进行通风时，不要打开通风盖，以免影响车（箱）内温度和湿度，列车进入隧道较多的地带，不要进行通风，以免烟雾进入车（箱）内影响货物质量。在寒季一般不进行通风，以免冻坏货物。车（箱）内底层温度达到3℃左右时，即应关闭通风口盖、车门，外温低于－10℃时，一切易腐货物都应停止通风，以免冻坏货物。

（3）冷藏车通风的方法

停站通风是在加冰运输停车时利用轻便通风机进行。通风前，先打开通风口盖，然后把风机放在一个通风口上开动风机，经过5～7min，车内的废气和水蒸气被排出，换之以新鲜的空气。停站通风利用风机外，还可在停留时间内打开车门换气。打开车门换气必须注意安全，防止车门与邻线的通过车辆碰撞，造成事故。

运行途中通风，是指在运行中利用走行的风力给车内通风换气。这种方法必须在开车前做好通风准备。使用途中通风方法，只能到达下一个停车站时才能关闭通风口停止通风，因此风量和时间难以控制。

复习思考题

1. 易腐货物有几种运输方法？
2. 易腐货物预冷的作用是什么？
3. 谈谈货物预冷的方法并进行比较。
4. 冷藏集装箱在装货作业需要注意哪些事项？
5. 装货作业时如何装载货物保证车（箱）内气流分布？
6. 易腐货物冷链运输有哪些基本要求？
7. 先进国家是如何进行果蔬采后处理的？
8. 有哪些因素影响货物预冷速度？
9. 某配送中心需要运输一批冻牛肉，单位容积装载量为 $400kg/m^3$，现有13米半挂冷藏车（有效装载容积为 $61m^3$，容积充满系数取0.95），试计算冻牛肉的装载量。

案 例 分 析

欧洲的冷链物流

"欧洲北部近海地区盛产虾，将虾打捞出海，立即冷冻运到西班牙巴塞罗那港作业停靠，然后直接通过海运运抵北非，利用北非的廉价劳动力剥皮半加工，速冻再运回欧洲做最后的成品加工，抢占欧洲高价市场，获得利润。在欧洲，这样的快速消费品供应链模式运用很广泛。"朋友介绍说，"实现快速消费品物流需要有专门的运输工具和快速、通畅的交通网络和信息系统，欧洲具备这样的条件。"

"快速消费品"是指那些保质期较短，消费速度较快的消费品，尤其是食品。因此，做快速消费品物流时，绝对不能脱离这一基本特征以及消费者的购买习惯。

在德国中部的罗伯克小镇，记者来到一家超市。超市的面积大约400平方米，主要经营食品和百货。在食品类的货架上蔬菜、水果、肉制品看上去非常新鲜。因为德国人不吃活物，所以海产品都是包装好的速冻品，这就是欧洲人几十年锤炼出来的冷链物流的支持。"小镇的商品和城市中的超市一样，特别是食品必须保证新鲜。比如香肠类食品，必须在保存期到期的前3天从货架上撤下，并在监管人员的监督下销毁。"超市的一位店员介绍说："这是德国的法律规定。"相比之下，我们还有一个逆向物流的概念，即退货物流。看来在关系到生命健康的快速消费品物流的重要环节方面，欧洲人比我们做得干脆利索。

基于消费品的特点，在欧洲快速消费品大多采用"零库存"和门对门的服务供应链，连锁化的商业模式为快速消费品供应链有效运作，发挥了关键的推力作用。据介绍，德国的零售业基本上都已经连锁化，第三方物流公司实施专业化的服务。整体考察德国连锁商业，标准的食品连锁超市效益都不错，如Aldi、Plus、Norma等。这些超市门店面积一般只有 400 平米大小，80% 的商品是依赖物流支持的快速消费品。虽然连锁超市面积不大，但由于是全国连锁，甚至深入村镇而形成网络化布局，这为现代物流特别是配送的优化提供了可能。记者在罗伯克小镇就看到了多辆正在运送货物的卡车，而且来去匆匆。

"在德国，配送中心不仅是货物存贮，还包括货物的分装、拣选、包装、配送等。配送中心的物流速度很快，像蔬菜、水果类货物总是当天下午到，当天晚上出。只有一些罐头类食品、冷藏食品以及一些洗涤、卫生用品等会在配送中心存放稍长一些时间，但大部分不超过 72 小时。"一位物流公司的负责人介绍，"因为德国的交通十分发达，通往小镇的道路也都是柏油路面，加上物流信息化程度高，完成快速消费品的配送不是一件很难的事。"

（资料来源：中国大物流网）

思考题：你认为快速消费品如何完成冷链配送？

参 考 文 献

[1] 陈善道，孙桂初. 铁路冷藏运输. 北京：中国铁道出版社，1989.
[2] 谢如鹤. 易腐货物贮运技术. 北京：中国铁道出版社，1998.
[3] 谢如鹤. 交通运输导论. 北京. 中国铁道出版社，1998.
[4] 谢如鹤. 鲜活货物运输技术问答. 北京：中国铁道出版社，2002.
[5] 谢如鹤等. 易腐食品控温运输技术要求（GB/T 22918—2008）. 北京：中国标准出版社，2008.
[6] 铁道部. 铁路鲜活货物运输规则. 2009.
[7] 陈宜吉. 铁路货运组织. 北京：中国铁道出版社，2001.
[8] 刘兴华，陈维信. 果品蔬菜贮藏运销学. 北京：中国农业出版社，2001.
[9] 于学军，张国治. 冷冻、冷藏食品的贮藏与运输. 北京：化学工业出版社，2007.
[10] 邓汝春. 冷链物流运营实务. 北京：中国物资出版社，2007.
[11] 刘兴华. 食品安全保藏学. 北京：中国轻工业出版社，2005.
[12] 台湾物流网. 台湾低温食品物流管理作业指南.
[13] Sherri. D. Clark. 易腐货物冷链百科全书. 周水洪，欧阳军. 南昌：东华大学出版社，2009.
[14] 康景隆. 冷藏链技术. 北京：中国商业出版社，2004.

6 易腐货物冷链运输条件

本章将从包装、堆码、温度要求的技术条件进行分析，并以荔枝、香蕉等为例进行试验，说明适宜运输条件对品质的影响。通过本章的学习，应了解易腐货物运输的基本条件和基本的运输方法。

澳大利亚水果生产包装及运输机械化

澳大利亚水果的生产包装及运输机械化的程度较高。在澳大利亚，各种水果的包装，要依据不同水果的生理要求、果形、果皮的特点来设计。例如，荔枝的包装程序是：把采摘的鲜果去掉叶、枝，然后进行药物处理。净化后的鲜荔枝放在小托盘内，每盘500克或750克，上面再用带小孔的自粘薄膜包好，然后把装好荔枝的托盘放入纸箱内（每箱5千克），纸箱带有气孔，并且装潢考究，很吸引人。纸箱是经过蜡处理的，以防在冷库中由于潮湿而降低纸箱的抗压强度。

芒果也是纸箱包装，每箱2~3层，层与层之间有一个凹型的托盘，托盘的材质一般是纸浆质的或塑料的，也采用格子形的衬垫。

澳大利亚的甜瓜较小，且形状较圆，它也是用纸箱包装。出口的甜瓜，每层8~11个，为了防止瓜之间的碰撞，层与层之间都有隔垫。

水果包装箱的尺寸，不但适合水果的盛装且适合托盘的排列，这样便于集装箱的运输。此外，还注意水果的采摘和根据水果生理的特性采取一些措施，以防水果受到不必要的伤害。

各种水果的包装都采用色彩鲜明的纸箱包装，然后码成托盘，再把托盘装入集装箱运输。从箱型来看，大部分是天地盖的形式，把盖打开即可看出水果的新鲜度，这些纸箱都符合托盘的标准。澳大利亚的水果已实现包装托盘化、装卸机械化、运输集装箱化。

澳大利亚很重视水果包装科研工作。由于水果是有生命的活体，在包装中必须针对不同品种的生理特性采取不同的措施。尤其是对一些较娇贵的品种，如荔枝，如果不了解它的生理特性就无法从包装上采取措施，而一般的包装方法，等运到销售地时早已失去食用价值。水果包装装潢设计和箱型设计经常推陈出新，很少有数年一贯的包装。新的包装只要受到市场的好评，即销得快，那么这种包装就会得到认可。

（资料来源：http://news.machine365.com/Message-68921.shtml）

近年来，随着人们生活水平的不断提高，对食品种类和品质的要求也越来越高。在冷藏食品运输中，由于品质管理不当，温湿度控制不良，造成大量食品冻坏，腐烂或发霉变质、干耗失重。此外，由于运输条件不当造成的各类易腐食品的腐损率高达15%~20%，直接经济损失达千亿之巨。正是由于食品运输关没有把好，国内食品常有"一流原料、二流加工、三流包装、四流运输、五流价格"之说，不仅浪费巨大，也制约了食品业和农业的发展。因此必须选择合理的运输条件，保障食品运输的品质与安全。

6.1 易腐货物运输包装

6.1.1 包装的发展和基本要求

包装的最初目的是为了将产品包装成为易于运输和市场销售的统一形状和尺寸大小。在长期的商业发展过程中，包装的功能从单纯的易于运输开始变得多样化：首先，包装要保护易碎产品（例如蛋类产品），使得它们在运输过程中不会轻易受到损伤；其次，包装需要能够使得产品处在一个较好的保存环境，比如对于水果、蔬菜来说，需要保持合适的温度和湿度，让产品在运输过程中保持品质不发生大的变化；对于零售商来说，包装还需要外观漂亮大方，对消费者具有吸引力，以促进产品销售。合理的包装使得易腐货物在流通中保持良好的稳定性，对产品起到美化宣传作用，提高商品价值和卫生质量。因此，良好的包装对生产者、运输者、销售者和消费者都是非常有利的。

包装具有各种各样的材料、尺寸和形状。早期因为没有制定一定的包装标准，导致产品包装种类繁多而杂乱。据行业统计，每年我国商品出口由包装不善带来的损失高达 70 亿美元。特别是我国加入世贸组织以后，随着发达国家对包装检验标准的增多，我国出口贸易受到日趋严重的包装壁垒。随着我国的包装标准逐渐与国际接轨，以及一系列标准的制定，目前我国的包装情况得到了很大的改善。

产品被包装后就进入了供应链。从包装到用户购买和消费，供应链中存在着多个环节，这些环节对包装的要求是各种各样的。在包装设计的时候，需要使得包装满足这些要求，以保证产品在供应链中能够顺畅地流通，并保持高质量的状态到达最终消费者。这些要求包括搬运、包装设备、装卸以及一些特殊处理要求。

6.1.1.1 适应于搬运需求

包装的结构要适应各种搬运，包括机械搬运和人工搬运。有一些纸箱在两侧开口，搬运人能将手伸入并抬起，一些没有开口的则可用绳子绑好并提起。这种箱子不能太大，以免不适应人工搬运的方式。

对于一些使用机械搬运的包装箱，往往将它们放在托盘上进行统一搬运。这时要求包装箱的尺寸和托盘一致。在后面将详细介绍包装箱和托盘尺寸标准。一些产品，比如根部、球茎和块茎植物，例如土豆，常常放在大的塑料或者编织袋中而不需要其他包装。袋子具有成本低、包装过程简单、易于提高工作效率等优点。这种包装适合于人工搬运（当重量适中的时候），也可以用起重钓钩进行搬运（较重的情况下）。但是这种包装方式不能给产品提供较好的保护，同时不适合于需要强制通风和冷却的场合。

6.1.1.2 包装箱尺寸标准化与统一装卸

包装尺寸标准化已经成为果蔬商品化的重要内容之一。世界各国都有本国相应的果蔬包装容器标准。东欧国家一般采用的包装箱标准是 600mm×400mm 和 500mm×300mm（长×宽），而高度则根据给定的容量标准来确定，一般来说易伤果蔬每箱装量不超过 14 千克，而仁果类不超过 20 千克。美国红星苹果的纸箱规格则为 500mm×302mm×322mm（长×宽×高）。我国出口的柑橘每箱净重 17 千克，纸箱容积 470mm×277mm×270mm，按装果实个数分级，规格为每箱装 60、76、96、124、150、180、192 个。

针对包装箱的尺寸，在统一装卸的时候对托盘的尺寸也有标准的要求。目前通常使用瓦楞纸箱进行包装。由于瓦楞纸箱的边角强度大而其他部位非常脆弱。因此在将纸箱放在托盘上的时候，需要正好使得边角处在支撑位置上。同时包装箱也应该正好摆满托盘，提高托盘使用率。

世界各个区域的托盘标准各不相同。在美国，托盘的尺寸标准是 48×40 英寸（1219mm×1016mm）。而在欧洲，托盘的尺寸是 1200mm×1000mm，比美国标准略微小一点。1200×800mm 的托盘也是欧洲的另一种标准。日本、韩国则使用 1100mm×1100mm 的托盘。1200mm×1000mm 的托盘在全球应用最为广泛，在国内也得到了最广泛的应用。由于它仅仅比美国标准尺寸少不到 20mm，因此在我国国内发往美国的货物也常常使用欧洲标准的托盘。

虽然各国对托盘的尺寸要求不一样，最重要的是要选择合适的箱子满足将要使用的托盘。在设计包装箱规格的时候，需要检查出发地和目的地的托盘尺寸要求，以便尽量合理进行设计。

目前生产托盘的公司越来越多。他们提供给运输方固定价格的托盘，并且负责每次运输后的维修和再利用。

6.1.1.3 适应各种环境和处理要求

产品的包装需要能够在贮存、运输和市场销售的各种处理过程中具有良好的性能，在处理过程中保持良好的强度，并能一直到保护产品的作用。

（1）耐湿

许多产品包装必须能够忍受高湿度环境。贮藏设施通常具有高达 85%～90% 的相对湿度，而产品产生的水分则往往能够在包装内制造接近 100% 的湿度环境。当包装从冷藏车辆中，或者冷藏库里取出来的时候，湿气可能会在包装的表面结露。一些蔬菜产品使用水冷，或者为了保证低温运输箱内放有冰块，这些时候同样也很容易发生结露。因此包装箱必须能够直接与水接触。

塑料或者木制包装一般能够承受高湿度环境，也可以与水直接接触。纸箱可以通过在表面涂覆蜡、聚乙烯、树脂和其他有一些塑料的混合物来提高耐湿能力。

（2）耐热

有些包装箱在现场包装时，不可避免会暴露在太阳照射的高温环境下。这种高温环境容易使包装箱劣化。例如，表面涂蜡的瓦楞纸板可能会由于蜡的熔化导致变色，强度降低，失去防水功能。为提高纸板的耐热能力，通常会对纸板利用耐热树脂进行上光和压光处理。同时，将纸板表面做成浅色也能在较大程度上减少暴晒产生的高温。

（3）检查

包装设计应该能够易于检查包装内容。望远镜形状的瓦楞纸板包装能够很容易的通过打开盖子进行检查。带卡扣的盖子和检查孔也能帮助检查。包装的设计原则是必须要保证包装箱在打开后能重新封紧，可持续在运输过程中保护产品。

（4）零售展示

有一些包装是为了零售展示而设计的。比如放在小篮子里的草莓或者一些具有固定个数的水果的包装箱，比如成箱的苹果、橙子、西红柿等。

这些包装具有以下优点：优化产品周围的空气环境，延长产品上架保存的时间；由于消费者无法直接接触产品本身，保持了很好的卫生性；保持产品周围空气的相对湿度，避免水分损失；保护产品不受机械损伤。

但是这种包装也存在一些缺点，比如：一旦品质不合格的产品偶然地被包装进去，在销售的时候很难调整出来；高湿度环境容易导致腐烂；包装有一定隔热性，影响对产品的冷却。

然而，对于零售商来说，上面的一些优缺点往往不是最重要的，重要的是包装的外观需要对消费者有足够的吸引力，满足零售的要求。

(5) 易于处理和再利用

基于环境保护和可持续发展的理念，绝大多数地区都鼓励对包装进行回收再利用，以避免资源的浪费。与此同时，许多地区也对焚烧进行了限制和禁止，提高了垃圾处理成本，以促进资源的回收利用。目前，在北美和欧洲，托盘的再利用十分普遍。超市里用于包装园艺产品包装的塑料托盘也是可重新回收利用的。未来的包装设计会越来越向易于处理和再利用方向发展。

6.1.2 易腐货物包装的具体要求和作用

包装的基本作用是保护货物安全，提高运输工具装载能力，便于贮运、装卸和提高作业效率，对冻结和冷却货物还可起到在装卸搬运中减少外界气温对货温影响的作用。

采用高质量的抗压包装将会减小货品损坏的可能性，冷冻货品一般包装在实心的、没有通风孔的包装盒中；新鲜冷藏货品，一般采用带有通风孔的包装盒，这样可以使得货品周围有连续的冷气流，并且不断地带走货品的呼吸热。

货物包装应符合有关规定。包装未作具体规定的货物，发货人应根据易腐货物性质、重量、运输方法、运输距离、气候及货车装载条件等，使用适合运输需要和能保证运输安全的必要包装。包装应适合货物性质，包装材料和结构能满足货物要求，对娇嫩的货物包装要坚固，有足够强度以承受堆码的压力。堆码到规定高度，下层包装不变形。对需要通风的货物，包装还应具有适当的间隙或特设的通风孔，空隙总面积占包装总面积的 5%～10% 即可。每件包装重量要适当，以便于装卸和搬运。

近年来我国易腐货物运输包装有了很大改进，冻结货物用纸箱或编织袋包装，有利于卫生，还大大提高了静载重。水果的包装已全为纸箱，每箱装货量一般少于 20kg，对装卸、搬运比较有利。大部分水果的单果还有纸包装或泡沫塑料网套包装，故水果的机械伤很少。蔬菜包装仍以筐、篓为主，单件重都在 20kg 以上，经过装卸、搬运、运输后变形较大，有的甚至破损，机械伤较多。

包装的外型尺寸应规格化、标准化、模数化。这样可以提高包装生产率，便于装载、堆码的定型化、自动化，加速货物流通。

不同的产品对包装具有不同的要求，但是它们都具有一些共同的需求，即满足便于运输、防止产品损伤、保持温度、保持水分和一些特殊处理过程的要求。

6.1.2.1 便于运输

产品一般不具备统一规则的形状，因此在运输过程中，将它们包装成统一的形状和大小能够有效地提高搬运和运输效率，同时也便于运输计价。以运输贮运为主要目的的包装称为运输包装。运输包装具有下面一些基本要求：

具有足够的强度、刚度与稳定性；具有防水、防潮、防虫、防腐、防盗等防护能力；包装材料选用符合经济、安全的要求；包装重量、尺寸、标志、形式等应符合国际与国家标准，便于搬运与装卸；能减轻工人劳动强度，使操作安全便利；符合环保要求。运输包装器具设计应遵循的基本原则：标准化、系列化原则；集装化、大型化原则；多元化、专业化原则；科学化原则；生态化原则等。

6.1.2.2 防止损伤

消费者通常会拒绝购买具有明显损伤的产品，具有明显损伤的产品往往只能打折出售。

果蔬在采收后的处理中，一个最基本的要求就是防止损伤。生长过程和采收过程中出现损伤的产品可以在采收后的分类过程中分离。而剩下的产品在进入市场流通前，需要利用良好的包装来避免搬运、运输等一些不平稳操作中对产品带来的物理损伤。产品在运输过程中出现的损伤大致分为下面几类。

（1）碰伤

在产品受到强烈冲击的时候，容易发生碰伤。由于表皮没有受到明显的损伤，因此碰伤不够明显，且不容易被发现。在机械自动包装、搬运以及运输过程中，都有发生碰伤的可能性，因此不但要选择合适的包装来防止搬运和运输的损伤，同时还要设计合理的包装过程避免包装中的损伤。后者显得更为重要，因为一旦含有损伤的产品进入包装，无论在搬运过程中采取多么细致的管理，带有损伤的产品都会到达销售市场。

在设计机械自动包装的时候，设计人员要通过减速带、减少产品下落距离等方法来避免碰伤。在搬运过程中，因为每次搬运都有带来碰伤的可能性，因此减少搬运次数是降低碰伤率的有效方法。通常采用集中搬运来达到效果。包装材料在搬运以及运输过程中能够吸收冲撞的能量，使产品得到有效的保护。然而，不管采取多好的包装材料，避免碰伤的办法仍然是对搬运和运输进行细致的管理。

（2）压伤

较软的产品，比如草莓、葡萄、香蕉等，受到较强承重时会产生压伤。压伤从表面开始，延伸到果肉内部，带来较为严重的质量损伤。一个包装箱中通常有多个产品，由于往往不能为每个产品都提供具有承重能力的包装外壳，位于底部的产品会承受其他产品的重力。包装箱内部盛放了过多产品的时候，底部的产品容易发生压伤。因此包装箱的产品盛放数目需要处在一个合适的范围内，以避免内部压伤。一些果蔬具有最大的推荐装箱高度以避免压伤：苹果和梨60厘米，柑橘35厘米，洋葱、马铃薯、甘蓝100厘米，胡萝卜75厘米，番茄40厘米。

包装箱多层叠放时，过量盛装的包装箱会造成更多的压伤。首先由于包装箱过重容易对其他箱体产生较大压力，增加其他包装箱内的产品压伤的可能性。其次，过度包装的纸板箱易于变形，导致承受能力减弱并有破裂的可能性。一旦箱子破裂，那么上面的箱子的重力将由产品来承受，此时造成的压伤是最严重的。包装箱的承重是有限的，所以层叠层数也有一定限制。如果在运输中，出现了不可避免的超出限制的多层叠放情况，此时应该使用多层叠放的托盘对包装箱进行支撑。

（3）震动和擦伤

产品在运输过程中，因为震动会导致损伤。例如葡萄会从葡萄串上脱落，而另外一些产品则会与其他物体发生摩擦而在表面上出现伤痕（擦伤）。虽然这些损伤并不会影响产品的食用效果，但是由于在表面比较显眼，会在很大程度上影响市场销售。

擦伤是有办法防止的。首先，可以使用带有空气悬架的运输设备来防止震动损伤。这种设备现在已经很常见。对于那些对震动敏感的水果来说，应该指定这种设备来运输。同时还要合理选择运输路线避免经过颠簸厉害的道路。另外，将产品进行合适的包装，使得它们无法移动也是一个防止震动损伤的好办法。

6.1.2.3 保持水分

由于脱水而枯萎干燥的产品很难在市面上被消费者接受。即便水果和蔬菜表面并没有呈现枯萎状态，由于失水造成的重量减少也会造成不可忽略的经济损失。脱水在产品的表面蒸汽压力大于周围环境蒸汽压力的时候发生，由于水蒸气的扩散，使得水分从产品扩散到周围环境中。为了较好地保持产品中的水分，良好的包装需要能够将产品周围的环境保持在较高的湿度水平上。包裹纸和塑料薄膜常常用来保持水果的水分，由于包装物阻碍了湿气的流通，不会轻易让水分离开被包裹的产品。

然而，保持水分所采取的措施往往和包装箱的通风冷却要求存在一定的矛盾，因为对果蔬产品的包装往往具有隔热功能，使得通风和温度管理较为困难。在这个时候，往往需要增加通风量来保证温度控制。一些有小孔的塑料盒也能很好地保持产品周围的湿度，而由于小孔的存在，使得通风冷却更为容易。现在的包装设计中，越来越多地采用这些小孔的设计，虽然会造成少量水分损失，却能在很大程度上提高通风冷却的效果。

对水果表面进行打蜡操作具有非常好的保持水分效果，并且能够使水果表面光鲜亮丽，非常吸引消费者。目前这种方法在国内外都很流行。在打蜡时必须使用食用蜡，工业蜡含有对人体有害成分，是绝对禁止的。但是由于肉眼很难区分食用蜡和工业蜡，因此需要进行严格的检查以保证食品安全。

6.1.2.4 通风和冷却

很多产品在运输和贮藏的时候需要实施温度控制，而包装箱必须能够提供良好的通风条件以适应这个需求。良好的温度管理基于产品和其周围空气的良好接触而实现。对一些产品来说，有些通过包装的表面的气流即可满足要求，而有些则需要在箱子内部放置强制通风风扇，并增加通风区域面积以加速热交换。此时包装箱表面需要增加通风口，使得冷空气能够进入包装箱。需要注意的是，为了保持箱子的强度，通风口与边缘的距离至少要超过5厘米，以免包装箱强度减弱，对产品造成破坏。

有些特定的水果在到达零售市场前，还在持续着成熟发育的过程。为了保证这个成熟过程，需要将它们维持在一定的合适温度中，有些时候还需要用乙烯气体对它们进行处理。一个好的包装，既能适应通风的需求，也能满足水果成熟的加热和气体处理。

有些包装则是为了保温。一些航空运输的包装箱可能没有通风设计（有些时候甚至要绝热）。同时为了防止产品自身的发热，在包装箱里面加冰或者低温保冷剂，以维持产品处低温状态。

6.2 运输装载条件

6.2.1 运输装载方式

易腐货物的装载首先必须保证货物运输质量，同时兼顾车辆载重力和容积的充分利用。

冻结货物必须实行紧密堆码，易腐货物之间尽可能不留间隙，车内空气不能在货件之间流通，货物本身所积蓄的冷量就不容易散发，这也就是减少货物散冷面积和放热系数，从而减少货物在单位时间内散失的热量，有利于保持货物温度的稳定并有效地利用车辆载重力和容积。

对于本身不发热的冷却货物，例如夹冰鱼，也可采用较紧密的装载方法，但不应过于挤压，以免造成机械伤影响货物质量。冷却肉表面湿润，适于微生物滋生且内部还进行生化过程，应不断地与流通的冷空气接触才能保证运输质量，故还应吊挂在车内。

有热量散发的冷却、未冷却货物如水果、蔬菜，必须采用稳固装载、留通风间隙的装载方法，这样便于车内空气循环，使货物的呼吸热及时排除，使货堆中的温度与四周空气保持一致。

在冷链运输时，应保证每件货物都可以接触到冷空气，以便货物降温和排除其散发出来的热量，且使车内温度比较均匀。各个货件都不应直接接触车底板和车壁板，在货件与车底板、车壁板之间必须留有间隙。这样,通过车壁和底板进入车内的热量就可以被间隙中的空气吸收,而不会直接被货件吸收,且能较好地保持货物的热状态。在装载对低温敏感的水果、蔬菜时,货件不应紧靠机械冷藏车的出风口或加冰冷藏车的冰箱挡板,以免导致低温病害。必要时,可在上述部位的货件上面苦盖草席或草袋,使低温空气不直接与货件接触,特别是对密闭包装的货物更应该加以注意。

常用的留通风间隙的装载方法有:品字形、井字形、"一二三、三二一"装车法,筐口对装法等。不论采用冷链运输还是保温运输,也不论采用哪种装载方法,货件都不应该直接接触车底板,应放在底板格子上,也不能直接接触车壁。这样通过车壁和底板进入车内的热量就可被货件与车壁间隙中的空气吸收,而不被货物直接吸收,从而有利于保持货物温度的稳定。低温敏感的货物不应紧靠机械冷藏车的出风口及加冰冷藏车的冰箱挡板,以免冻损,必要时可在其上加盖草袋或草席。具体如表 6-1 所示。

表 6-1 易腐食品装载方法表

装载号	装载方法	说　　明	图　　例
a	品字形	奇数层和偶数层货件交错,骑缝装载	"品字形"装车法示意图 注:空隙值 $a=2\sim3cm$ $b=5\sim7cm$ $c=2\sim3cm$
c	井字形	货箱侧板之间留空隙,端板之间紧靠,奇数层装法相同,偶数层装法相同。奇数层与偶数层交叉堆放形成井字。	"井字形"装车法示意图 注:空隙值 $a=2\sim3cm$ $b=2\sim3cm$

续表

装载号	装载方法	说　明	图　例
d1	筐口对装法	筐口对装法一： 底层两侧的箩、篓、筐等大筐口朝下,中间的大筐口朝上,第二层则方向相反	"筐口对装法一"装车法示意图
d2	筐口对装法	筐口对装法二： 第一层大口与小口的朝向两两互相错开,第二层与第一层相反。奇数层同第一层,偶数层同第二层。本方法装运叶菜、葱蒜类和水生菜时,筐内可加通风筒或夹碎冰	"筐口对装法二"装车法示意图
d3	筐口对装法	筐口对装法三： 第一层及奇数层全部大筐口朝上,第二层及偶数层全部大筐口朝下	"筐口对装法三"装车法示意图

冷链运输原理与方法

6.2.2　易腐货物混合装载

不同的易腐货物由于生理条件的不同，在混合运输时其装载是有限制的，具体如表 6-2 所示。

表 6-2　易腐货物运输混装表

组　别	品　　名	适宜的运输温度	适宜的相对湿度
第一组	苹果、杏、浆果、樱桃、无花果(不得和苹果混装，苹果的气味会被无花果吸收)、葡萄、桃、梨、柿、李、梅、石榴、榅桲等	0～1.5℃	90%～95%
	气体成分：浆果和樱桃为10%～20%的二氧化碳		
	注意事项：大部分货物不得和第六组混装，因本组货物散发出的乙烯量较高，乙烯对第六组的货物有害		
第二组	鳄梨、香蕉、茄子、葡萄柚、番石榴、芒果、与甜瓜类不同的香瓜和密瓜、鲜橄榄、木瓜、菠萝(不得与鳄梨混装，有吸收鳄梨气味的危险)、青番茄、西瓜	13～18℃	85%～95%
第三组	甜瓜类、柠檬、荔枝、橘子、中国红橘	2.5～5℃	90%～95%，甜瓜类为95%
第四组	蚕豆、荔枝、秋葵、青辣椒(不得与蚕豆混装)、红辣椒、美国南瓜、西葫芦、粉红色番茄、西瓜	4.7～7.5℃ 蚕豆为3.5～5.5℃	约95%
第五组	黄瓜、茄子、姜(不得与茄子混装)、柠檬、马铃薯、南瓜(印度南瓜)、西瓜	4.3～13℃	85%～95%
第六组	(A) 朝鲜蓟、芦笋、红色甜菜、胡萝卜、菊苣、无花果(见第一组)、葡萄、韭菜(不得与无花果和葡萄混装)、莴苣、荷兰芹、荷兰防风草、豌豆、大黄、菠菜、甜玉米、水田芹	0～1.5℃	95%～100%
	注意事项：除无花果、葡萄、蘑菇外，组内其他货物均可与B组的货物混装，芦笋、无花果、葡萄、蘑菇等任何时候均不得与冰接触		
	(B) 花茎甘蓝、抱子甘蓝、洋白菜、花椰菜、芹菜、辣根、球茎甘蓝、洋葱(不能和无花果、葡萄混装，最好也不和蘑菇、甜玉米混装)、萝卜、芜菁		
	可与冰接触		
第七组	生姜(见第五组)、早熟种的马铃薯(可按其他货物要求的温度控制)、甘薯	13～18℃	85%～95%
	任何时候都不得与冰接触		
第八组	大蒜、干洋葱	0～1.5℃	65%～75%

6.3　运输温湿度及气体成分条件

6.3.1　运输温度条件

温度对食品品质的影响是巨大的。在世界上的某些区域，大多是在热带和亚热带地区，农产品由于采收后处理技术落后，例如温度管理不当，其造成的损失估计超过总产量的50%。适当充分的温度管理对于延缓农产品的腐烂是最为重要也是最为简便的措施。

总体上讲，贮运果蔬产品的环境温度越低，保质期就越长。比如，芦笋是相当易腐的食物，一些研究结果表明，芦笋在运输过程中的温度越高，其品质的损失越大。芦笋的贮运温度一般以0～2℃为宜。如将芦笋置于模拟运输的环境温度中，在20～25℃的情况下，芦笋的储藏期被缩减到只有2天，在高于25℃的情况下，芦笋会在短时间内出现萎蔫的现象。然而，也有一些情况例外，尤其是一些产于温带、亚热带和热带地区的水果和蔬菜，如木瓜、芒果、番茄、黄瓜、灯笼椒等，其对低温环境相当敏感，易受到冷害，这种状况常发生在温度低于10～15℃，而高于冻结点的温度条件下。

　　冷害可对植物组织造成永久的或者不可逆转的损伤。这种伤害是由于对温度敏感的水果或蔬菜所处的环境温度低于临界值而造成的。有几个因素决定了冷害的损伤程度，如温度、暴露于低温的时间（无论是连续的还是间歇的）、农产品的老化程度（未成熟或成熟）以及作物是否对低温敏感。受到冷害损伤的农产品在刚离开冷藏环境时，冷害的症状往往并不明显。而将其置于非冷藏环境中后，冷害的症状开始逐渐显现，其冷害的症状表现为：表面损伤、组织水渍化、内部变色、组织损伤等。常见的症状是果皮上有变色的腐蚀斑点，通常是由于表皮下的细胞受损而造成的。高度的水分流失会加剧产生腐蚀斑点。果肉组织褐变也十分常见。未成熟就被采摘的水果在冷藏后，或是无法成熟，或是成熟不均，又或是成熟缓慢。而且往往会在几个小时内迅速地腐烂。另外，冷害还会使水果产生异味，且在口味上发生变化。

　　因此，不同的产品有着不同的贮存和运输温度。在国家标准GB22918"易腐食品控温运输技术要求"中有明确规定。对于冻结的食品，如速冻食品、水产品、肉类、冷饮类等，国际上通行的贮藏温度是-18℃以下，考虑到运输环境的复杂性，允许温度略有上升，但最高不能超过-15℃；而对于新鲜的水果和蔬菜，则因根据具体品类保持在适宜的温度范围内。

6.3.2　运输湿度条件

　　大多数水果和蔬菜中含有80%的水分，而某些水果蔬菜，如黄瓜、生菜和甜瓜含有约95%的水分，这使其外观饱满且口感清脆。但这些蔬果在采收后，水分的蒸发流失非常快，尤其是绿叶蔬菜，如菠菜和生菜。这就导致了农产品的快速萎蔫，使蔬菜的组织硬化，不美观，并最终不适宜食用。这种生命组织水分的流失被称为蒸腾作用。蒸腾速度必须减到最低限度以避免产品的萎蔫和重量的减轻。当冷藏环境被设定在推荐温度和湿度的时候，蒸腾速度可以较好地被控制。因此，水分流失的结果不仅是减少了农产品可销售的重量，而且还造成了产品外观和品质的下降。

　　相对湿度是最常见的用来表示空气湿度的参数。随着温度的升高，空气的含水能力也增加。因此，空气在100℃、相对湿度90%的含水量比0℃、相对湿度90%的含水量更多。然而，如果两间贮藏室的相对湿度同为90%，10℃的贮藏室中农产品的失水率约为0℃条件下的两倍。因此，在同等相对湿度的情况下，高温条件的失水率比低温时更高。对每个产品而言，相对湿度的推荐值可以减缓水分的流失且可以抑制微生物的过快滋长。

　　和其他气体一样，水蒸气也是从高浓度区域流向低浓度区域。几乎所有水果和蔬菜内环境中的相对湿度都不低于99%，而外环境的相对湿度通常较低。因此，若将农产品置于相对湿度低于99%的环境中，植物组织中的水分就会蒸发。一般地，空气越干燥，所贮藏的农产品的失水率也越高。虽然水分只流失了3%～6%，但足以对许多农产品造成品质上的损害，并有可能造成许多易腐水果和蔬菜萎蔫或干枯。

　　当某些蔬菜处于27℃，相对湿度81%的不利环境中时，每天的水分流失会非常高：芦笋8.4%；食荚菜豆4%；切去根头的胡萝卜3.6%；芜菁甘蓝3.2%；切去根头的甜菜3.1%；黄瓜2.5%；西葫芦2.2%；西红柿0.9%；笋瓜0.3%。

　　影响失水率的一个主要因素是产品的比表面积。大比表面积的产品蒸发流失的水分更多。所以，在其他因素相同的情况下，生菜的一片叶子会比一片水果更快地流失水分和重量。此外，体积较小的水果，块根或块茎比体积较大的作物会因水分蒸发而更快地减轻重量。

水果或蔬菜的表面组织和内部组织的类型对失水率也有着重要的影响。许多种类的作物，例如番茄、辣椒或杨桃，外表面有一层阻碍水或水蒸气通过的蜡质层。在采收前，这层护膜对维持组织中的高水含量发挥了重要作用，这对农作物的正常代谢和生长是必要的。组织受到的机械损伤会在很大程度上加速产品的失水率。作物表面在受到碰撞损伤后将导致更多的气体物质通过其表面的受损区域。而切割损伤往往比碰撞损伤更加糟糕，因为它完全破坏了作物表面的保护层，且使内部组织直接暴露于大气环境中。

因此，在易腐货物的运输过程中对湿度也需要严加控制，但由于冷链运输装备一般不具有湿度调节的功能，所以水果和蔬菜通常以内包装的形式进行密封，以增大相对湿度，通常情况下，相对湿度应在90%～95%以上。

6.3.3 运输气体成分条件

和人体一样，水果和蔬菜也是生命体结构，它们即使被采收以后，仍会继续呼吸。呼吸作用是植物主要的代谢过程，主要表现于采收后的或者任何活体的农产品。其原理是生物体内的有机物，如淀粉、糖、有机酸分解后转化为简单的化合物，如二氧化碳和水。

这一过程是释放能量的过程。呼吸速率是生物组织新陈代谢的一个显著标志，因此可以作为农产品贮存时间的参考指标。随着环境温度的升高，植物的呼吸速率也增加，而产品的保存期限则相应地缩短。一般来说，水果或蔬菜的呼吸速率越快，其易腐程度也越高。常见水果蔬菜的呼吸率等级如表6-3所示。

表6-3 水果蔬菜呼吸率分级

呼吸强度	产　品
相当高：$CO_2>60mg/(kg\cdot h)$	芦笋、番荔枝、黄秋葵、西番莲
较高：$CO_2\ 40\sim60mg/(kg\cdot h)$	洋蓟、菊苣、蘑菇、豌豆、甜玉米
中等：$CO_2\ 20\sim40mg/(kg\cdot h)$	鳄梨、豆芽、青花菜、芒果、欧芹、菜豆、水田芹
低：$CO_2<20mg/(kg\cdot h)$	苹果、白菜、香瓜、樱桃(甜)、红枣、无花果、葡萄、坚果、桃、菠萝、柑橘、番茄、西瓜

根据水果在成熟和后熟过程中呼吸形态和乙烯生成率，可分为跃变型或非跃变型（如表6-4所示）。跃变型水果在成熟时，呼吸强度和乙烯生成率大幅度增加，而非跃变型水果在成熟时，呼吸强度和乙烯生成率仍保持较低的水平。

表6-4 按水果在成熟时不同呼吸形态分

跃变型水果	非跃变型水果
苹果、杏、凤梨释迦、鳄梨、香蕉、苦瓜、蓝莓、香瓜、椰枣、榴莲、番石榴、猕猴桃、芒果、油桃、番木瓜、西番莲、桃、梨、柿子、梅子、木瓜、番茄	黑莓、杨桃、腰果、樱桃、蔓越莓、黄瓜、红枣、茄子、草莓、葡萄、葡萄柚、柠檬、龙眼、琵琶、荔枝、黄秋葵、橄榄、辣椒、菠萝、石榴、仙人球、树莓、西葫芦、柑橘、西瓜

由植物生成的乙烯是一种天然的有机物。植物中的乙烯用于控制植物的生长、成熟和老化。跃变型和非跃变型的水果可以进一步根据其对乙烯的反应程度和水果在成熟期的乙烯生成率进行区分。所有水果在生长过程中都会产生少量的乙烯。而在成熟期，跃变型水果比非跃变型水果会产生更多的乙烯。

农产品产生乙烯的多少与其腐败性没有联系。然而，防止这类食品与乙烯直接接触，可减缓其"死亡"。因为食品释放的乙烯以及排放的其他气体（包括机械设备例如叉车产生的尾气，香烟烟雾或其他烟雾）可能会积聚在一个封闭的房间里，造成食品不良地过快成熟。

这就是为什么不建议把乙烯生成率较高的农产品和对乙烯高度敏感的农产品进行混合贮存运输的原因。产生乙烯的农产品和对乙烯敏感的农产品如表 6-5 所示，乙烯对采后蔬菜的不利影响如表 6-6 所示。

表 6-5 产生乙烯的农产品和对乙烯敏感的农产品

产生乙烯的农产品	对乙烯敏感的农产品
苹果、杏、鳄梨、香蕉、樱桃、蜜瓜、猕猴桃、油桃、番木瓜、西番莲、桃、梨、柿子、梅子、木瓜、番茄	香蕉（未成熟）、比利时菊苣、青花菜、白菜、胡萝卜、花椰菜、黄瓜、茄子、猕猴桃（未成熟）、绿叶蔬菜、生菜、豌豆、辣椒、菠菜、西瓜

表 6-6 乙烯对采后蔬菜的不利影响

农产品	乙烯对蔬菜伤害的表现	农产品	乙烯对蔬菜伤害的表现
芦笋	口感变老	茄子	外皮脱落，加速变质
豆	颜色发黄	生菜	锈斑病
花椰菜	泛黄，菜花脱落，口味变坏	马铃薯	发芽
甘蓝和白菜	泛黄，菜叶脱落	甘薯	变色，有异味
胡萝卜	口味变苦涩	萝卜	韧性增强
菜花	泛黄，菜叶脱落	西瓜	果肉软化变质，果皮变薄
黄瓜和西葫芦	加速软化，变黄		

适当控制贮运环境的气体成分，有利于延长水果蔬菜的货架期，采用冷藏与气调相结合的方法，可使新鲜水果蔬菜保鲜时间大大延长。此外，气调也可用于蛋类、肉类等的保鲜。常见果蔬的气调条件如表 6-7 所示。

表 6-7 常见果蔬的气调条件

果蔬名称	冷藏温度/℃	相对湿度/%	O_2 含量/%	CO_2 含量/%	贮藏期/天
苹果	0	90~95	3	2~3	150
梨	0	85~95	4~5	3~4	100
樱桃	0~2	90~95	1~3	10	28
桃	−1~0	90~95	2	2~3	42
李子	0	90~95	3	3	14~42
柑橘	3~5	87~90	15	0	21~42
哈密瓜	3~4	80	3	1	120
香蕉	13~14	95	4~5	5~8	21~28
胡萝卜	1	81~90	3	5~7	300
花椰菜	0	92~95	2~3	0~3	40~60
芹菜	1	95	3	5~7	90
黄瓜	14	90~93	5	5	15~20
马铃薯	3	85~90	3~5	2~3	240
生菜	1	95	3	5~7	10
香菜	1	95	3	5~7	90
西红柿	12	90	4~8	0~4	60
蒜薹	0	85~90	3~5	2~5	30~40
菜花	0	95	2~4	8	60~90

6.4 冷链运输技术条件相关标准

鉴于各品类食品技术条件均有所不同，国际国内相关研究人员有针对性的进行研究，并制定了一系列标准规范贮运条件，仅以果蔬为例，部分如下所示。

6.4.1 国外冷链技术相关标准

6.4.1.1 国际标准化组织（ISO）制定的相关标准

现已制定的相关规范有：

桃、梨、苹果、鲜食葡萄、杏、芒果、甜樱桃、酸樱桃、青香蕉、鲜菠萝、鳄梨、李子、草莓、欧洲越橘、蓝莓、柑橘共16类果品的冷（贮）藏标准；

苹果气调贮藏标准；

苹果干、梨干、桃干、酸樱桃干、五针松仁、马哈利樱桃仁、腰果仁、去壳甜杏仁、甜樱桃干、桑椹干、带壳松子共11种干果和果干的规格（和测试方法）标准。

6.4.1.2 食品法典委员会（CAC）制定的相关标准

CAC的食品法典虽然是推荐性的，但也是国际组织解决食品卫生国际贸易争端的重要依据。已制定的水果产品标准有：

菠萝、番石榴、芒果、杨桃、荔枝、鳄梨、山竹果、香蕉、酸橙、柚、番木瓜、墨西哥酸橙、葡萄柚、龙眼共14类。

6.4.1.3 欧盟制定的相关标准

欧盟制定的果品标准有：

榛子、草莓、核桃、柑橘类水果、苹果、梨、杏、李、油桃、鲜食葡萄、鳄梨、香蕉、猕猴桃和樱桃等15类。

6.4.1.4 联合国制定的相关标准

18类新鲜水果的产品标准：苹果、梨、杏、欧洲越橘、蓝莓、樱桃、柑橘类水果、鲜无花果、鲜食葡萄、桃、油桃、李子、树莓、草莓、食用甜板栗、鳄梨、芒果和猕猴桃；

10余类干果和果干的产品标准：胡桃、胡桃仁、榛子仁、甜杏仁、梅干、完整海枣、阿月浑子、葡萄干、松子、梨干、无花果干、杏干、苹果干、腰果仁等。

6.4.1.5 美国制定的相关标准

美国果品质量标准体系非常完善：

苹果、梨、桃、葡萄、鲜食葡萄、李、梅、杏、葡萄柚、橘子、波斯酸橙、橘柚、柠檬、宽皮柑橘、菠萝、中华猕猴桃、鲜蔓越橘、蓝莓、露莓、黑莓、树莓、草莓、油桃、鳄梨、樱桃、薄壳山核桃、榛子、杏仁、英国胡桃、核桃、阿月浑子果、巴西坚果、青橄榄等40余种果品制定了等级标准；

苹果、浆果、梨、树莓、葡萄、鲜蔓越橘、鲜桃、红酸樱桃、甜樱桃、草莓等10余种果品制定了加工用果品质量标准；

对有的果品，为特定的生产区域制定了专门的标准。

6.4.2 国内冷链相关标准

6.4.2.1 国家标准

产品标准包括红枣、香蕉、核桃、板栗、鲜梨、鲜苹果、鲜龙眼、鲜柑橘、枸杞（枸杞子）等10种果品标准；

贮藏技术标准包括苹果、柑橘、芒果、鲜食葡萄、杏共5种果品的冷（贮）藏标准；

有《水果和蔬菜冷库中物理条件定义和测量》、《水果蔬菜冷藏后的催熟》两个技术标准。

6.4.2.2 农业行业标准

农业行业标准：玉环柚、苹果、梨、草莓、菠萝、鲜红江橙、鲜食葡萄、毛叶枣、红毛丹、腰果、槟榔干果、杨桃、木菠萝、椰子果、西番莲、芒果、荔枝、龙眼、青香蕉、番石榴、鲜桃、常山胡柚等20余种果品；

绿色食品农业行业标准：苹果、鲜梨、鲜桃、猕猴桃、柑橘、葡萄共6种果品；

无公害食品农业行业标准：苹果、梨、桃、葡萄、草莓、猕猴桃、柑橘、杨桃、荔枝、龙眼、香蕉、芒果、菠萝共13种果品。

6.4.2.3 商业行业标准

产品标准：菠萝、苹果、鲜桃、山楂、鲜荔枝共5种果品；

果品冷（贮）藏标准：梨、桃、红枣、板栗共4种果品。

在运输领域，2009年我国制定了国家标准——易腐食品控温运输技术要求，对各类常见易腐食品运输基本要求、装载要求、运输途中要求、卸货要求、转运接驳要求和控温运输工具要求等内容均作了详细规定。

6.5 冷链运输实例

6.5.1 荔枝冷链运输

荔枝是我国南方传统特色果品之一，因其味美、营养丰富而享誉海内外。但与此同时，荔枝极易腐烂、难以贮运的特点也极大地限制了其销售，素有"一日色变、二日香变、三日味变、四五日外色香味尽去矣"之说。为此，众多学者对荔枝生产及采后品质、各种生化指标的变化规律进行了大量研究，并取得一系列成果，但上述研究主要集中在农业领域，在流通领域还未专门就荔枝物流流程中品质变化展开研究。

在荔枝的实际流通过程中，经销商为了降低物流成本，通常是在常温条件下进行荔枝转运和销售的，即便是采用冷链运输，也常因技术条件不当而造成冷链中断或温度不当等现象，大大影响了荔枝的品质，缩短了货架期。

6.5.1.1 荔枝物流试验流程的确定

不同经销商、不同地区、不同物流条件情况下，荔枝所经的物流环节是不同的。总体而言，可归纳为常温物流、全程冷链物流和不完整的冷链物流三种情况。为此，按荔枝采摘、分级挑选、预处理（预冷杀菌）、运输、配送、销售六个环节进行试验设计和检测，具体试验流程如图6-1所示。

按照国家标准的相关采收、转运要求，在产地采收50kg荔枝（淮枝），荔枝果皮已基本转红（八成熟），在对荔枝进行选果和分级处理后，随机选取10颗荔枝进行品质初测。其他荔枝对应试验流程进行装袋分组。试验样品共分为A、B、C三组，各组荔枝用低密度聚乙烯薄膜袋包装，包装掩口，但不敞口，不扎口，每袋2kg左右。

A组为常温物流组，在试验过程中，荔枝置于实验室内，所处温度为26~28℃，所选荔枝每12小时测试一次，直至试验结束。

B组为不完整冷链物流组，荔枝未进行预冷杀菌即进入冷藏运输环节（运输温度为3~5℃，运输时间为5天），在运输结束后以常温方式进行转运（转运时间为4小时），并在常温条件下进行销售。所选荔枝在运输期间检测2次，运输结束和配送结束时分别进行1次检测，在销售环节则每天检测1次，直至试验结束。

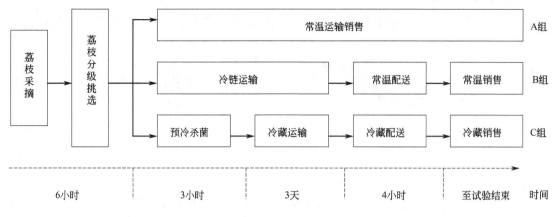

图 6-1 荔枝物流试验流程图

C组为完整冷链物流组。荔枝进行预冷杀菌后进入冷藏运输环节（运输温度为3~5℃，运输时间为5天），在运输结束后以冷藏方式进行转运（运输温度为3~5℃，转运时间为4小时），并在冷藏条件下进行销售（在冷藏陈列柜中进行销售，温度为12~14℃），直至试验结束。在检测方面C组与B组流程相同。

6.5.1.2 荔枝物流试验检测指标及方法

为研究荔枝品质变化规律，在参考前人研究成果的基础上选取果皮褐变、果皮色差、果皮花色素苷、果肉可溶性固形物含量、果肉pH值、果实失重率六个测试指标为评价基准。

(1) 果皮褐变

果皮褐变的测定采用目测法。先将荔枝褐变指数分为4级，1级为全红果；2级指果实发生轻微褐变，但表皮红色面积仍超过总面积的3/4；3级为中度褐变，此时表皮褐变面积在1/2左右；4级为严重褐变，果实表皮褐变面积达3/4以上。测定时，先随机选取10个荔枝，按褐变程度评价要求逐一打分，在此基础上计算得到该批荔枝的果皮褐变指数，如式(6-1)所示。

$$\theta = \sum(\theta_i \times i)/n \tag{6-1}$$

式中，θ为果皮褐变指数；θ_i为褐变级数；i为θ_i级褐变荔枝的数量；n为测定荔枝的个数。

(2) 果皮色差

以完成果皮褐变测定的荔枝为样品，剥下其果皮，用分光测色仪在不同的位置分别测定3次，记录其L、a、b值（详见本试验结果分析）并取平均。本次试验采用美国X-Rite公司的CA22型分光测色仪。

(3) 果皮花色素苷

将剥下的果皮剪碎，抽取5g用1% HCl浸泡并定容至60mL，取0.8mL溶液，用0.4mol/L、pH值为5的$C_6H_8O_7/Na_2HPO_4 \cdot 12H_2O$缓冲液和0.4mol/L、pH值为1的KCl-HCl溶液分别稀释至4mL并混匀，以4mL的蒸馏水为对照，利用752N紫外可见分光光度计在506nm下测定光密度值，分别测出两种溶液的光密度值，最后作差求出荔枝的果皮花色素苷-光密度差值ΔD。

(4) 果肉可溶性固形物含量

将上述荔枝的果肉在研钵中逐一捣碎，用玻璃棒蘸取少量汁液，均匀涂抹在折光仪（WY032型手持折光仪）的检测面上，压紧并进行读数记录。

(5) 果肉 pH 值

将上一试验获得的荔枝汁液倒入量筒，用 PHS-29A 型数显 pH 计测得其 pH 值并记录。

(6) 果实失重率

果实失重率的测定采用称量法。在试验开始前，每组样品均随机抽取 50 颗荔枝组成测试组并采用电子天平测得其初始重量，在每次检测时逐一称重并放回原处，按式(6-2)求得失重率并求平均值直至试验结束。本次试验采用的是 JA2003 型电子天平。

$$\lambda = (g_1 - g_2) \times 100\% / g_1 \tag{6-2}$$

式中，λ 为果实失重率，%；g_1 为荔枝初始重量，g；g_2 为每次检测时测得的重量，g。

6.5.1.3 荔枝物流试验结果分析

按照上节所述试验流程和试验方法对荔枝进行分析，其中，常温组荔枝共保存 4.5 天即完全腐烂变质，不完整冷链组保存 10 天，完整冷链组保存了 15 天。其果皮褐变、果皮色差、果皮花色素苷、果肉可溶性固形物含量、果肉 pH 值、果实失重率等状况如图 6-2 至图 6-9 所示。

荔枝果皮褐变是荔枝品质变化的最直观体现。如图 6-2 所示，A 组从优质的 1 级变为严重褐变的 4 级仅用 4 天的时间，而 B 组和 C 组分别为 10 天和 15 天。若以 2.5 级作为荔枝销售的临界点，设 A 组转运时间为 1 天，B 组、C 组为 5 天，则 A、B、C 组荔枝的货架期分别为 1.5 天、1.5 天和 5 天。可见，冷链运输环境大大延长了荔枝的保质期，其中，全程冷链保鲜的效果最佳。

图 6-3 至图 6-5 分别显示了 A、B、C 三组荔枝在试验过程中色差的变化。研究采用的是国际照明委员会提出的 L、a、b 色彩空间体系。试验表明 L、a、b 三值总体上随时间的推移有所下降，其中 L、b 两值变化较小，a 值相对波动较为显著。在具体环节上，A 组因外界温度较为稳定，所以各值的变化率也大体恒定，B 组和 C 组在冷藏运输期间色差变化较小，但进入转运销售环节，因温度的变化各值出现较大波动，后期因温度的提升，色差变化率也较冷藏运输环节要快，且 B 组（常温销售，环境温度 26~28℃）变化明显快于 C 组（在冷藏陈列柜中进行销售，环境温度 12~14℃）。

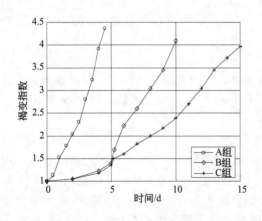

图 6-2 荔枝物流试验果皮褐变

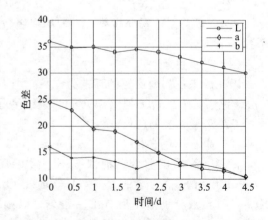

图 6-3 荔枝物流试验果皮色差（A 组）

由图 6-6 可见，荔枝果皮花色素苷的变化与果皮褐变存在着负相关关系：当刚完成采摘，果皮还未发生褐变时，果皮花色素苷含量存在缓慢增加的趋势；当褐变发生后，果皮花色素苷含量则开始急剧下降。褐变越严重，其含量越低；褐变越快，其下降的速率越快。

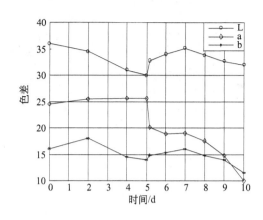
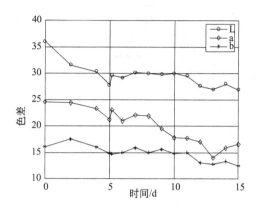

图6-4 荔枝物流试验果皮色差（B组）　　　图6-5 荔枝物流试验果皮色差（C组）

荔枝果肉的pH值在各物流过程中均出现先升后降的现象（如图6-7所示）。在本试验中，荔枝果肉的初始pH值为4.91，在不同条件下，A、B、C三组分别在第3天、第8天和第13天出现峰值5.19、5.55、5.75。pH值变化趋势图也表明，适宜的温度能减缓其变化速率，如B、C两组pH值在3～5℃条件下5天仅增长0.1左右，而A组早已越过了5.19的临界值。

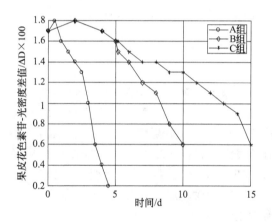
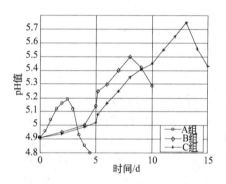

图6-6 荔枝物流试验果皮花色素苷变化　　　图6-7 荔枝物流试验果肉pH值变化

图6-8显示，在整个试验过程中，荔枝果肉的可溶性固形物含量变化并不大。不论是常温贮运还是冷链环境，其含量基本在15%～17%之间波动，随着时间的推移，该值的变化也不大。因此可以认为，荔枝果肉的可溶性固形物含量只与其品种有关，与物流流程无关，该参数也无法对荔枝品质的好坏做出评判。

荔枝物流试验果实失重率变化如图6-9所示，其中，荔枝若在常温条件下贮运，每天的干耗量达3%左右；而采用3～5℃的冷藏运输，5天干耗总量仅为3%～4%左右（运输之初即采用预冷手段的荔枝干耗量为3%，未预冷的为4%）。可见，冷链环境在提高荔枝品质、降低运输损耗方面作用明显。但值得注意的是，通过冷藏运输的荔枝一旦脱离低温环境，干耗则会急剧增加，且越到后期变化越剧烈。如B组因在冷藏运输后采用常温销售，日均干耗达7%；C组荔枝由于在冷藏陈列柜中销售，日均干耗则保持在1%左右。

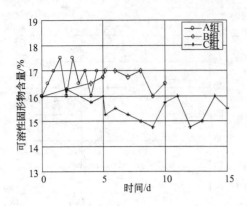
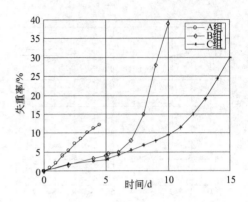

图 6-8 荔枝物流试验果肉可溶性固形物含量变化　　图 6-9 荔枝物流试验果实失重率变化

6.5.1.4　小结

荔枝是一种极易腐烂变质的娇嫩水果，试验表明，随着温度和时间的变化，其果皮褐变、果皮色差、果皮花色素苷、果肉 pH 值、果实重量等均发生不同程度的改变。其中，荔枝表皮褐变检测法因相关参数变化显著，且无需检测设备，较为适合作为荔枝品质的判据之一在物流现场推广使用。

试验表明，在荔枝物流过程中应特别注意高温或温度急剧波动等问题对其品质造成的破坏，而全程冷链物流的形式能最大限度地保证其品质安全，从而扩大销售范围，延长货架期，值得进一步展开研究并加强推广。

6.5.2　香蕉运输

香蕉是一种在世界各国分布广泛的热带水果，其味美价廉，产销量巨大，据统计，每年仅国际贸易方面，香蕉的成交量即超过 1000 万吨。但与此同时，香蕉呼吸热大，对贮藏、运输的温度要求也十分严格，因采用土保温或冷藏运输过程中控温不当，造成的运输过程中高温腐烂、低温冻伤时有发生。如温度偏低，香蕉发生冻害，此时表面会失去光泽，严重的甚至会变为灰黑色，但在高温条件下，香蕉加速成熟，甚至使表皮、果肉变黑失去商品价值。在实际运输中，或因成本或因品质考虑，采用隔热运输、加冰运输、冷藏运输等各种方式的都有，因运输质量下降而出现的纠纷也时有发生。

6.5.2.1　试验流程

从香蕉种植园直接购买，品种为巴西蕉，在进行相应的加工后用于试验。在试验项目上，对外观、果实硬度、干耗进行了检测，具体操作流程如下：

① 香蕉在采购后，按运输的要求进行修剪、漂洗、风干、包装，并分为 A、B、C 三组，A 组用于运输前品质检测，B 组用于冷藏运输，C 组用于常温运输；

② 检测 A 组品质，包括外观、果实硬度、干耗三项；

③ 将"冷藏运输技术条件综合模拟试验台"调节为运输模式：外环境温度以 24 小时为周期在 30~38℃ 之间变动，风速调节为 20m/s（模拟冷藏运输车以 72km/h 的匀速行驶）；内部冷藏运输单元采用内隔板隔开并分别控温，使单元内的前端和后端温度分别保持在 13℃ 左右和 25℃ 左右；

④ B 组和 C 组香蕉按运输所规定的包装、堆码方式置于内部冷藏运输单元中，其中 B 组运输温度为 13℃ 左右，C 组运输温度为 25℃ 左右，使运输过程持续 5 天，之后取出 B

和 C 组，检测其外观、果实硬度、干耗等情况，进行对比分析。

6.5.2.2 检测方法

① 感官评价采用国家规范中"香蕉品质评价指标"，将香蕉按特征色泽、成熟度、每千克只数、伤病害等指标分为优等品（A）、一等品（B）、合格品（C）和等外品（D）。

② 果实硬度采用果实硬度计测试，由于常用的 TG-2 型水果硬度计量程为 0～20kg，香蕉采摘时一般是七成熟，表皮的硬度远超其量程，因此必须改测果肉硬度，即将香蕉果皮剥去，在果肉的中段测量硬度。

③ 在干耗方面，可以用测试含水量的方法掌握香蕉在运输过程中发生干耗的变化值，即将香蕉切片加热烘干，通过对比香蕉在烘干前后的重量计算出其含水量，而运输前和运输后的香蕉含水量的差异则显示了香蕉在运输过程中干耗的情况。

6.5.2.3 结果分析

试验表明：在运输前，香蕉达到 A 类标准，但经过 5 天的运输，不同运输条件使得香蕉在感官上发生了巨大的变化：采用冷藏运输的 B 组仍保持了较好的品质，按照相关要求仍维持了 A 类品质的要求；但采用常温运输的香蕉明显出现不同程度的变黄、变熟的现象，甚至部分香蕉出现了裂果、腐烂的情况，总体上属于 C 类，部分甚至应归为 D 类。可见，从最基本的感官来看，冷藏运输对香蕉起到了很好的保护作用，当然这仅仅是对高温问题所进行的分析，如果在冬季运输外界温度偏低，常温运输也可能导致香蕉受冷冻伤的问题。

在果实硬度方面，如图 6-10 所示，A 组硬度平均为 11.0kg 左右，而 B 组和 C 组分别为 10.4kg 和 5.6kg，在 5 天之后，B 组香蕉的硬度仅下降了 0.6kg，而 C 组下降了 5.4kg，近 50%，此外，部分香蕉果肉的硬度甚至下降到 2～3kg，可见冷藏运输对香蕉品质的保持上起到了良好的作用。

在干耗方面，A 组含水量平均为 77% 左右，而 B 组和 C 组分别为 76% 和 71%，可见在 5 天之后，B 组香蕉的干耗约为 1%，即 0.2%/天，而 C 组下降了 6%，约 1.2%/天。如图 6-11 所示。在这种情况下，若以常温运输，100t 香蕉 5 天后仅剩 94t，虽节约了制冷的油耗，但品质下降，重量减轻将给商家带来较大的损失。

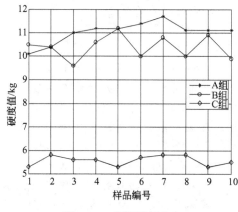

图 6-10　香蕉硬度试验

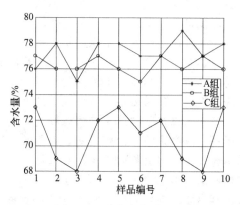

图 6-11　香蕉含水量试验

复习思考题

1. 从海南运香蕉至北京，请设计物流方案。
2. 运输条件包括哪些方面？不同类别的易腐货物的运输条件有何差异？

3. 运输包装在运输过程中起到何种作用,应如何选用。
4. 如何衡量易腐货物的物流质量?
5. 在实验室重现荔枝及香蕉的实验结果。

案 例 分 析

葡萄运输事故分析

(1) 概况

由某地11月7日承运的葡萄,以B22型机冷车(共3车)装运(运单注明允许运到期限28天,途中制冷,有红色三角K标志),托运人乌鲁木齐市A经销部,收货人北京B公司,2003年11月22日到达郭塘站。卸车前货检好,施封有效,车体良好,测得车外温度24℃;车内温度:靠车门第一排14℃,第一排底层4℃,中层6℃,上层4℃(塑料箱);靠车门第三、四排中上部10℃;货物温度在6~8℃之间,货物紧密堆码;工作车内温度表显示1.5~2.5℃。车站货运员、收货人和机冷车乘务员开门检查,发现货物有不同程度腐烂变质,部分货物有白色霉菌。

经有关人员检查后卸车。卸车见货物腐烂变质,部分有白色霉菌,果皮呈褐色,果皮破裂,手摸容易掉皮。实卸其中一车5567件,其中499件(泡沫箱)腐烂程度75%~95%,186件(塑料筐,筐内无薄膜)腐烂15%,4882件(塑料筐,筐内有薄膜)腐烂95%~100%,箱内货物中底部腐烂较多。

3车货物总价965388.52元,保价600000元;经处理,共6635件作垃圾物废弃,其余8662件降价处理(分别按原价的8%~25%处理),残留价值74000元,实际损失891388.52元。承运人按保价运输办法赔付了B公司555984.77元。

(2) 责任划分

由于B公司认为事故责任在承运人,应按货物实际损失赔偿,与承运人意见不一致,B公司遂向法院提起诉讼,请求法院判令承运人赔偿其余损失335393.75元及本案诉讼费。

此案经一审认为:本案葡萄腐烂是多方面原因造成的。B公司主张,采用通风运输,违反了合同约定的途中制冷的规定,通风运输亦不能保证1~4℃的温度。对此,B公司没有提出书面证据证明。按照《铁路鲜活货物运输规则》的解释,所谓途中制冷,是指使用机冷车时,要求按《鲜规》附件一规定的温度控制车内温度。因此,B公司主张承运人违约的理由不能成立。B公司不服一审判决,向中级法院提起上诉。

二审查明的事实与原审一致。判决认为,依据当事人提交证据所查明的事实,对葡萄损坏原因,不能认定为承运人的故意或重大过失行为所致。一,关于装车和装载方法。根据《货物运单》的记载,显示该批货物装车人为托运人,在《冷藏车作业单》始发站作业记录中"装车单位经办人"有B公司代表签名;同时在装载方法一栏中记载了经办人签署的"紧密堆码,未留通风道,部分葡萄枝枯黄,个别葡萄变质,机械伤,由此上述原因引起的货损,货主负责"的意见。托运人装车用了205小时,大大超出了《鲜规》6小时的规定。因此,托运人装车时间过长,对导致货物损失的责任不应由承运人承担。二,关于机械保温列车制冷与控温。冷藏车作业单、机械冷藏车组承运报单、机械保温列车柴油机运转记录和机械保温列车运行日记都是承运人在承运期间的原始记录,应确认该证据在承运期间承运人遥测温度的真实性。B公司怀疑遥测温度不真实,但未提出相反证据,因此,其上诉理由不予支持。承运人采取通风运输措施,遥测温度显示在符合1~4℃之间,是保持和控制车内达到《鲜规》要求的温度,不属于违反铁路规章禁止性规定。B公司以承运人采取通风控温方式,对葡萄的腐烂以构成重大过失的理由不能成立,不予支持。三,关于《大事故分析纪要》。该纪要是承运人内部之间为总结事故教训而单方作出的分析评判,并不是承运人与托运人之间查明事实和确定责任划分的依据,也未经双方当事人签字确认,因此,对外并不具有效力。

法院认为,本案葡萄腐烂是多方面原因造成的,包括装车时间过长,货物装载紧密堆码不留通风道,货物的内包装使用保鲜袋。由于本案葡萄是托运人采用直装的方式,承运人无法控制,因此责任在托运人自己。承运人选用适合货物运输的冷藏车,根据气候条件的不同,采取预冷、制冷、通风等不同的运输措施并无不当。根据相关法律、法规与办法,终审判决:驳回上诉,维持原判决,二审案件受理费7541元,由B公司负担。

(3) 启示

① 承运时未按《鲜规》第13条规定"不按规定条件运输和组织试运的易腐货物,车站与托运人应签订运输协议"的要求办理,给定责带来困难;

② 承运时把关不严、记录不清。对有变质、机械伤的货物未能制止装车,装载方法也未按规章严格执行,这是引发事故的初始原因;冷藏车作业单格式不是现行的格式;货物实际热状态为冷却货物,运单上注明为未冷却货物,冷藏车作业单上则写为冷却货物;

③ 规章中关于装车时间的规定在实际中很难遵守,短途转运时间长。这是一个普遍现象,如何解决有待规章修改时考虑;

④ 途中控温是否适当的一个重要证据是车内温度、货物温度的原始记录,但目前尚缺乏车内货物温度自动记录装置,使得定责困难;

⑤ 托运人使用的部分运输包装(泡沫箱、塑料箱带塑料袋)与货物的特性不符,使车内冷空气与箱内货物的热交换不能正常进行,这是导致严重腐烂变质的主要原因。

(资料来源:谢如鹤等. 铁路冷藏运输装备技术条件研究报告)

思考题:如何避免类似事故的发生?

参 考 文 献

[1] 陈善道,孙桂初. 铁路冷链运输. 北京:中国铁道出版社,1981.
[2] 谢如鹤,欧阳仲志,李绍荣. 易腐货物贮运技术. 北京:中国铁道出版社,1998.
[3] 谢如鹤,李夏苗等. 交通运输导论. 北京. 中国铁道出版社,1998.
[4] 谢如鹤,陈善道. 鲜活货物运输技术问答. 北京:中国铁道出版社,2002.
[5] 谢如鹤,刘广海等. 国家质量监督检验检疫总局. 易腐食品控温运输技术要求(GB/T 22918—2008). 2008.
[6] 铁道部. 铁路鲜活货物运输规则. 2009.
[7] Sherri. D. Clark,易腐货物冷链百科全书. 周水洪,欧阳军译. 上海:东华大学出版社,2009.
[8] 康景隆. 冷藏链技术. 北京:中国商业出版社,2004.
[9] 刘广海. 冷藏运输能耗分析与装备优化研究. 长沙:中南大学出版社,2007.
[10] 黄欣. 冷藏链中易腐食品冷藏运输品质安全与节能应用体系研究. 长沙:中南大学出版社,2011.
[11] 于学军,张国治. 冷冻、冷藏食品贮藏与运输. 北京:化学工业出版社,2007.

7 冷链物流安全与风险管理

本章介绍了冷链物流安全及其风险管理的概念、我国食品物流安全的管理体系和保证体系，以及 HACCP 质量安全管理体系在食品冷链物流安全管理中的应用，并从风险识别、风险评估、风险预测和风险控制等方面阐述了易腐食品冷链物流风险管理的基本原理和方法。

通过本章的学习，应了解食品物流安全的管控体系，掌握易腐食品冷链物流风险管理基本原理和方法，并能运用于具体的食品冷链物流的安全性分析和风险控制。

致病性微生物——食品安全的头号杀手

2011年9月美国爆发10多年来最严重的食物中毒事件，导致16人死亡，其原因是食用遭李斯特菌污染的香瓜。其实这样由微生物导致的大规模的食品中毒事件并非首次。在1994年美国41个州的22万人就因感染沙门氏菌而患病，其原因是一辆未经消毒的槽车将液体冰淇淋预混料送到了工厂，而这辆槽车之前曾装运过含有沙门氏菌的蛋液。另据中国疾病预防控制中心营养与食品安全所公布的数据，我国微生物性食物中毒比例在食物中毒来源中居首位，约占40%。在食品的加工、贮存、运输和销售过程中，食品原料因受到环境污染、杀菌不彻底、贮运方法不当以及不注意卫生操作等造成细菌和致病菌超标。因此，2012年"两会"期间，全国政协委员、中国疾控中心营养与食品安全所所长严卫星指出："目前食品安全头号杀手是致病性微生物。"

(资料来源：根据相关资料整理)

7.1 冷链物流安全和风险管理的内涵

安全性作为食品最主要的特性之一，世界卫生组织（WHO）将其解释为"对食品按照其原定用途进行制作和（或）食用时不会使消费者受害的一种担保"。随着科学技术的不断进步和研究手段的提高，在一些曾认为绝对安全、无污染的食品中也发现有某些有毒有害物质，而许多被认为有毒的化学物质，实际上在环境和食品中都被发现以极微量的形式广泛存在，并在一定范围内对人体健康有益。因此，食品安全性又分为绝对安全性与相对安全性两种不同的概念。绝对安全性是指确保不可能因食用某种食品而危及健康或造成伤害的一种承诺，也就是食品应绝对没有风险；相对安全性被定义为一种食物或成分在采取合理食用方式和正常食量的情况下不会导致对健康损害的实际确定性。由于客观上人类的任何一种饮食消费甚至其他行为总是存在某些风险，绝对安全性或零风险是很难达到的，安全食品并不是没有风险的食品，而是在提供最丰富营养和最佳品质的同时，力求把可能存在的任何风险降至最低限度。

食品物流安全是指食品在生产、加工、贮藏、运输、配送以及直至抵达消费者的全过程中不使消费者受到损害的一种担保。食品物流安全定义与一般物流安全定义有三个不同点：

① 充分考虑了最终消费者的利益；
② 涉及了食品的生产和消费过程；
③ 食品在物流过程中的安全范畴较广。

因此，食品冷链物流安全定义为在食品冷链物流过程中不使消费者健康受到损害的一种担保，其有以下涵义：

① 食品物流过程中必须有冷链提供技术支撑，由于冷链的不完善或操作等原因，可能会导致食品不符合卫生要求；
② 研究的范围限于冷链物流过程中的食品品质安全，设备安全、人员安全、信息安全不在研究范围之内；
③ 强调以消费者的健康作为食品冷链是否安全的评价标准，而不是设备是否正常运作。

另外，按照物流服务对象的不同，还可以将物流安全分为一般货物物流安全和特殊货物物流安全，这里的特殊货物包括易燃、易爆、易腐和有毒货物。显然，易腐食品物流属于特殊货物物流范畴。易腐食品物流与一般物流存在着本质的区别：

① 它更加注重物流过程中的食品本身的安全水平；
② 大部分易腐食品需要冷链平台支撑；
③ 易腐食品物流作业环节比一般物流复杂；
④ 易腐食品本身的特性决定了它比一般物流对时效性要求更高。

从物流的基本作业环节不同，可以将易腐食品物流安全分为贮存安全、运输安全、包装加工安全三类；从作业环境的角度分类，易腐食品物流安全包括易腐食品"软安全"和"硬安全"两类，"软安全"包括信息安全、操作人员安全、设施设备标准的匹配程度、操作规程的完善程度；"硬安全"主要是指设施设备安全，包括载运工具安全、冷库安全和装卸搬运机械安全等；从物流服务辐射范围角度，可以分为区域内和跨区域易腐食品物流安全两类；从易腐食品物流服务的形态看，可以分为易腐食品供应物流和销售物流安全两类；从物流组织主体类型角度，可以分为易腐食品自营物流安全和外包物流安全两类；从易腐食品物流作业环节角度，物流安全可以分为运输、装卸、配送、包装加工、仓贮作业安全等子安全系统。

"风险"是与"安全"相对应的概念，是指由于客观存在的各种因素和人们对于事物及其规律认识的不确定性，非期望后果发生的潜在可能性。风险主要有不确定性、客观性、复杂性和可测性等特征。当风险因素增加到一定的程度，遇到适宜的条件，就可能引发风险事故。风险事故导致损失的可能和控制风险事故的程度决定风险结果的大小。这种具有不确定性的损失即为风险，当风险成为现实，损失即成为事实。风险的存在，不等于事实的损失，是可能的损失。食品安全和食品风险管理是相辅相成的。对于食品生产和流通企业而言，安全管理的重点就在于管理和控制风险，而食品风险管理在控制风险的同时也保障了食品安全。易腐货物对于流通时间和条件要求很高，而国内物流业还处于粗放式发展阶段，冷链物流体系非常落后，这就导致物流风险很高。至今，对于冷链物流系统风险分析和评价还没有形成一套行之有效的技术和方法。风险管理相关术语定义如下。

风险：事故发生频率和后果严重性的乘积；事故发生频率通常定性地划分为极少、很少、经常和频繁，实际操作时赋予量的范围。后果严重性定性地定义为轻微、显著、严重和灾难性等，实际操作中可以通过不同的角度进行量化，例如从易腐货物损失量（设备和人为）、污染量、腐烂变质量等方面进行量化，风险被赋予了量化的定义，就具有可度量性以及可分析性。

风险分析：指对可能存在危害的预测，并在此基础上采取规避或降低危害影响的措施，是由风险评估、风险管理和风险交流共同组成的一个过程。

风险评估：在特定条件下，当风险源暴露时，将评估其对人体健康和环境产生不良效果的事件发生的可能性。风险评估过程包括：危害识别、危害描述、暴露评估和风险描述。

风险描述：在危害识别、危害描述和暴露评估的基础上，定量或定性估计在特定条件下相关人群发生不良影响的可能性和严重性。

风险管理：根据风险评估的结果，对备选政策进行权衡，并且在需要时选择和实施适当的控制，包括管理和监控过程。

风险交流：在风险评估人员、风险管理人员、消费者和其他有关的团体之间就与风险有关的信息和意见进行相互交流。

危害：系指易腐食品污染、损坏、遗失和腐烂的潜在可能。

事故：系指涉及易腐食品损耗、设施设备故障、财产损失、环境污染等意外事件。

7.2 食品冷链物流的安全管控体系

食品安全体系包括食品安全管理体系和食品安全保证（控制）体系。其中，食品安全管理体系包括食品安全管理机构、安全法律法规体系、执法监督体系、标准体系、质量认证体系、追溯制度、包装标识制度、食品安全社会信用体系、市场准入体系等。食品安全保证（控制）体系包括GMP、SSOP、HACCP、ISO 9000和安全监测检验体系等。

7.2.1 食品冷链物流安全管理体系

7.2.1.1 食品安全管理机构

国际食品安全管理机构为食品法典委员会（CAC），其职责是负责制定推荐性的食品标准和规范，协调各国的食品标准，指导各国建立食品安全体系。目前食品法典委员会有164个成员国，覆盖全世界98%的人口。我国于1986年正式加入食品法典委员会。根据《国务院关于进一步加强食品安全工作的决定》[国发（2004）23号]（以下简称《决定》），我国的食品安全管理按照一个监管环节由一个部门监管的原则，采取分段监管为主、品种监管为辅的方式。农业部门负责初级农产品生产环节的监管；质检部门负责食品生产加工环节的监管；工商部门负责食品流通环节监管；卫生部门负责餐饮业和食堂等消费环节的监管；食品药品监管部门负责对食品安全的综合监督、组织协调和依法组织查处重大事故。

《决定》还规定了我国食品安全信用体系的基本框架和运行机制：农业部门发布有关初级农产品农药残留、兽药残留等检测信息，质检、工商、卫生和食品药品监管4个部门联合发布市场食品质量监督检查信息，食品药品监管部门负责收集汇总、及时传递、分析整理，定期向社会发布食品安全综合信息。

7.2.1.2 食品安全法规

我国主要的食品安全法规包括：食品卫生法、农产品质量安全法、食品卫生行政处罚办法、卫生行政处罚程序、食品卫生监督程序、学生集体用餐卫生监督办法、海关法、进出口商品检验检疫实施条例、进出口动植物检疫法、进出口动植物检疫法实施条例、国境卫生检疫法、国境卫生检疫法实施细则、出口食品厂库最低卫生要求、进口食品卫生监督检验工作规程、食品添加剂卫生管理办法、保健食品管理办法、新资源食品卫生管理办法、有机（天然）食品标志管理章程、绿色食品产地环境质量标准、绿色食品产地环境质量评价、生产绿色食品的农药使用准则、生产绿色食品的食品添加剂使用准则、AA级绿色食品认证准则、农业转基因生物安全管理办法、食品标签通用标准、特殊营养食品标签、食品保质期规定等。

不过，目前我国的食品安全管理法规仍存在立法滞后、政出多门、有法不依、执法不严、突击执法等问题。

7.2.1.3 食品安全标准

我国的食品安全标准按级别分为：国家标准、行业标准、地方标准、企业标准。从法律级别上讲，国家标准高于行业标准，行业标准高于地方标准，地方标准高于企业标准。从标准的内容来讲，一些企业标准的技术要求往往严于地方标准、行业标准和国家标准。

食品标准包括食品质量标准、食品卫生标准、食品企业卫生规范、食品包装材料及容器标准、食品添加剂和食品标签标准、食品工业基础标准。其中食品卫生标准包括食品原料与产品卫生标准、食品添加剂使用卫生标准、营养强化剂使用卫生标准、食品容器与包装材料卫生标准、食品中农药最大残留限量卫生标准、食品中霉菌和霉菌毒素限量卫生标准、食品中环境污染物限量卫生标准、食品中激素及抗生素的限量卫生标准、食品卫生检验方法等。

另外，我国鼓励采用国际标准，将国际标准的内容，经过分析研究，不同程度地转化为我国的国家标准、行业标准、地方标准和企业标准。采用方式有等同采用、修改采用和非等效采用。等同采用即在技术内容和文本结构上完全相同或包含少量编辑性修改；修改采用允许存在技术性差异，并对差异清楚标识和解释，允许改变文本结构；非等效采用即在技术内容和文本结构上不同，也不标识它们之间的差异。

7.2.1.4 食品认证制度

根据《中华人民共和国工业产品生产许可证管理条例》，国家对生产乳制品、肉制品、饮料、米、面、食用油、酒类等直接关系人体健康的加工食品的企业实行生产许可证制度。任何企业未取得生产许可证不得生产列入目录的产品，任何单位和个人不得销售或者在经营活动中使用未取得生产许可证的列入目录的产品。

国家质检总局为了全面负责食品生产加工领域食品质量安全的监督管理，从源头确保食品质量安全，制定了"食品质量安全市场准入制度（QS准入制度）"。根据制度规定，生产纳入食品质量安全市场准入制度管理的食品（如小麦、大米、植物油、乳制品、肉制品、饮料、调味品、冷冻食品、速冻食品等）的企业，必须获得食品质量安全准入资格，并将QS标志置于产品外包装上。

7.2.1.5 食品安全追溯制度

食品安全追溯制度是建立一个覆盖食品从初级产品到最终消费者的信息库，在发现食品质量问题时，可以快速查询出问题食品的来源，缩小问题食品的范围，减少损失；并根据信息，识别出发生问题的根本原因，实行产品召回或撤销，及时有效地解决问题，追究责任。通过食品安全追溯制度，可以提高食品冷链的透明化程度，增强食品冷链不同利益方之间的合作和沟通，保障食品安全。当今，物联网技术的兴起为食品安全追溯提供了更广泛、更先进的平台。

7.2.2 食品冷链物流安全保证体系

食品生产和加工领域的质量安全控制已有成熟的理论与技术，并形成较为完善的管理体系，这些管理体系和控制技术包括 GMP、SSOP、HACCP、ISO 9000，以及绿色食品、有机食品以及 QS 认证等。从理论上来说，这些安全控制理论和管理体系同样适用于食品冷链物流领域。但在食品冷链物流过程中，由于涉及的环节较多，一条完整冷链往往跨越多个产业、多个企业、多个管理部门，造成上述质量安全控制的方法与技术在食品冷链物流中的应用更加复杂。因此，食品冷链物流的管理和技术人员更加有必要掌握这些原理和技术，并将其应用于具体的食品物流安全管理。

7.2.2.1 GMP

GMP（良好作业规范，Good Manufacturing Practice）是一种特别注重在生产过程中实施对产品质量与卫生安全的自主性管理制度，也是一套适用于制药、食品等行业的强制性标准。它要求企业从原料、人员、设施设备、生产过程、包装运输、质量控制等方面按国家有关法规达到卫生质量要求，形成一套可操作的作业规范，帮助企业改善企业卫生环境、及时发现生产过程中存在的问题，并加以改善。

食品 GMP 是指食品生产企业应具备良好的生产设备、合理的生产过程、完善的质量管理和严格的检测系统，确保最终产品的质量（包括食品安全卫生）符合法规要求。食品 GMP 所规定的内容，是食品加工企业必须达到的最基本的条件。目前除美国已立法强制实施食品 GMP 以外，其他如日本、加拿大、新加坡、德国、澳洲、中国台湾地区等均采取鼓励方式推动企业自动自发实施。

食品 GMP 的特点是一套由表及里、由浅入深、点面结合的食品安全管理的系统模式和方法。在其严格规范下，可以降低食品生产过程中人为的错误、防止食品在生产过程中遭到污染或品质劣变、建立健全的自主性品质保证体系。因此在食品行业实施 GMP 具有重大的经济和社会意义。

食品 GMP 管理体系的管理重点有 4 个方面，简称 4M，分别是人员（Man），即要由适合的人员来生产与管理；原料（Material），即要选用良好的原材料；设备（Machine），即要采用合适的厂房和机器设备；方法（Method），即要采用适当的工艺来生产食品。

食品 GMP 的实施要求包括以下内容：
① 生产加工每个操作环节布局合理；
② 生产加工的硬件设施装备先进科学；
③ 操作流程连续化、自动化、密闭化；
④ 包装、贮存、配送系统运行优质安全；
⑤ 生产环节卫生、营养、质量等控制系统完备；
⑥ 卫生、营养、质量检测体系健全；
⑦ 员工操作规程管理制度严格；
⑧ 产品质量的可追踪监管。

7.2.2.2 SSOP

SSOP（卫生标准操作程序，Sanitation Standard Operating Procedure）是食品加工厂为

了保证达到 GMP 所规定要求，确保加工过程中消除不良的因素，使其加工的食品符合卫生要求而制定的，用于指导食品生产加工过程中如何实施清洗、消毒和卫生保持的操作规定。SSOP 是由食品加工企业帮助完成在食品生产中维护 GMP 的全面目标而使用的程序。在某些情况下，SSOP 可以减少在 HACCP 计划中关键控制点的数量。实际上危害是通过 SSOP 和 HACCP 关键控制点的组合来控制的。

一般来说，涉及食品本身或某一工艺、步骤的危害是由 HACCP 来控制，而涉及工作环境或人员等有关的危害通常是由 SSOP 来控制。在有些情况下，并不需要针对每个食品冷链物流操作都制订一个特定的 HACCP 计划，这是由于危害分析显示没有显著危害，不过所有的冷链运营商都必须对卫生状况和操作进行监测。建立和维护一个良好的"卫生计划"是实施 HACCP 计划的基础和前提。如果没有对食品生产和流通环境的卫生控制，仍将会导致食品的不安全。无论是从人类健康的角度来看，还是从食品国际贸易要求来看，都需要食品的生产经营者建立一个良好的卫生条件。通过实行卫生计划，企业可以对大多数食品安全问题和相关的卫生问题实施最强有力的控制。事实上，对于导致产品不安全或不合法的污染源，卫生计划就是控制它的预防措施。

我国食品生产和流通企业都制定有各种卫生规章制度，对食品生产和物流环境、加工的卫生、人员的健康进行控制。为确保食品在卫生状态下生产和流通，充分保证达到 GMP 的要求，企业应针对产品或生产场所制订并且实施一个书面的 SSOP 或类似的文件。实施过程中还必须有检查、监控，如果实施不力还要进行纠正和记录保持。这些卫生方面的要求适用于所有种类的食品零售商、批发商、生产加工和物流企业，贯穿食品物流的全过程，其关键在于实施和监控。

7.2.2.3 HACCP

HACCP（危害分析关键控制点，Hazard Analysis Critical Control Point）是一种简便、合理而专业性又很强的先进的食品安全质量控制体系，设计这类体系是为了保证食品生产系统中任何可能出现危害或有危害的地方得到控制，以防止危害公众健康的问题发生。HACCP 是一个预防体系，但不是零风险。

HACCP 体系最早出现在 20 世纪 60 年代，美国的 Pillsbury 公司在为美国太空计划提供食品期间，率先应用 HACCP 概念。他们认为，以往对产品的质量和卫生状况的监督均是以最终产品抽样检验为主，当产品抽验不合格时，已经失去了改正的机会；即使抽验合格，由于抽样检验方法本身的局限，也不能保证产品 100% 的合格。确保安全的唯一方法，是开发一个预防性体系，防止生产过程中危害的发生。

HACCP 包括 7 个方面的内容：

① 进行危害分析；
② 确定关键控制点；
③ 确定各关键控制点的关键限值；
④ 建立各关键控制点的监控程序；
⑤ 建立当监控表明某个关键点失控时应采取的纠偏行为；
⑥ 建立证明 HACCP 等有效运行的验证程序；
⑦ 建立有关以上原则和应用方面各项程序和记录的档案。

HACCP 相关术语解释如表 7-1 所示。

HACCP、GMP、SSOP 在食品质量与安全控制中所起的作用各不相同，所控制对象和处理方法也有所不同，如表 7-2 所示。

表 7-1 相关术语定义及解释

编号	定义	解释
1	关键控制点(CCP)	食品安全危害能被控制的,能预防、消除或降低到可以接受水平的一个点、步骤或过程
2	控制点(CP)	能控制生物的、物理的或化学的因素的任何点、步骤或过程
3	关键限值(CL)	与关键控制点相联系的预防性措施必须符合的标准
4	CCP 判断树	用一系列问题来确定一个控制点是否是 CCP
5	操作限值(OL)	比关键限值更为严格的,由操作者使用来减少偏离的风险标准
6	纠偏行动	当关键控制点从一个关键限值偏离时采取的行动
7	HACCP 计划	在 HACCP 原理基础上编制的文件,描述必须遵守的程序,来确保某一特定加工或程序的控制
8	危害	可能引起食品不安全的生物、化学或物理的因素
9	显著危害	可能发生的不可接受的健康风险
10	监控	进行一个有计划的连续的观察或测量来评价 CCP 是否在控制之下,并为将来验证时作出准确的记录

表 7-2 HACCP 与 SSOP、GMP 的比较

项目	GMP	SSOP	HACCP
控制对象	通用卫生要求,通常包括厂房、设施、设备、人员、加工工艺、原辅料、卫生管理等	关键卫生要求,一般涉及整个加工设施或一个区域,因产品而异,其 8 项内容可增减	特定的加工工艺步骤
涉及危害	食品加工过程可能存在的大部分危害	与食品加工环境和人身有关的危害	与产品本身或加工工艺步骤有关的显著危害,SSOP、GMP 无法消除
方法	静态,通过产品检验判定是否符合要求	动态,包括确定对象、监控、纠偏、记录、验证	动态,包括确定 HACCP、监控、纠偏、记录、验证

但是 HACCP、GMP、SSOP 三者并不是孤立的,它们是相辅相成的,其中 GMP、SSOP 是 HACCP 实施的基础,如图 7-1 所示。

HACCP 体系已经被世界范围内许多组织,例如联合国的食品法典委员会、欧盟,以及加拿大、澳大利亚、新西兰、日本等国所认可。目前,HACCP 正在我国食品全行业推广,包括生产商、加工商、运输、贮存及分销等方面。对大多数 HACCP 成功的使用者来说,它可用于从农场到餐桌的任何环节。在农场上,可以采用多种措施使农产品免受污染。例如,监测好种子、保持好农场卫生、对养殖的动物做好免疫工作等。在食品加工环节,做好加工过程中的卫生工作。当食品离开工厂时,还应做好运输、贮存和分发等方面的控制工作。在销售环节里,确保合适的卫生设施和进行冷藏。最后,在餐馆、食品服务机构和家庭厨房等地方也应做好食品的贮藏、加工和烹饪的工作,确保食品安全。

图 7-1 GMP、SSOP、HACCP 之间的关系
(资料来源:见参考文献 [3])

事实上,在食品物流的终端,消费者甚至可以在家中实施 HACCP 体系。通过适当的贮存、处理、烹调和清洁程序,在从去商店购买肉和家禽等食品到将这些东西摆上餐桌的整个过程中,实施多个保障食品安全的步骤。例如,对肉和家禽进行合适的冷藏,将生肉和家禽与熟食隔离开,保证肉类煮熟,冷藏和烹饪的残留物不得有细菌滋生等。

7.2.2.4 ISO 22000

国际标准化组织（ISO）已发布了最新国际标准——ISO 22000：2005。ISO 22000 是在食品部门专家的参与下开发的，联合国粮农组织与世界卫生组织联合成立的食品规范委员会也参与了工作，它在一个单一的文件中融合了 HACCP 的原则，包含了全球各类食品零售商关键标准的要求。此举将使全世界的组织更加容易地以统一的方法执行关于食品卫生的 HACCP 体系，不会因国家或涉及的食品不同而不同。

食品通过食物供应链到达消费者手中可能连接了许多不同类型的组织，可能跨越了许多国家，一个有缺陷的连接就可能导致危害健康的不安全的食品，如果发生这样的事，对消费者可能产生很严重的危害，对食品链供应者的损失也是相当大的，由于食品安全危害可以在任何阶段进入食物链，全过程的适当的控制是必需的，保证食品安全是食物供应链中的所有参与者的共同责任，需要他们共同努力。

ISO 22000 的目的是让食物供应链中的各类组织执行食品安全管理体系，其范围从饲料生产者、初级生产者、食品制造商、运输和仓贮工作者、转包商到零售商和食品服务环节以及相关的组织，如设备、包装材料生产者、清洗行、添加剂和配料生产者。ISO 22000 受到全世界广泛的支持，它符合了系统地控制食物供应链中的安全问题的要求，提供了一个在世界范围内唯一的解决方案。此外，ISO 22000 可以认证，响应了食品供应商日益增长的认证需求，同时，该标准在没有符合性认证的情况下也可以贯彻。

7.2.3 HACCP 在易腐货物冷链安全控制中的应用

某食品供应和配送物流流程如图 7-2 所示。食品供应和配送加工中心根据 HACCP 原则，首先分析食品物流的流程，找出控制关键点（CCP），然后采取适当方法和措施控制关键点，并建立监控档案和确立纠正措施。一个基于 HACCP 体系的温度控制系统如表 7-3 所示。

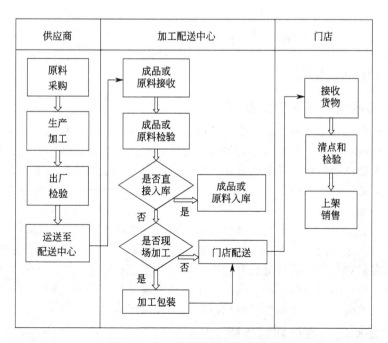

图 7-2 食品供应和配送物流流程

表 7-3 基于 HACCP 的温度控制系统

关键控制点	控制内容	控制手段
食品原辅料运送	原料运输中的温度管理	移动卡式温度录入器
到货验收	到货数量、重量、质量检查 冷冻/冷藏食品温度检查	触摸屏/PDA 录入 手持温度计录入
预处理	室内温湿度管理	温湿度计连续检测 记录空调保持温度、湿度
冷冻/冷藏保存	各仓库的温度管理 保存时间检查 保质期限检查、记录	库内温度连续检测、记录 入/出库时间及保质期限触摸屏/PDA 录入
保温配送	配送车保温、保冷室的温度管理 至配送地的运输温度管理	移动卡式温度录入器

(资料来源：见参考文献 [3])

7.3 易腐食品冷链风险管理原理与方法

风险管理是指通过识别风险、评估风险、分析风险，从而有效地控制风险，用最经济的方法来综合处理风险，以实现最佳安全保障的科学管理方法。风险管理的内容及其相互关系如图 7-3 所示。

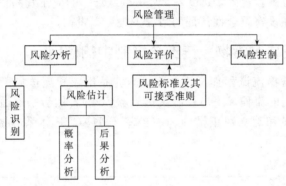

图 7-3 风险管理的内容及其相互关系

7.3.1 食品冷链风险识别

7.3.1.1 食品冷链风险识别的概念

食品冷链风险识别是食品冷链风险管理的基础，即在食品冷链物流过程中，通过识别其存在的风险源和风险因素，并对其进行研究、分析和归类。在食品风险管理体系中，正确处置食品风险的前提是明确食品风险的存在，估计食品风险发生的损失程度，为制订和选择食品风险应对方案奠定基础。而且，风险识别不是一项一次性的任务，必须在整个食品冷链运营过程中周期性地反复进行。

每个食品冷链成员所面临的风险来自内部因素和外部环境因素。内部因素主要包括食品冷链运作流程、食品质量安全管理体系、聘用员工的素质、培训方法及激励机制等。因此，食品风险识别需要对食品冷链成员自身的经营状况，所在市场的情况，所处法律、社会、政治和文化环境有深入的认识和了解，同时要求食品冷链成员有明确的经营战略，才能由此识别促使战略成功的因素，以及那些威胁战略目标实现的因素。

7.3.1.2 食品冷链风险识别的步骤

风险识别的步骤如图 7-4 所示。

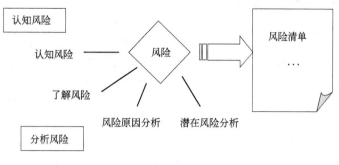

图 7-4 风险识别的步骤
(资料来源：见参考文献 [5])

认知风险是风险识别的第一个关键环节。所谓认知风险就是对食品冷链企业所面临的各种风险，采取各种有效方法进行系统考察，认识和了解风险的种类、性质以及可能发生的风险后果，使决策者增强风险识别和感知能力的过程。由于风险本身处于一种十分不确定的状态，对于食品冷链企业所面临的全部风险，往往难以用一种孤立的方法来考察和测量。虽然某种方法对这种风险有效，但对另一种风险却难以奏效，因此必须采用多种方法进行综合考察。

分析风险包括风险原因分析和潜在风险分析，主要指对风险种类的分析和对潜在风险威胁的分析。制作风险清单分析风险种类是分析风险事件原因的最基本、最常用的方法。采用类似于备忘录的形式，将食品冷链成员所面临的各种风险逐一列举，并依据食品冷链的运营活动对这些风险进行综合考察。风险管理人员可在此基础上对风险的性质及其可能产生的损失做出合理的判断，并研究出防止风险发生的对策。风险清单的格式必须包括食品冷链企业所有的关键环节，以及食品企业活动所处的自然、经济、政治和社会环境。但是，由于风险清单只能列出各种已经存在的风险，容易忽视对潜在风险的深入研究。因此，在分析风险清单的同时，应密切注意其他潜在风险的威胁。

7.3.1.3 食品冷链风险识别的原则

在进行食品冷链风险识别时，要求遵循以下原则。

① 面向对象原则。不同的食品风险识别对象、不同的食品风险等级往往对应着不同的应对措施、不同的管理工具。因此，在进行食品冷链风险识别之前，应充分了解识别对象，详细了解可能存在的各种风险事件发生的概率与相应的损失以及食品风险扩散导致的灾害衍生链。

② 专家参与原则。由于食品冷链的复杂性，在风险识别时需要专家参与。专家能够解释食品冷链风险识别的结论和科学数据，识别其所基于的假设和主观判断，能够解释食品风险识别过程中的不确定性，使食品风险管理者及有关各方能清晰地了解食品风险。

③ 科学平衡原则。食品冷链风险识别的目的在于规避食品风险损失，以最小的成本投入获得最大限度的食品安全保障。在食品风险识别过程中，不同的食品冷链成员应根据自身的企业规模和财务状况，合理选择食品风险识别的目标，采取分层次、分步骤的科学决策方式，实现食品风险识别成本与自身经济实力之间的科学平衡。

④ 定量分析原则。食品风险的动态性和复杂性决定了食品风险识别必须应用严格的数学理论方法，在综合考虑各种风险因素的基础上，对可能存在的食品风险事件发生概率和损失程度进行量化，通过相对精确的定量分析给出食品风险识别的结果和相应的控制措施。

⑤ 动态性原则。为了应对食品冷链外部环境的动态变化和风险的传播蔓延，食品风险

识别的对象、措施和过程也应该进行动态调整，形成一种立体的、多维的、螺旋式上升的食品风险识别结构。

⑥ 系统性原则。食品风险识别是一项系统性、综合性极强的工作，不仅在于食品风险的成因复杂，后果严重，而且在于食品风险识别的准确性直接影响着食品风险评估、预警和控制的效果。因此，要科学准确地识别可能存在的食品风险因素，必须采取系统性原则，运用系统科学的方法进行调查分析，揭示各种食品风险的成因和后果，以保证食品风险识别的准确性。

⑦ 透明性原则。为了使食品风险管理者和相关人员都能接受食品风险识别的结果，要求整个过程必须是透明的，除非出于法律原因需要保密（如专利信息或数据）。食品风险中的透明性必须体现在食品风险识别过程的公开性和可提供有关审议两个方面。

7.3.1.4 食品冷链风险识别的方法

风险识别的方法很多。可以分为宏观领域中的决策分析（供应链分析法、市场环境分析法等）和微观领域的具体分析（流程分析法、风险追溯分析法等）。以下是一些常用的食品冷链风险识别方法。

① 供应链分析法。食品冷链是一个复杂的过程，它贯穿于整个食品供应链，因此，食品风险识别就应该贯穿于"从农田到餐桌"的整个食品供应链。从每一个食品供应链成员中采集和分析风险信息，准确地描述食品安全状况，描述存在的潜在的食品风险特性。

② 市场环境分析法。由于食品的特性，许多食品风险直接来自于消费者，在给消费者带来健康危害后才被发现，因此，面向市场环境的食品风险识别非常重要。食品风险管理人员经过实际的市场调研，对相关食品在市场环境中的状况进行检测、分析，发现其潜在风险，并及时做出预警。

③ 流程分析法。食品流程分析法强调根据不同的流程，对每一阶段和环节，逐个进行调查分析，找出食品风险存在的原因；从中发现潜在风险的威胁，分析食品风险发生后可能造成的损失和对全部食品冷链过程造成的影响。

④ 风险追溯分析法。食品风险追溯体系的建立，更加强调食品安全的全过程管理，以及依赖于关键环节的管理。食品风险追溯分析需要以标准化和信息化为基础，从而进行潜在风险识别。

⑤ 专家调查列举法。由食品风险管理人员对食品冷链企业或食品供应链可能面临的风险逐一列出，并根据不同的标准进行分类。

⑥ 背景分析法。通过对食品生产和经营过程中获得的各类食品检测数据，采用食品微生物预测技术，应用曲线和图表的形式描述食品状态的变化趋势，以研究引起有关风险的关键因素及其后果，当温度或时间等因素发生变化时，又将出现怎样的风险，其后果如何。背景分析法主要在于考察食品风险的范围及事态的发展，并对各种情况做对比研究，选择最佳的食品风险管理方案。

⑦ 分解分析法。首先将食品冷链风险分解为经济风险、技术风险、资源风险、人员风险、环境风险等不同要素，然后对每一种风险因素做进一步的分析。

食品冷链风险识别还有失误树分析法、事故分析等。不过需要指出的是：没有任何方法是万能的。因此，在食品冷链风险识别时，必须综合应用各种方法进行分析。

7.3.2 食品冷链风险评估

7.3.2.1 食品冷链风险评估的概念

食品风险评估是利用现有的科学技术和科学资料，通过某些因素的暴露对人体健康产生的不良后果进行鉴定、确认和定量分析，做出风险特征描述的过程。在完成食品冷链风险识别之后，还需要对可能潜在的风险进行评估，评估风险可能造成的损失，并以此作为风险管理和控制的基准。在食品风险评估过程中，应该尽可能包括科学准确的定量信息。

7.3.2.2 食品冷链风险评估的原则

在进行食品冷链风险评估的过程中，应当遵循以下原则。

① 标准性原则。食品冷链风险评估理论模型的设计和具体实施，应该依据国内外相关的标准进行。只有在一定的标准之上进行评估，才能保证评估的准确性。

② 规范性原则。风险评估的过程以及过程中涉及的文档应该具有很好的规范性，以便于跟踪和控制。

③ 可控性原则。在食品冷链风险评估过程中，应该按照标准的项目管理方法对食品冷链企业或食品供应链的人员、组织、项目进行风险管理和控制，以保证食品冷链风险评估过程中的可控性。

④ 整体性原则。在评估的过程中，应从管理和技术两个角度对食品冷链企业或食品供应链进行评估，保证评估的全面性。

⑤ 最小化影响原则。食品冷链风险评估工作应尽可能小地影响食品企业或食品供应链的正常运行。

⑥ 保密性原则。食品冷链风险评估过程应该与冷链企业签订相关的保密协议，以承诺对食品冷链企业内部信息进行保密。

7.3.2.3 食品冷链风险评价常用方法

除 HACCP 外，冷链风险评价方法还包括：综合安全评价方法（FSA）、事故树分析法（FTA）、蒙特卡罗法、解释结构模型法（ISM）、GO 法和 GO-FLOW 法、冷链物流安全可靠度方法等。

(1) FSA 与风险坐标图法

FSA（综合安全评价方法，Formal Safety Assessment）是一种工程运营管理中用于指定合理的规则和提供风险控制的综合性、结构化和系统性的分析方法，其主要目的就是降低事故发生的概率和减轻事故后果。

FSA 方法有如下 5 个基本步骤。

① 危险识别。识别的目的就是对所评估的系统可能存在的所有风险进行识别，并按照危险程度粗略分类和有序排列。

② 风险评估。风险评估主要目的就是确定风险分布并识别和评估影响风险水平的因素，一般有定性、半定量和定量分析等形式。

③ 提出风险控制方案。

④ 成本与效益评估。估算和评估由第 3 步识别和确定的各种风险控制方案所产生的成本和效益。

⑤ 提出决策建议。

风险坐标图是 FSA 体系中常用的风险度量和评估方法，它把风险发生可能性的高低、风险发生后对目标的影响程度，作为两个维度绘制在同一个平面上（即绘制成直角坐标系），对风险发生可能性的高低、风险对目标影响程度的评估有定性、半定量和定量等方法。如图 7-5 所示，定性方法是直接用文字描述风险发生可能性的高低、风险对目标的影响程度，如风险发生的频率可分为"极少"、"很少"、"可能"和"经常" 4 类，而后果严重程度可分为"不明显"、"轻微"、"严重"、"极严重"等。定量方法是对风险发生可能性的高低、风险对目标影响程度用具有实际意义的数量描述，如对风险发生可能性的高低用概率来表示，对目标影响程度用损失金额等指标来表示；半定量分析方法综合定量和定性的界定思想，介于两者之间。

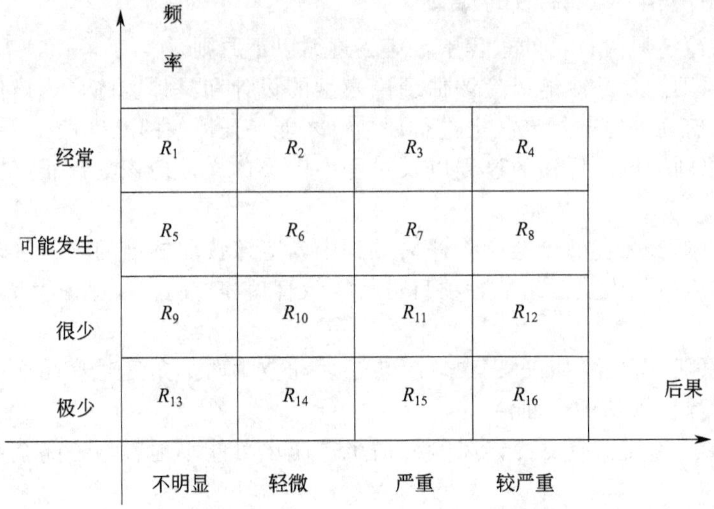

频率				
经常	R_1	R_2	R_3	R_4
可能发生	R_5	R_6	R_7	R_8
很少	R_9	R_{10}	R_{11}	R_{12}
极少	R_{13}	R_{14}	R_{15}	R_{16}
	不明显	轻微	严重	较严重

图 7-5　风险坐标图

（2）事故树分析法

FTA（事故树分析，Fault Tree Analysis）是在系统安全工程中广泛应用的重要的安全分析方法之一。"树"的分析技术属于系统工程的图论范畴，是一个无圈的连通图。事故树是一种利用布尔逻辑关系从结果到原因表示事故发生过程的逻辑树图。事故树分析方法可形象明了地反映出事故发生的因果关系，它既可以用于事故后的原因分析，又可以用于系统危险性评价与辨识；既可以用于定性分析，也可以用于定量分析。由于这种分析方法具有形象直观、思路清晰、逻辑性强等特点，因而得到了广泛的应用。

（3）蒙特卡罗法

蒙特卡罗法（Monte Carlo Method）也称随机模拟法或统计模拟法。它是以概率论为基础的风险预测方法。蒙特卡罗法的分析结果是建立在大量的随机试验的基础上的，因此必然受到试验手段和计算量的限制。直到20世纪40年代计算机出现，大量的随机抽样试验能够利用计算机快速模拟，使得蒙特卡罗方法具有了实现的可能。第二次世界大战期间，冯·诺伊曼（Von Neumann）等人利用计算机进行中子行为随机抽样模拟，通过大量的随机抽样模拟分析有关参数。这一方法收到了相当好的效果。因为战时保密的原因，这个方法被称为蒙特卡罗。近几十年来，蒙特卡罗法得到了广泛的应用，其中的一项应用就是风险分析，它是一种随机模拟数学方法。该方法用来分析评估风险发生可能性、风险的成因、风险造成的损失或带来的机会等变量在未来变化的概率分布；其实质就是利用服从某种分布的随机数来模拟现实系统中的随机现象，因此只有模拟次数足够大才能得到有意义的结论。

蒙特卡罗方法的操作步骤如下。

① 量化风险。将需要分析评估的风险进行量化，明确其度量单位，得到风险变量，并收集历史相关数据。

② 根据对历史数据的分析，借鉴常用建模方法，建立能描述该风险变量在未来变化的概率模型。建立概率模型的方法很多，例如：差分和微分方程方法，插值和拟合方法等。这

些方法大致分为两类：一类是对风险变量之间的关系及其未来的情况作出假设，直接描述该风险变量在未来的分布类型（如正态分布），并确定其分布参数；另一类是对风险变量的变化过程作出假设，描述该风险变量在未来的分布类型。

③ 计算概率分布初步结果。利用随机数字发生器，将生成的随机数字代入上述概率模型，生成风险变量的概率分布初步结果。

④ 修正完善概率模型。通过对生成的概率分布初步结果进行分析，用实验数据验证模型的正确性，并在实践中不断修正和完善模型。

⑤ 利用该模型分析评估风险情况。

正态分布是蒙特卡罗风险方法中使用最广泛的一类模型。通常情况下，如果一个变量受很多相互独立的随机因素的影响，而其中每一个因素的影响都很小，则该变量服从正态分布。在自然界和社会中大量的变量都满足正态分布。

(4) 解释结构模型（ISM）

结构化模型技术是指建立结构模型的方法论，已有许多方法可供使用，其中尤以 ISM（解释结构模型，Interpretative Structural Modeling）最为常用。ISM 是美国 J. 华费尔教授于 1973 年作为分析复杂的社会经济系统有关问题的一种方法而开发的。其特点是把复杂的系统分解成若干个子系统（要素），利用人们的实践知识和经验，以及计算机的帮助，最终将系统构成一个多级递阶的结构模型。

ISM 属于概念模型，它可以把模糊不清的思想、看法转化成直观的具有良好结构关系的模型。而且，它的应用面也比较广泛，从能源问题等国际性问题到地区经济开发、企事业单位甚至个人范围的问题等，都可以应用 ISM 来建立结构模型，并依据此进行系统分析。它特别适用于变量众多、关系复杂而结构不清晰的系统分析中，也可以用于方案的排序等。

实施 ISM 的工作程序有以下几个步骤：

① 组织 ISM 小组；
② 设定问题；
③ 选择系统的构成要素；
④ 根据要素明细表构思模型，并建立邻接矩阵和可达矩阵；
⑤ 将可达矩阵分解后建立结构模型；
⑥ 根据结构模型建立解释结构模型。

(5) GO 法及 GO-FLOW 法

GO 法的基本思想是在 20 世纪 60 年代中期由美国 Kaman 公司最先提出，经过应用中的不断完善，20 世纪 80 年代以后在核能领域，特别是在日本得到广泛应用，是一种用图形演绎法来分析系统可靠性的方法。GO 法主要用于系统运行具有复杂时序或系统状态随时间变化的情况，用来评估系统的可靠度和可用度。GO 图对系统的表示逻辑模型有如下假设：

① 系统是连贯的，因此每个部件都和系统相连，无单独的部件；
② 系统为两种状态，即成功和失败两种状态；
③ 不同部件的寿命是相互独立的；
④ 部件可以是有一定修理时间的可修部件；
⑤ 部件修复完成后，恢复新的状态。

GO-FLOW 法是在 GO 法的基础上逐渐发展起来的，其基本思想是把系统图或工程图直接翻译成 GO-FLOW 图。GO-FLOW 图中用操作符代表具体的单元或部件，用信号流连接操作符，代表具体的物流或者逻辑上的运输通道，适用于有一定操作程序的系统、状态随时间变化的系统或有阶段性任务的系统等复杂系统的安全性和可靠性分析、GO-FLOW 法还能很好地解决有共因失效的系统分析，系统的不确定性分析和动态系统分析等方面的问题。GO-FLOW 法现已成为进行系统安全性分析和概率风险评价时除故障树和事件树以外又一种有效方法。其主要步骤是建立 GO-FLOW 图和进行 GO 运算。

部分 GO-FLOW 法操作符描述及其运算规则如下。

① 类型 21 操作符——两状态元件　描述：类型 21 操作符用来模拟只有两种状态的元部件，表示状态好坏、成功或故障等。这种操作符只有一个输入信号和一个输出信号。参数：P_g，操作符所代表元部件的成功概率；

运算规则：输入信号 $S(t)$ 存在，且操作符处于成功状态，则输出信号存在，输出信号 $R(t)$ 的强度计算式：

$$R(t) = S(t) P_g \tag{7-1}$$

② 类型 22 操作符——或门　描述：类型 22 是逻辑门，用来模拟多个信号的或门的逻辑关系，有多个输入信号和 1 个输出信号；没有参数；

运算规则：只要有 1 个输入信号存在时，输出信号就存在，输出信号的强度是所有输入信号强度的并集的强度。假设有 M 个输入信号 $S_j(t)$，而且它们相互独立，则输出信号 $R(t)$ 强度的计算式为：

$$R(t) = 1 - \prod_{j=1}^{M} [1 - S_j(t)] \tag{7-2}$$

③ 类型 25 操作符——信号发生器　描述：类型 25 操作符用于模拟单信号发生器，仅有一个输出信号，该操作符一般用于在某一个时间点产生一个信号，也可以在多个时间点连续产生多个信号，该操作符产生的信号与其他操作符产生的信号是互相独立的；该操作符号作为类型 35 操作符的子输入信号时，它是作为时钟使用，输出信号的强度表示时间间隔。

参数：$R(i), i=1,2,\cdots,n$，给出 n 个时间点的输出信号强度。

④ 类型 35 操作符——随时间失效的工作元件　描述：类型 35 操作符用来描述正在工作的失效概率随时间增长的工作元件，该操作符有 1 个主输入信号，多个次输入信号和 1 个输出信号。

参数：λ，操作符所代表的随时间失效的工作元件在单位时间内的失效概率，即失效率，假设失效率 λ 不随时间而改变，为一常数；

运算规则：操作符的次输入信号强度表示一段时间间隔，在该时间间隔内，由于失效率 λ 引起正在工作的元件的失效率增加，因此当主输入信号存在时，输出信号的强度下降，多个次输入信号表示多个时间段引起元件失效概率 $P_i(t_k)$ 增加，输出信号强度计算式为：

$$R(t) = S(t) \times \exp\left\{-\lambda \sum_i \sum_{t_k<t} P_i(t_k) \times \min[1.0, S(t)]\right\} \tag{7-3}$$

(6) 冷链物流安全可靠度

要研究整个冷链系统的安全性，首先要对单个冷链单元的安全性进行度量。根据系统可靠性理论，可靠度是产品在规定条件下和规定时间内完成规定功能的概率。因此可将冷链单元的安全可靠度定义为：在规定时间和规定条件下，冷链单元提供的物流服务能使食品的安全性保持在一个规定的允许范围内的概率。正常情况下，冷链单元能保证食品的安全，但如果冷链不够完善，如在贮藏、运输和销售环节出现控制不当，导致温度升高，微生物就会迅速增殖，加速食品变质，对消费者健康构成威胁。食品经过冷链单元后微生物数量越多，冷链单元的安全可靠度就越小；反之，冷链单元的安全可靠度越高。食品冷链物流单元的安全可靠度模型如下：

$$R_t = R_0 - d\Delta T^2 t \tag{7-4}$$

式中，R_0、R_t 分别表示初始时刻和 t 时刻食品物流单元的安全可靠度；d 是由冷链物流环境和食品中的致病菌种类确定的参数；$\Delta T = T - T_{\min}$（T 为微生物生长所处的环境温度，$T_{\min}$ 为微生物零生长温度）。模型表明：冷链单元的失效率与食品经过冷链单元的时间成正比，与冷链单元温度差的平方成正比。

冷链系统是由采购、生产（采摘）、运输、包装、加工、贮存、配送、销售等环节组成的串联系统，根据递推关系可以得到食品经过 i 个冷链单元后的安全可靠度 R_i：

$$R_i = R_0 - d\sum_{j=1}^{i} \Delta T_j^2 t_j \tag{7-5}$$

食品冷链物流的安全可靠度模型表明：

① 冷链系统各单元的安全可靠度变化是相互独立的，且只与本单元的温度和时间有关，与系统初始状态和其他单元无关；

② 因为 $\Delta T_j^2 t_j \geq 0$，所以 R_i 是非增函数，即在冷链系统中，其安全可靠度从起始点到目的地都不可能增加，其安全可靠度下降是积累的，而且是不可避免的。

③ 生鲜易腐食品经过某一冷链单元后如果已经超过安全可靠度限制要求，则后续物流单元不论采取何种措施都将不能补救。具有不可逆性。

食品冷链物流的安全可靠度为研究食品在冷链物流过程中的安全性变化提供了动态的量化指标，克服了以往定性分析的缺陷，提高了管理的科学性和可操作性。

在一定条件下（初始条件、包装等），表达式 $\Delta T^2 t$ 可以用来判断食品物流单元的安全性。因此，定义表达式 $\Delta T^2 t$ 为冷链物流单元的安全影响因子。冷链单元的安全影响因子 $\Delta T^2 t$ 越大，其安全可靠度越小；反之，安全影响因子越小，冷链单元的安全可靠度越大。可以利用安全影响因子对物流方案进行比选，找出最安全方案。

【例】 某一批易腐货物需要从生产地 A 运输到销售地 B，有三种运输方式供选择：公路、铁路和航空。其中公路能提供保温车运输，温度可以控制在 10℃，时间最少需要 15h；铁路能提供机械冷藏车运输，温度可以控制在 5℃，但时间需要 45h；航空运输是常温下运输，平均温度为 20℃，所需时间是 4h。如果食品中的微生物零生长温度为 0℃，则基于安全影响因子的方案比选如表 7-4 所示。

表 7-4 三种运输方式的安全影响因子

项目	温度 T/℃	时间 t/h	安全影响因子 $\Delta T^2 t$
公路	10	15	1500
铁路	5	45	1125
航空	20	4	1600

上表中虽然铁路运输所需时间最长，但是安全影响因子是最小的，反而航空运输虽然所需时间最短，但由于运输温度较高，安全影响因子最大；公路运输的安全影响因子介于二者之间。所以从安全角度考虑铁路运输是最优方案。

此外，冷链物流系统的风险分析与评价方法还有层次分析法、模糊分析法等。

7.3.3 食品冷链风险预测

食品冷链风险预测是指食品在未被消费者食用之前，对食品在整个食品冷链的生产、加工、运输、销售等过程中可能发生的安全隐患进行预测，制订对策，从而预防事故发生的一种措施。引发食品安全事故的因素是多方面的，一般包括营养失控、微生物致病、自然毒素、环境污染、人为加入食品供应链的有害化学物质以及其他不确定性因素。

关于风险预测的方法很多，如回归分析法、时间序列法、人工神经网络法等。随着预测微生物学和计算机技术的发展，微生物预测技术成为食品风险预测发展较为成熟的技术，并对食品风险预测的发展起到了重要作用。预测微生物学是指依据各种食品微生物在不同加工、储藏和流通条件下的特征信息库，在不进行或少量的微生物检测分析的前提下，建立相应的微生物生长动力模型，通过计算机及其配套软件，判断食品内主要病原菌和腐败微生物的全过程生长、死亡和残存的动态变化，从而对食品安全做出快速评估的预测方法。从食品安全控制的角度来讲，由于预测微生物学模型能够快速高效地对食品中关键微生物的生长、死亡和残存进行预测，从而能够为食品在生产、运输、储藏中的食品品质安全提供参考。

微生物生长动力学模型是预测微生物学研究的核心和重点。动力学模型可以分为三个级别：初级模型、二级模型、三级模型。

7.3.3.1 预测微生物学初级动力学模型

初级模型包括Gompertz模型、Logistic模型、Richards模型、Stannard模型、Schnute模型等，其中Gompertz模型和Logistic模型由于较好的拟合度被广泛地应用。Gompertz方程表达式为：

$$y=\ln(N_t/N_0)=A\exp\left\{-\exp\left[\frac{u_m e}{A}(\lambda-t)+1\right]\right\} \tag{7-6}$$

式中，$A=\ln(N_{max}/N_0)$；u_m 为最大生长速率；λ 为微生物生长延滞期；N_0 为微生物初始数量；N_{max} 为最大微生物数量；N_t 为时间 t 的微生物数量。

Gompertz模型所模拟的微生物生长曲线为图7-6所示的S型曲线，方程中各参数的意义也可以在图中显示出来。

Logistic模型表达式为：

$$y=\ln(N_t/N_0)=\ln\{N_{max}/[1+\exp(M-t/G)]\} \tag{7-7}$$

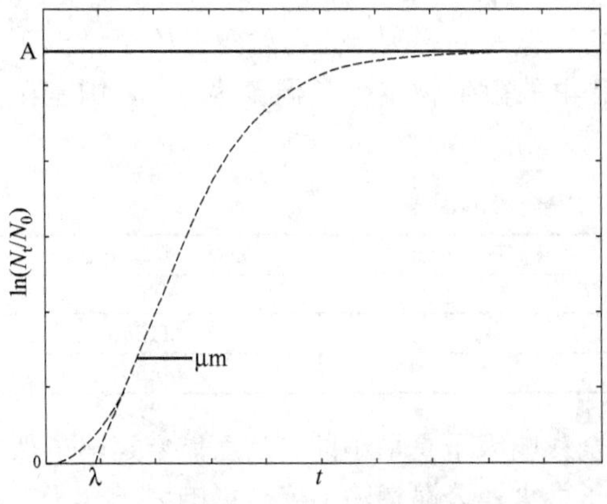

其中，M 为最大生长速率对应的时间，G 为传代时间。

Gompertz模型和Logistic模型是针对大部分微生物生长的通用模型，事实上，除Gompertz模型外，其他的微生物初级生长模型也越来越多地被提出，这些模型由于经过大量的实验验证以及模型的针对性，使得预测模型的效果更好，如Monod提出的真空肉类食品微生物初级生长模型为如下的指数模型：

$$N_t=N_0 e^{u(t-\lambda)} \tag{7-8}$$

图7-6 Gompertz模型模拟的微生物生长曲线

其中，u 为微生物生长速率。微生物生长的初级模型只是模拟了微生物生长与时间之间的近似关系，由于微生物在食品中的生长与所处的环境条件有极大的关系，所以有必要在初级模型中引入环境因子来描述对微生物生长的影响，这就是预测微生物学的二级动力学模型。

7.3.3.2 预测微生物学二级动力学模型

在诸多微生物生长环境影响因素中，温度无疑是其中对微生物生长影响最大的一个，对于大多数食品中的微生物生长而言，应用 Arrhenius 活化能动力学就能描述温度与微生物生长间的相互关系。

$$k = A\exp(-E_a/RT) \tag{7-9}$$

式中，k 为反应速率系数；A 为常数；$-E_a$ 为活化能；R 为气体常数；T 为温度（开氏温标）。

Arrhenius 关系式的缺点是数据虽然拟合较好，但是参数太多导致使用非常繁琐，而且实验证明微生物的生长速率只在生长的狭小温度范围内遵循 Arrhenius 公式。Zwietering（1996）等在研究了几种温度对食品微生物生长影响的模型后，认为平方根方程的模拟效果更佳。

$$\sqrt{u} = b(T - T_{\min}) \tag{7-10}$$

$$\sqrt{1/\lambda} = b_2(T - T_{\min}) \tag{7-11}$$

式中，$T_{\min}$ 为微生物最低生长温度；b、b_2 为实验常数。

确定出系数 b 和 b_2 后，就可以利用平方根方程来模拟预测微生物在非理想环境条件下的实际生长速率 u 和生长延滞期。

7.3.3.3 预测微生物学三级动力学模型

微生物生长的三级模型属于专家模型，是基于初级模型和二级模型之上的综合性模型。模型的主要任务是在前两个模型的基础之上，将模型中所需的各种初始条件输入到计算机中，并将模型的结果图形化，通过用户友好界面给出一个模型系统，达到预测的目的。如美国农业部开发的 PMP（Pathogen Modeling Program）应用软件，英国农业、渔业和食品部开发的 Food Micromodel 软件。

7.3.4 食品冷链风险控制

7.3.4.1 控制机理

食品冷链风险控制是指依据在食品风险识别、评估和预测基础上获得的风险信息而制订预防性对策，并采取一定方法控制食品冷链风险的过程，它是食品冷链风险管理体系中一个关键环节，它包括食品风险规划制定、食品风险解决方案编制、食品风险监控计划生成、食品跟踪和纠正等活动。

食品冷链物流风险基本思想如图 7-7 所示。第一步为风险分析阶段，即从具体作业环节入手进行风险识别、辨析风险类型、度量风险以及确定风险控制措施。风险控制措施涉及事前的控制和预防、物流过程中的实时监控、安全事故的应急处理、事后控制与处理等多个方面。通过冷链物流安全风险分析，能够初步分析各个易腐食品物流作业环节的安全风险的特征和水平。第二步为食品物流系统安全水平评价，依据系统可靠性和系统安全工程理论，包括冷链系统可靠性评价和系统安全风险水平评价两个方面。系统可靠度越高意味着发生事故的概率越小，系统安全水平就越高。相对于系统安全风险水平评价，系统可靠性评价的周期要短。通过安全水平评价结果判断现有的生鲜农产品安全风险水平是否超过系统内部主体可接受的标准，如果超过，转入安全控制步骤，从作业环境、设施设备和操作人员等方面入手，采取安全措施，进而再次进行安全风险分析，周而复始地进行系统物流安全控制；如果没有超过可接受水平,转入物流系统全流程实时监控。

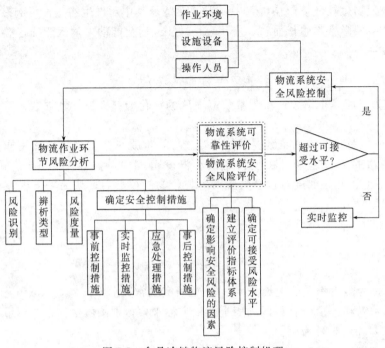

图 7-7 食品冷链物流风险控制机理
(资料来源:见参考文献[10])

可见,易腐食品物流系统安全控制是一个复杂的系统工程,涉及全流程的实时监控和物流安全风险的分阶段周期性控制。依据易腐食品物流安全控制的基本框架,将易腐食品物流安全控制的基本步骤和内容归纳在表 7-5 中。

表 7-5 易腐食品物流安全控制的基本内容

序号	步骤名称	基 本 内 容
1	物流安全风险分析	①从易腐食品本身角度分析物流安全风险类型和影响因素; ②从系统的角度统计分析物流安全事故的发生概率和后果严重程度
2	物流安全风险评价	①从作业环节角度分析和总结影响易腐食品物流安全的主要因素;建立易腐食品物流安全风险评价指标体系; ②从运筹学、模糊数学和系统工程等角度实际评价区域易腐食品物流安全水平; ③从安全系统工程和可靠性理论角度,评价系统总体安全可靠水平
3	物流安全风险控制	①本着事前预防的原则,从易腐食品影响因素角度,系统地建立物流安全风险监控体系和平台; ②依据具体系统或具体环节的安全事故分析,有针对性地提出应对措施; ③依据安全风险水平的具体评价结果分析,本着事后控制的原则,有效完善现有安全控制体系

(资料来源:见参考文献 [10])

7.3.4.2 控制模型

易腐食品风险控制的核心问题是实现对风险发生的自然因素和人为因素的合理调控,因此,可以用控制论来建立描述控制食品风险的数学模型。

首先将影响易腐货物冷链物流安全的各自然因素用集合 $X(P,t)$ 表示,它是随空间点 P 和时间 t 而变化的,其中,X 由 m 个分量 $X_i(i=1,2,\cdots,m)$ 组成,分别代表 m 个自然因素。即:

$$X(P,t)=[X_1,X_2,\cdots,X_m]^{\mathrm{T}} \tag{7-12}$$

然后将人为因素用变量 $Y(P,t)$ 表示，它是一个 n 维向量，其分量为 $Y_j(j=1,2,\cdots,n)$，分别代表 n 个人为因素。即：

$$Y(P,t)=[Y_1,Y_2,\cdots,Y_n]^{\mathrm{T}} \tag{7-13}$$

这些人为因素直接或间接地作用于自然变量 $X(P,t)$ 上，从而改变 $X(P,t)$ 的演变过程，于是自然因素 X 的演变，同时由自然及人为因素所决定，这种演变过程的规律性由偏微分方程所制约，即：

$$\frac{\partial X}{\partial t}=L(X,Y,t) \tag{7-14}$$

以上偏微分方程的初始条件 $X|_{t=t_0}=X^{(0)}(P)$，边界条件 $\Lambda(X,Y,t)|_{\partial\Omega}=G$。其中，$t_0$ 为研究该自然因素的起始时刻，$\partial\Omega$ 为所研究的自然因素空间 Ω 的边界，因此，$X^{(0)}$ 和 G 为已知函数，而 L 和 Λ 为某些算子。

显然，人类对自然因素的实际调控活动受其自身能力（如技术、经费等）限制，假设 C 为限制常数，则：

$$\|Y\|\leqslant C \tag{7-15}$$

另外，人类要求改变后的自然因素与期望的自然因素条件 X_p 之间的差距较小，即：

$$\|X-X_p\|\leqslant D \tag{7-16}$$

其中 D 也为某限制常数。因此，食品冷链风险控制就是要在满足式(7-15) 和式(7-16) 的条件下，寻找一种合理或最优的人为活动 Y，使得风险控制效益最优。

7.3.4.3 易腐食品冷链风险控制技术系统

在易腐食品风险管理体系中，控制技术系统是一个以食品风险分析技术为基础，借助食品风险识别、食品风险评估和食品风险预测所获得的相关数据进行食品风险控制的技术体系。因此，一个食品风险控制技术系统主要由食品风险监控技术、食品风险预警技术、食品风险全程控制技术、食品规范标准技术等组成（如图 7-8 所示）。这些技术是相互影响、相互作用的，在整个食品冷链的生产、加工、运输、销售过程中的作用越来越大。

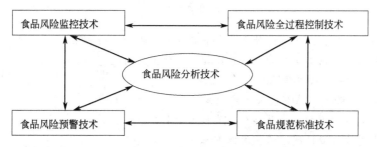

图 7-8　食品风险控制技术系统

(资料来源：见参考文献 [19])

7.3.5　食品冷链安全研究存在的问题

国外学者在影响食品安全的主要因素、食品安全评估、食品配送和库存系统分析以及食品供应链管理等方面进行了深入的研究，但是以下几个方面的研究仍待深入。

①衡量食品冷链物流安全性的量化指标。目前，对食品物流过程中的安全性度量基本上还是利用衡量食品安全的方法——食品中的微生物数量。但是，确定微生物的数量需要专业的知识和设备，而且需要在实验室条件下培养观察，从物流工程的角度而言，不能算是有效的方法。目前量化研究食品冷链物流过程中安全性的论文还很少，一般都是研究冷链物流过程中的品质损耗。

②食品冷链物流系统的安全性和经济性的综合研究。目前，大多数国外文献都从食品冷链物流过程中的品质改变、对人体的危害等方面进行研究，而较少将食品冷链物流系统的成本或利润等经济因素与食品物流系统的安全性综合起来建模研究。食品供应链方面的研究虽然考虑了经济因素，但这些研究还主要是以博弈论为基础，从供应链管理的角度考虑，与食品冷链物流系统的安全性结合不够。

③食品冷链物流安全的系统性研究。多数文献对食品安全性研究还只考虑了物流过程中的某个或某几个环节（例如食品的存贮和货架期是较多的研究领域），较少用系统工程的理论对食品冷链物流全过程（从生产到消费）进行安全性分析研究。

国内食品物流安全方面的相关研究主要处在介绍和应用国外已有成果的基础上。在食品物流风险评价、食品物流系统优化方面已取得不少成果，但与国外的研究相比还有一定的差距。

①宏观层面的食品安全发展战略、监控体系和制度法规研究成果较多，这对于提高我国食品安全整体水平，尽快缩小与发达国家在食品物流方面的差距有很大意义。但是，食品物流安全微观层面的运作策略研究还显薄弱，量化研究不够，不适应我国食品冷链物流集约化发展的趋势。

②食品冷链物流系统优化较多沿用一般物流系统的方法，主要从系统的经济性（物流成本最小或利润最大）方面入手研究，安全性方面较少涉及。少数文献在进行食品物流系统优化时，虽然也考虑了食品物流过程中的货损，但存在以下两方面的不足：一是就食品冷链物流过程而言，包装、搬运和运输过程中的物理损耗往往不是影响食品安全的主要因素，大多数食品物理损害不对食品的安全造成威胁。食品冷链物流安全最大的威胁可能是微生物污染而引起的腐败变质和食物中毒；二是在食品物流系统的分析和优化中，虽然考虑了微生物造成的腐败变质，但没有建立起物流环境因素（温度、时间等）与安全性的适用模型。

复习思考题

1. 食品冷链物流安全的含义是什么？安全管理和风险管理的关系是什么？
2. 请简述我国食品物流安全管理体系及其存在的主要问题？
3. HACCP质量安全管理体系的执行步骤有哪些？
4. HACCP与SSOP、GMP的关系是什么？
5. 易腐食品风险管理的内容及其相互关系是什么？
6. 请简述易腐食品冷链物流的风险控制机理？
7. 影响食品冷链物流安全的主要因素有哪些？
8. 食品冷链物流的安全可靠度的含义及数学模型是什么？

案 例 分 析

跨区域蔬菜物流系统安全性调查分析

1. 调研对象、方法和目的

本次实地调研对象主要包括长沙某批发市场、家润多、新一佳等超市，历时3周，调研对象、数量、方法和内容如表7-6所示。

表7-6 实地调研对象、方法和内容

调研对象	数量	调研方法	调研内容
批发市场个体户（包括冷库经营者）	15	座谈 调研表格	库存损耗率、事故率
批发市场市场部门负责人	3	座谈	批发市场仓库、车辆等设施设备情况；外地蔬菜供应渠道；蔬菜批发模式
蔬菜批发商	18	座谈 调研表格	外地蔬菜跨区域物流作业模式；装卸和长途运输损耗和事故率
个体运输业主	20	座谈 调研表格	货车冷藏运输率；长短途运输时间；装卸作业环节损耗情况
超市卖场负责人（7家超市）	7	座谈	超市生鲜供应和销售情况；冷库和相关冷链设施情况
超市卖场运营商	5	座谈 调研表格	蔬菜采购模式；短途装卸作业时间；相关作业环节损耗率和事故率

调研的主要目的是掌握异地中低档蔬菜的物流作业模式、影响蔬菜物流安全的因素和物流各作业环节的损耗率和事故率，并以山东寿光蔬菜基地的辣椒、茄子和番茄等蔬菜做典型统计分析。

2. 调研结果分析

蔬菜总体上冷藏运输率为6%～10%，其中区域内物流体系中，冷藏运输率为5%左右，跨区域冷藏运输6%左右；外地名贵蔬菜大部分物流环节都在冷链环境下，冷藏运输率在95%以上；水产一般跨区域运输率为95%以上；进口水果冷藏运输率在90%以上，区域内中距离集散冷藏运输率也在50%左右；国产水果产供销体系一般不采用冷链体系；冷链条件下的事故率在3%左右，而非冷链条件下事故率则在8%左右，采用冷链的物流系统要比部分冷链或非冷链模式的物流系统事故次数低20%左右。如图7-9所示，本次调研着重统计分析了来自山东寿光蔬菜基地的辣椒、茄子和番茄等蔬菜的物流运作模式和各环节损耗率。

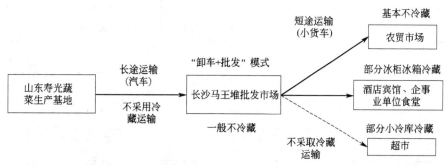

图7-9 部分冷链条件下跨区域蔬菜物流模式——以长沙马王堆批发市场为例

选取山东寿光蔬菜进入长沙马王堆批发市场的物流渠道进行典型分析。与基于冷链的生鲜农产品物流体系相比，现有的外地菜物流作业环节相对较少，例如一般没有产地预冷和批发市场冷藏两个关键作业环节；本地批发市场的蔬菜批量采购一般由个体运营商完成，租赁个体户的大型货车在产地采购装车；批发市场冷库面积很小，而且大型货车到达批发市场一般不进冷库，在停车场卸车作业和零售商采购作业几乎同时进行，也就是采用"卸车＋批发"的模式，现场验货、称重和装车，零售商采购员租赁个体货车实现批发市场到零售点的短途运输；农贸市场没有冷库，一般货到随即投放零售，蔬菜损耗严重，品质难以保证；酒店宾馆以及企事业单位食堂一般实行批量采购，蔬菜基本满足当日需求，一般不需要冷藏；超市短途卸车后部分进冷库冷藏，部分蔬菜上货架之前直接经过清洗包装等环节，蔬菜销售过程中根据销售量的变化适时从小型冷库调货。

长途运输大型货车平均载重量12t，超市生鲜卖场一般平均采购量为250kg，因此，从产地到批发市场的各个环节季度平均作业时间按照货车载重12t的标准统计，从批发市场到超市货架的各个作业环节季度平均时间按照平均采购量250kg标准统计，有关数据见表7-7。表7-7中，损耗率=某项作业造成的损耗量/作业量；事故率=季度内发生事故次数/季度内各环节作业总次数，主要的事故类型包括蔬菜腐烂变质、丢失、损伤等；表中的损耗率是目前统计的平均损耗率，它是批发和零售商可以接受的损耗率，各环节发生事故是指相关作业造成的损耗超过了预期或可接受的水平。

本次调研着重分析零售层次的超市环节，统计分析超市生鲜卖场外地蔬菜采购模式、物流作业模式和相关损耗指标；部分冷链是指在物流（链）网络中部分环节采用冷链设施或设备，统计分析的跨区域蔬菜物流体系中，部分冷链特指超市的冷藏和冷藏加工环节，相关作业时间、损耗率和事故率的统计数据如表7-7、表7-8所示。

表7-7 夏季（90天）部分冷链条件下蔬菜物流各环节指标统计

作业环节	(1) 清洗、包装	(2) 产地装车	(3) 长途运输	(4) 批发市场卸车	(5) 拣选	(6) 短途运输装车
平均作业时间/h	2.5	2.5	30	2	0.3	0.2
损耗率/%	2	3	7	5	2	0.5
事故率/%	2	3	4	4	3	3
作业环节	(7) 短途运输	(8) 短途卸车	(9) 超市冷藏	(10) 包装加工	(11) 上架销售	
平均作业时间/h	0.6	0.1	12	3	14	
损耗率/%	0.9	5	0.4	3	2.5	
事故率/%	1	2	1.2	4	1.6	

表7-8 夏季（90天）冷链条件下蔬菜物流各环节指标统计

作业环节	(1) 清洗、包装等	(2) 装车	(3) 短途运输	(4) 短途卸车	(5) 预冷	(6) 集装、配装
平均作业时间/h	3.0	1.5	0.4	0.6	0.6	0.8
损耗率/%	1.5	1	0.5	0.7	0.2	0.8
事故率/%	1	1.5	0.4	1.2	0.5	2
作业环节	(7) 长途装车	(8) 长途运输	(9) 卸车	(10) 冷库贮存	(11) 分拣、集货	(12) 装车
平均作业时间/h	1.2	30	0.8	10	0.5	0.2
损耗率/%	0.8	3	1.2	2	0.6	0.3
事故率/%	1	1.8	2	2	1.5	0.4
作业环节	(13) 短途运输	(14) 短途卸车	(15) 超市冷藏	(16) 清洗、包装	(17) 上架销售	
平均作业时间/h	0.4	0.1	12	2	14	
损耗率/%	0.6	0.5	0.4	3	2.5	
事故率/%	0.4	0.9	1.2	4	1.6	

3. 冷链物流安全风险分析

依据实际调研数据，运用风险坐标图法对物流网络中的安全风险水平进行初步分析；从表 7-7 和表 7-8 可以看出，跨区域物流网络中的各个作业环节的平均事故率和损耗率均为季度内统计的平均值，均在 0 至 10% 之间，可以借助风险坐标图法定量分析各物流环节的风险水平。事故率即为事故发生的频率，而损耗率可以用来度量事故发生的后果严重程度，依据风险度的定义，计算得出部分冷链条件下各个蔬菜物流作业环节的风险水平，并按照风险度高低排序，如表 7-9 所示，长途运输（3）及装卸（4）风险度较高，而短途运输（配送）（7）和超市冷藏（9）等环节的风险度较低；可见，有冷链条件的作业环节风险水平明显偏低，而作业时间较长的环节风险水平偏高。

表 7-9　各物流作业环节风险度

作业环节编号	3	4	10	8	2
风险(度)水平	0.0028	0.002	0.0012	0.001	0.0009
作业环节编号	5	11,1	6	7	9
风险(度)水平	0.0006	0.0004	0.00015	0.00009	0.000048

以部分冷链条件下的物流网络作为特例典型分析，风险坐标图如图 7-10 所示，横坐标为损耗率，因为各环节损耗率均在 8% 以下，可以分为四个等级：0~2%、2%~4%、4%~6% 和 6%~8%；纵坐标表示事故率，同样可以分为四个等级；R_1，R_2，…，R_{11} 分别按作业先后顺序表示各个物流作业环节，如图 7-10 所示，仅占据 16 个网格中的 9 个，因此，为了便于分析，将这 11 个环节依据事故率和损耗率的不同总体上可以分为 4 大类，也就是将初始的 16 类压缩至 4 类：①事故率低，损耗率低；②事故率高，损耗率低；③事故率低，损耗率高；④事故率高，损耗率高。实际运作过程中，划分事故率高低的分界点即为物流运作主体可以接受的事故率水平，而划分损耗率高低的分界点即为可以接受的损耗率水平。

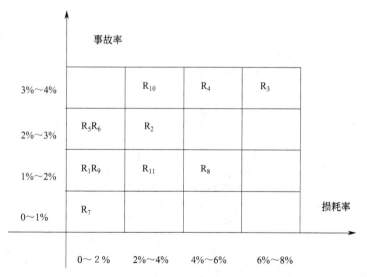

图 7-10　部分冷链条件下物流安全风险坐标图

(资料来源：见参考文献 [10])

例如，如果将 2% 作为事故率高低的分界点，将 4% 作为损耗率高低的分界点，那么 R_1、R_7、R_9 和 R_{11} 属于第一大类，R_2、R_5、R_6 和 R_{10} 属于第二大类，R_8 属于第三大类，R_3、R_4 属于第四大类。一般来说，在实际操作过程中，第一大类环节的安全风险是可以忽略的；而第四大类作业环节是重点控制对象；对于第二大类作业环节，要注重生鲜农产品物流作业的实时监控；对于第四大类作业环节，要注重具体作业内容和环境的控制和监管。

如长途运输环节，风险度最高，而且在风险坐标图中属于第四大类，因此要注重运输过程中的全程监控，规范实际操作流程；批发市场面向超市的短途运输环节风险度很低，而且属于第一大类，可以投入较少的人力物力进行非重点监管。

问题：(1) 如何控制新鲜蔬菜长途运输过程中的风险？

(2) 请采用 GO-FLOW 法对本案例进行风险评价，评价结论与风险坐标图法是否一致？

参 考 文 献

[1] 金征宇. 食品安全导论. 北京：中国轻工业出版社，2007.

[2] 陈锦汉等. 食品物流学. 北京：中国轻工业出版社，2007.

[3] 屠康. 食品物流学. 北京：中国计量出版社，2006.

[4] 金星，洪延姬. 系统可靠性评定方法. 北京：国防工业出版社，2005.

[5] 赵林度编著. 食品安全与风险管理. 北京：中国科学出版社，2009.

[6] 陈宗道，赵国华. 食品物流安全的管理与技术. 北京：化学工业出版社，2007.

[7] Marion Nestle. 食品安全——细菌、生物技术和生物恐怖主义. 北京：社会科学文献出版社，2004.

[8] 张延平，谢如鹤. 生鲜农产品物流安全管理政策与法律建设亟待加强. 中国储运，2006 (5)：103-104.

[9] 李苗云. 冷却猪肉中微生物生态分析及货架期预测模型的研究. 南京：南京农业大学，2006.

[10] 邱祝强. 基于冷藏链的生鲜农产品物流网络优化与物流安全风险研究. 长沙：中南大学，2007.

[11] 邹毅峰. 食品冷链物流的安全可靠度研究. 长沙：中南大学，2009.

[12] 林朝朋. 生鲜猪肉供应链安全风险及控制研究. 长沙：中南大学，2009.

[13] Shen Zupei, Wang Yao, Huang Xiangrui. A quantification algorithm for a repairable system in the GO methodolog. Reliability Engineering and System Safety, 2003, 80 (3)：293-298.

[14] Haas C. N. Estimation of risk due to low doss of microorganisms: A comparison of alternative methodologies. Am. J. Epidemiol, 1983, (118)：573-582.

[15] Min-Jeong Rho, Donald W. Schaffner. Microbial risk assessment of staphylococcal food poisoning in Korean kimbab. International Journal of Food Microbiology, 2007, (116)：332-338.

[16] M. H. Zwietering. Quantification of microbial quality and safety in minimally. processed foods. International Dairy Journal, 2002, 12 (2~3)：263-271.

[17] M. H. Zwietering, J. C. De Wit, S. Notermans. Application of predictive microbiology to estimate the number of bacillus cereus in pasteurized milk at the point of consumption. International Journal of Food Microbiology, 1996, 30 (1~2)：55-70.

[18] K. Koutsoumanis, P. S. Taoukis, G. J. E. Nychas. Development of a Safety Monitoring and Assurance System for chilled food Product. International of Food Microbiology, 2005, (100)：253-260.

[19] 刘为军，魏益民，韩俊等. 我国食品安全控制体系及其发展方向分析. 中国农业科技导报，2005，7 (5)：61-64.

[20] Isabel Walls. Role of quantiative risk assessment and food safety objectives in managing Listeria mooctogenes on ready-to-eat meats. Meat Science, 2006, 74：66-75.

8 冷链运输信息化

本章介绍了冷链运输信息化技术、冷链物流信息管理系统、冷链温度监控，以及物联网与追溯技术。

通过本章的学习，应了解现代信息化技术在冷链运输系统中的应用，掌握冷链物流信息管理的组成及基本服务功能，了解冷链全程温控的基本设备、方法和应用，了解物联网与追溯技术的基本概念和在冷链物流系统中的应用。

RFID 在生鲜食品冷链物流中的应用

配送中心的冷藏车准时到达超市指定的交货点，把货卸下，超市的工作人员用手持式 RFID 阅读器一次性读取所有货物信息，确认货物信息与订货单是否一致。如果信息一致，则更新零售商的销售系统中的相关数据。

超市工作人员马上将货物推进超市，上架销售。冷冻食品及时上架，保证超市不会出现"缺货"、"断货"的现象，满足消费者的消费需求和零售商的销售需求。

超市在摆放冷冻食品的冷冻柜上方安装了一个 RFID 阅读器，该阅读器的读取范围可以辐射到整个冷冻食品摆放的区域。这个冷冻柜就能利用阅读器对每件商品包装上的 RFID 标签进行信息获取，来自动识别新添的商品。同时冷冻柜上的 RFID 阅读器可以实时读取冷冻柜的温度信息并及时反馈给超市管理中心，保证冷冻柜的温度在一定的幅度范围内，以保证生鲜食品的新鲜度。

顾客从冷冻柜拿走一定数量的商品，RFID 阅读器能自动获取被取走商品的相关信息，并及时地向超市的自动补货系统发出信息。

冷冻食品的外包装上都贴有 RFID 标签，当顾客将购物车推过装有 RFID 阅读器的门时，阅读器可以一次性辨认出购物车中的商品种类、数量、金额等信息，电脑显示屏会显示该顾客消费总金额，然后顾客付款离开。

当顾客消费完毕离开，超市的销售系统立即自动更新，将所销售的商品信息以及销售额全部记录下来。

（资料来源：慧聪食品工业网）

8.1 冷链运输信息化技术

随着易腐货物特别是快速消费品市场的扩大，冷链运输迅速成为规模大、专业性强、涉及行业广、从业人员多的产业。为及时处理产品与服务信息、优化配送流程，实现存取选拣自动化和物流管理智能化，需要冷链运输信息化技术作为支持。

信息技术的应用是提高运作效率、降低供应链成本的重要因素。一些关键信息技术包括 EDI（Electronic Data Interchange，电子数据交换）、自动识别技术（条形码技术、RFID 技术）、GPS（全球定位系统）、GIS（地理信息系统）、互联网技术，以及各种运输管理信息系统等。而数字低温仓库、可视化技术等新技术在物流运输领域的应用也逐渐被广泛接受。

8.1.1 智能运输系统（ITS）

ITS（智能运输系统，Intelligent Transportation Systems）是将先进的信息技术、计算机技术、数据通信技术、传感器技术、电子控制技术、自动控制技术、运筹学、人工智能等学科成果综合运用于交通运输、服务控制和车辆制造，加强了车辆、道路和使用者之间的联系，从而形成一种定时、准确、高效的综合运输系统。

ITS由基础技术平台、整体管理平台和智能交通系统三大模块组成。基础技术平台主要由GPS、GIS、射频技术、网络系统等构成；管理平台则涵盖道路法规、道路建设等；智能运输系统主要由五个子系统构成，即先进的交通通信系统、先进的管理系统、先进的车辆系统、先进的公共运输系统和商用车辆运营系统。

目前我们对ITS的研究和利用主要集中在：提供交通信息服务、提供优化的道路交通管理服务、提供车辆安全控制服务、提供优化的商用车管理服务、提供优化的公交管理服务、提供紧急事件管理服务、提供电子收付费服务等、提供交通援助服务、提供灾难解决方案服务、提供交通数据服务。主要用于物流运输优化这一功能上。ITS的核心就是应用现代通信、信息、控制、电子等技术，如GPS、GIS、射频技术、网络系统，建立一个高效的物流运输系统。智能物流运输信息系统构成如图8-1所示。

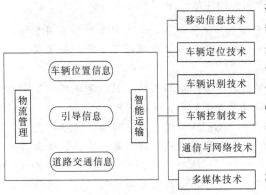

图8-1 智能物流运输信息系统构成

8.1.2 地理信息系统（GIS）

GIS（Geographical Information System）是以地理空间数据为基础，采用地理模型分析方法，适时地提供多种空间的和动态的地理信息，是一种为地理研究和地理决策服务的计算机技术系统。其基本功能是将表格型数据（无论它来自数据库、电子表格文件或直接在程序中输入）转换为地理图形显示，然后对显示结果浏览、操作和分析。其显示范围可以从洲际地图到非常详细的街区地图，显示对象包括人口、销售情况、运输线路以及其他内容。

（1）GIS的构成与功能

GIS由五个主要部分构成，即硬件、软件、数据、人员和方法。硬件是GIS所需的一切计算机资源，包括计算机、数字化仪、扫描仪、绘图仪、磁带机等。硬件可分为简单型、基本型、网络型。软件包括GIS运行所必需的各种程序，主要有处理地理信息的工具、数据库管理工具、支持地理查询、分析和可视化的工具以及GUI（图形用户界面）。数据是一个GIS应用系统最基础的组成部分，包括了空间数据和属性数据，空间数据的表达可以用栅格和矢量两种形式。人员既包括设计、开发和维护GIS的技术专家，也有使用该系统并解决专业领域问题的专家。方法是指空间信息的综合分析方法，即应用模型。

GIS具备了五种主要功能，即数据输入、数据显示、数据分析、数据操作、数据管理。图8-2是对GIS工作的简单描述。

GIS技术的发展，主要体现在技术的综合和软件技术分化，并在物流领域得到了广泛的

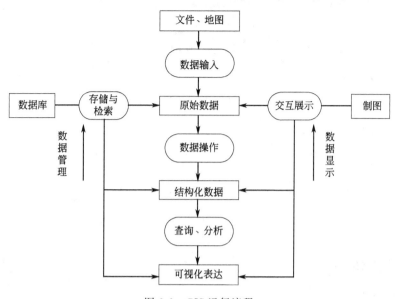

图 8-2 GIS 运行流程

应用。体现在 GIS 与其他信息技术的综合上：GIS 与 CAD 的结合；GIS 与遥感的结合；GIS 与 GPS 的结合；GIS 与 Internet 的结合；GIS 与现实技术的结合。

(2) GIS 在物流领域中的应用

GIS 应用于物流分析，主要是指利用 GIS 强大的地理数据功能来完善物流分析技术。在物流分析决策中，80％以上的决策信息与空间地理有关，并发挥着重要作用。国外一些公司已经开发出利用 GIS 为物流分析提供专门分析的工具软件。

① GIS 物流分析软件。

车辆路线模型。用于解决一个起始点、多个终点的货物运输中如何降低物流费用，并保证服务质量的问题，包括决定使用多少车辆、每辆车的路线等。

网络物流模型。用于解决寻求最有效的分配货物路径问题，也就是物流网点布局问题。如将货物从 N 个低温仓库运往 M 个商店，每个商店都有固定的需求量，因此需要确定由哪个低温仓库提货送给哪个商店，所耗的运输代价最小。

分配集合模型。可以根据各个要素的相似点把同一层上的所有或部分要素分为几组，用以解决确定服务范围和销售市场范围等问题。如某一公司要设立 X 个分销点，要求这些分销点覆盖某一地区，而且要使每个分销点的顾客数目大致相等。

设施定位模型。用于确定一个或多个设施的位置。在物流系统中，低温仓库和运输线共同组成了物流网络，低温仓库处于网络的节点上，节点决定着线路，如何根据供求的实际需要并结合经济效益等原则，在既定区域内设立多少个低温仓库、每个低温仓库的位置、每个低温仓库规模，以及低温仓库之间的物流关系等问题，运用此模型均能很容易地得到解决。

② GIS 在冷链物流中的应用。主要包括运输路线的选择、仓库位置的选择、仓库容量的设置、合理装卸策略、运输车辆的调度、投递路线选择等方面的决策。图 8-3 是基于 GIS 的配送管理系统结构。该系统将各种配送要求简化为订单，配送目的地简化为第二客户，系统集成了运输管理（包括冷链运输装备跟踪）模块，配送、装载及路线规划模型，客户配送排序模型等。模型能够对冷链配送任务进行组合分解，及时反馈冷链配送装备的运行情况，

最大限度地配送各方面资源,使易腐货物配送效果最优。

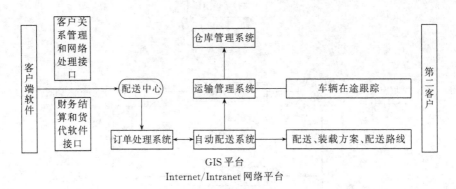

图 8-3 基于 GIS 的配送管理系统结构

8.1.3 全球定位系统(GPS)

(1) GPS 介绍

GPS(Global Position System) 是由美国国防部研制建成。该系统是新一代精密卫星导航和定位系统,由三大子系统构成:空间卫星系统、地面监控系统和用户接收系统。利用分布在距地面约 2 万千米高空的多颗卫星对地面状况进行精确定位和导航。

① GPS 适用于冷链运输领域的功能与优点。面对当今客户日益增长的冷链服务需求以及国内外冷链物流市场的激烈竞争,我国冷链物流企业采用高新科技手段如 GPS 以更好地迎接挑战。GPS 车辆动态定位功能将在这一行业的未来发展中发挥越来越重要的作用。

a. GPS 定位速度快、功能多、精度高、覆盖面广。具有全球性、实时性、全天候、连续、高精度的三维测速、导航、定位与授时能力,以及良好的保密性和抗干扰性。在全球任何位置均可进行车辆的位置监控工作,充分保障网络 GPS 所有用户的要求都能够得到满足。有力地保障了冷链物流运输企业能够在业务运作上提高反应速度,降低车辆空驶率,降低作业成本,满足客户需要。

b. GPS 具有车辆动态定位功能。实时反馈易腐货物在冷链运输途中的动态信息,从而能够提高运作效率、降低成本;增强对货物和司机的实时控制;方便顾客随时了解货物的运行状况;加强物流企业与顾客的交互行为;有利于对突发事件的有效处理。

冷链运输企业 GPS 的应用一般指网络 GPS,即在互联网上建立起来的一个公共 GPS 监控平台,同时融合了卫星定位技术、GMS 数字移动通信以及国际互联网技术等。信息传输采用 GMS 公用数字移动通信网,具有保密性高、系统容量大、抗干扰能力强、漫游性能好、移动业务数据可靠等优点。在开放度高、资源共享程度高的公共 GPS 监控平台上,冷链物流运输企业可以进入网络 GPS 的监控界面对车辆进行监控、调度、即时定位等多项操作,实现车辆实时动态信息的全程管理。

c. 实时监控功能。即在任意时刻通过发出指令查询运输工具所在的地理位置(经度、纬度、速度等信息),并在电子地图上直观地显示出来。

d. 实现在途透明化管理。根据客户需求,以系统定时自动信息提醒、人工电话、网络查询等方式对在途货物状态做到实时掌控。

e. 双向通信功能。即网络 GPS 的用户可使用 GSM 的话音功能与司机进行通话或使用本系统安装在运输工具上的移动设备——汉字液晶显示终端进行汉字消息收发对话。驾驶员通过按下相应的服务动作键，将该信息反馈到网络 GPS，质量监督员可在网络 GPS 工作站的显示屏上确认其工作的正确性，了解并控制整个运输作业的准确性（发车时间、到货时间、卸货时间、返回时间等）。

　　f. 动态调度功能。即调度人员能在任意时刻通过调度中心发出文字调度指令，并得到确认信息。

　　g. 路线规划功能。根据货物的种类、运送地、运输时间的不同，利用 GPS 技术，可以设计最佳行驶路线，包括最快的路线、最简单的路线、通过高速公路路段次数最少的路线等。路线规划好之后，利用 GPS 的三维导航功能，通过显示器显示设计路线以及车辆运行路线和运行方法。

　　h. 数据存储、分析功能。即实现路线规划及路线优化，事先规划车辆的运行线路、运行区域、何时应该到达什么地方等，并将该信息记录在数据库中，以备今后查询、分析使用。

　　② 网络 GPS 系统工作流程。当物流公司送出货物后，将提货单和密码交给收货方，并将货单输入网络 GPS 平台中，同时输入货单与货物载运车辆信息；载运车辆（装有 GPS 接收机）在运输途中实时接收到 GPS 卫星定位数据后，自动计算出自身所处的地理位置的坐标，后经 GSM 通信机发送到 GSM 公用数字移动通信网，并通过 DDN 专线将数据送到网络 GPS 监控平台上，中心处理器将收到的坐标数据及其他数据还原后，与 GIS 系统的电子地图相匹配，并在电子地图上直观地显示车辆实时坐标的准确位置。各网络 GPS 用户可用自己的权限上网进行自有车辆信息的收发、查询，在电子地图上清楚而直观地掌握车辆的动态信息（位置、状态、行驶速度等），同时还可以在车辆遇险或出现意外事故时进行种种必要的遥控操作。网络 GPS 系统工作流程见图 8-4。

图 8-4　GPS 工作流程

（2）GPS 应用

许多车载信息服务设备使用 GPS 来计算位置、速度和行动方向。GPS 是美国国防部管辖的 24 个卫星组成的基于卫星的导航系统。GPS 接收器和这些卫星中的几个通信（通常会有 12 个）并用信息传输时间差来计算距离，以进行三角定位。一般来说，GPS 的精确度是 15 米，但是使用了 WAAS（广域增强系统，Wide Area Augmentation System）后，精确度达到了 3 米。民用 GPS 使用 UFF 频带中的 1575.42MHz 的 L1 频率。GPS 需要晴朗的天空。接收天线可以通过玻璃、塑料和云层接收信号，金属、建筑和厚的植被会阻挡信号。

　　① 冷藏运输车辆定位管理系统。其是一个集成 GPS、温度检测技术、电子地图和无线传输技术的开放式定位监管平台。实现对冷藏车资源的有效跟踪定位管理，并将定位信息和企业的业务资源进行整合。冷藏车定位管理系统不仅为冷藏企业和外勤人员提供了一个高效、灵活的管理工具，同时还为冷藏企业创造了一种崭新、高效的管理和控制冷藏车辆资源的科学模式。产品适用于冷藏车厢内温度数据的采集传输、记录和超限报警，是冷藏行业运输车箱/货物温度监控的理想工具。

对此，根据企业的具体需求已研制出"RFID 冷链温度管理系统"及"GPS＋温度监控冷链管理系统"。通过先进的 RFID 技术、GPS 技术、无线通信技术及温度传感技术的有机结合，在需要恰当的温度管理来保证生鲜食品和药品质量的物流过程和生产流程管理中，将温度变化记录在"带温度传感器的 RFID 标签"上或"实时"地通过"具有 GPS 及温度传感功能的终端结合无线通信技术"上传到企业的管理平台，对产品的生鲜度、品质进行细致、实时地管理。可以简单轻松地解决食品流通过程中的质量监控问题。

② GPS 易腐货物跟踪系统。易腐货物跟踪系统有利于提高冷链运输企业的服务水平。从客户的角度，当需要查询易腐货物的相关信息时，只要输入易腐货物运输的发票号码，很快就可以知道易腐货物状态信息。从收货人的角度，可以提前获得易腐货物运送状态信息，及时做好接收准备。从冷链运输企业的角度，通过易腐货物信息可以确认货物是否能够及时、准确送达，提高了服务水平。因此 GPS 易腐货物跟踪系统的运用是冷链运输企业提供差别服务、获得竞争优势的重要手段。

③ GPS 冷链运输车辆温度实时采集系统。通过在冷藏车内几个不同温区安装的温度传感器，将温度传感器采集的冷藏车内温度，通过车载 GPS 终端的无线通信模块传送到 GPS 服务器上。在冷链运输中，GPS 冷链运输车辆温度实时采集系统可以灵活输出冷藏车内的温度报表，实时温度曲线，便于对冷链的运输环节进行全程温度监控，保证冷藏运输全程的温度要求。对方只要上互联网，就可以通过相应的监控平台，随时得到冷藏车内准确的温度信息，还可以将冷藏车内的温度信息输出报表，根据冷藏（冷冻）车内的温度等核算运价。

(3) GPS 与 GIS 的结合应用

GIS 应用于物流分析，主要是指利用 GIS 强大的地理数据功能来完善物流分析技术。GPS 在物流领域的应用可以实时监控车辆等移动目标的位置，根据道路交通状况向移动目标发出实时调度指令。而 GIS 和无线通信技术的有效结合，再辅以车辆路线模型、最短路径模型、网络物流模型、分配集合模型和设施定位模型等，能够建立功能强大的物流信息系统。

物流企业通过无线通信、GIS/GPS 能够精确地获取运输车辆的信息，再通过 Internet 让企业内部和客户访问，从而使整个企业的操作和业务变得透明，为协同商务打下基础。

8.1.4　RFID 车辆引导系统

RFID 车辆引导系统可对车辆所载货物信息、车辆进港后作业项目及作业信息进行识别以及场内指引（港内路径诱导）。电子车牌即电子标签，它一般固定在车辆前挡风玻璃的内侧，存有车辆身份信息，如车牌号、车辆自重、车型、所属车队等。阅读器和天线安装在车辆出入闸口处。

RFID 车辆引导系统的作用是实现冷链运输车辆自动识别、路径指示，无线信息实时交互，疏解交通压力、减少冷链运输车辆等待成本；实现目的地与货运、航运企业电子数据交换、处理，减少人工作业，减少人工押运，简化作业流程；缩短通关时间，提高通关效率；促进运输安全，与国际上加强货柜安全相关做法接轨。

8.1.5　车载信息服务

车载信息服务是一个集成计算机技术和移动通信技术的终端。在冷链中应用的车载信息服务包括冷藏车和拖车的远程通信设备。冷藏车的车载信息服务系统对监视冷藏车中的货物提供了一个完整的解决方案，比传统的卡车数据记录器或移动数据记录器具有更多的优点。

在每一辆车上安装车载终端,每一拖车随时都可以知道自己应去向何处做什么,没有人工指挥过程。必要时,如有多辆车参与的堆场上架(装船、移箱)作业,每一拖车随时都可以确认自己已清楚指令。

不论是指挥人员还是拖车司机,在计算机上都不需要针对某一车次进行输入操作,最多只需进行确认(堆场机械仍需登记车号)。由于作业需要,具体的场位可能会随时发生变化,当拖车司机了解时,就不需要盲目地跟随堆场机械,而只需停留在合适位置,更可以根据作业需要,从一条作业线改变到另一条作业线,甚至跨越作业线持续作业。

拖车可能会因为特殊原因进行不定长时间的作业,作业顺序不可能按照预定的顺序,系统可以按当前情况,将指令自动分配到空闲和可以作业的拖车上。除了单一的单装单卸,还可以支持边装边卸,同船不同桥吊混装卸,不同船混装卸,为管理者提供了更大的效率提升和成本降低空间!如果码头自己管理拖车,有降低拖车使用成本需求,则在使用自由模式、系统自动控制的情况下,减少空车行程成为可能。可以直观地监控到每条作业线上的拖车动态(空闲或多余),可以直接在计算机上改变预设模式,甚至交由系统自动调整,最大限度地在保持装卸速度的前提下,减少整体作业时间,或者减少拖车使用量。

第三方车载信息服务系统还可以读取冷藏车的参数。这些参数包括设置点(set point)、排风、回风、运行模式、临界报警、温度、时间表、电池电压、剩余燃料和货物感应器。

8.1.6 运输需求计划(TRP)

TRP(运输需求计划,Transportatione Requirement Planning)是物流运输管理系统中的新技术,该系统能使托运人和承运人共享有关冷链运输作业信息,从而提高易腐货物的周转率。TRP 可作为一个单独的系统,也可和 ERP(企业资源计划,Enterprise Resource Planning)系统联结在一起。图 8-5 中的模型说明了 TRP 系统中各信息系统之间的关系。该系统允许托运人、销售商、客户以及承运人之间的信息进行共享,有利于优化货运过程。该系统还可以利用远程数据库为承运人运费支付系统提供输入信息。

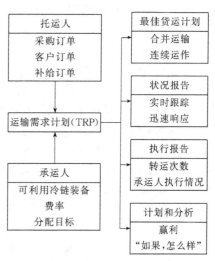

图 8-5 TRP 系统模型

8.1.7 卡车控制系统和数据记录

现代的卡车或者拖车的冷冻/冷藏单元装载的计算机控制系统,不但能够优化卡车和冷冻/冷藏单元的燃料消耗,还能根据产品和消费者的需求进行冷冻/冷藏单元的温度控制。在产品的温度管理中,运输者可以预设易腐食品的 10 种运输条件,从而确保货物在运输者或者客户要求的环境下运输。Fresh™是另外一种可选的控制系统,它能够在运输过程中对新鲜产品进行质量优化管理。这两种系统都可以与一个高性能的数据采集系统一起使用,记录运输过程中的参数,包括温度、设定点、运行模式和外在事件。

卡车上的数据也可以用来记录温度。在欧洲,运输过程需要满足 EC37/2005 和

EN12830 标准，这些标准要求提供运输过程满足温度控制的证据，并且需要持续记录一年。

欧盟标准 EC37/2005 对所有速冻食品设置了规定，要求必须符合 EN12830 的要求。EN12830 要求冷藏卡车上必须有单独的数据记录器来记录速冻食品的数据。数据记录器必须是独立的，不能是运输车上面的某个控制设备。

8.1.8 GPRS 网络

GPRS（通用分组无线服务技术，General Packet Radio Service）是基于 GSM（全球移动通信系统，Global System for Mobile Communications）的一种无线通信技术服务。通常被描述成"2.5G"移动通信技术。GPRS 的传输速率可提升至 56kbps、114kbps。

目前中国移动和中国联通分别拥有一个 GSM 网络，并在此网络上实现了 GPRS 服务。使得便利、高速的移动通信成为可能。

GPRS 具有 56~114kbps 的高速传输速度和永远在线功能，建立新的连接几乎无需任何时间，随时都可以与网络保持联系。另外其覆盖范围广，费用低廉。中国移动和中国联通的网络覆盖基本都可以使用，价格适中。

GPRS 网络基于 GSM 网络，即只要存在着 GSM 网络，理论上就可以构建 GPRS 网络服务。目前中国移动和中国联通基本上对原有的 GSM 网络进行了 GPRS 升级，因此，在 GSM 网络覆盖的区域都可能支持 GPRS 并支持远程监控服务。我国东部、南部绝大多数地方都已经属于 GSM 网络覆盖范围，并能支持 GPRS 服务。这部分地区也是我国人口密集地区和经济相对发达地区。这些地区的 GPRS 网络覆盖范围已经可以在区域内提供全面的冷链温度监控服务。

随着 GPRS 的飞速发展，使用 GPRS 进行无线通信的终端产品也纷纷被研发出来，并在无线远端监控中得到了广泛应用。虽然这些产品都是由一些中小企业研发出来，而且仍然处于发展阶段，但是由于它们具有灵活、成本低、良好融合移动或者联通公司网络的特点，近来也得到了较大范围的应用。这些产品有一个通用的名称叫做 GPRS 数据传输单元（data transfer unit），可以在互联网上查询到这些产品的类别和详细信息。通过与移动公司（中国移动或中国联通）的网络结合，可以利用这些设备实现无线数据传输，进行冷链数据的监控和记录。GPRS 数据传输单元是一个集成 GPS/温度检测技术、电子地图和无线传输技术的开放式定位监管平台。

8.2 冷链物流信息管理系统

现在的顾客越来越多地希望知道易腐货物原料的来源、能量值、贮存温度、生产及销售的日期、最佳食用期。冷链物流管理系统的目的在于对冷链物流过程中的信息进行管理、存贮、汇总、分析，从而得到易腐货物生产商、物流服务商、消费者所需要的相关信息，为生产经营、市场管理、政府决策提供服务。因此冷链物流信息系统的设计就必须做到对实时业务进行监控、数据整理与分析，做出正确决策。对于使用用户来讲，冷链物流信息系统的设计要做到对易腐货物相关信息的管理，对易腐货物进行冷链全程跟踪，对数据进行及时记录从而便于传递信息。

冷链物流信息系统承担着冷链物流中心的所有信息功能。任何来自市场以及生产厂商的需求都将在这里通过信息系统的广泛应用而得到快速响应。

冷链物流信息系统也可以适用于冷链中承担不同功能的仓贮企业、运输企业的冷链物流管理，包括第三方物流的信息管理系统。到目前为止，涵盖冷链物流信息系统需求的软件产品尚在开发和应用之中。

目前冷链物流信息系统主要由业务管理模块和企业管理模块两部分组成。本书着重介绍业务管理模块，如易腐货物仓贮管理以及仓贮作业管理、运输管理及运输作业管理，以及易腐货物配送。企业管理模块包括财务管理、人力资源管理等。见图8-6。

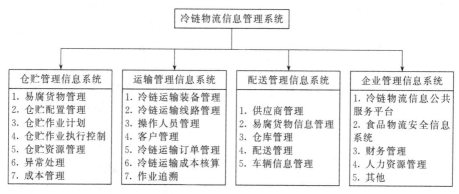

图 8-6　冷链物流信息管理系统

8.2.1　冷链物流仓贮信息管理系统

在物流领域中应用的仓贮管理以及仓贮作业管理系统一般称为仓储管理系统（Warehouse Management System，WMS）。随着客户对易腐货物需求的种类和数量增加，易腐货物的产成品结构越来越复杂，整个市场对易腐货物的个性化要求也越来越高。加之易腐货物本身的特性，如何存贮这些易腐货物，并实现可追溯，确定合理库存，最大限度地利用库房容积，以及如何安排冷库与冷库以及产地与销售点之间衔接过程中的装卸作业，以保证冷链"不断链"。另外，WMS系统还要支持仓贮内所有的自动化设备。

先进的冷链仓贮信息系统通过设计针对现场作业状态实时调整作业计划，可以有效地提供一类解决方案。生成计划主要考虑的因素有：冷库作业面积、贮位及贮位分配情况，易腐货物特性（是否对存贮和搬运装卸有特殊要求）、设备运行状况、作业时间限制以及客户等待时间、操作人员数及操作人员的训练程度等。另外某些WMS系统采用了Rulebase或Knowledgebase技术，将人们在实际仓贮作业中的优秀经验进行整合，使系统能够充分整合现有的仓贮资源从而达到最佳的冷链操作效率。

冷链物流仓贮作业管理的具体功能如下。

（1）易腐货物管理

易腐货物管理根据冷链物流的仓贮业务特点定位于以下几个方面。

① 易腐货物的属性与分类管理。一种方法是采用代码继承式分类，这种方式通过代码分段方式建立易腐货物的属性分类。主要代表性编码方案有国际物品编码协会的UCC（国际物品编码协会，Uniform Code Council）代码、UNSPSC（联合国标准产品和服务分类代码，United Nations Standard Products and Services Code）等。优点是相同属性的易腐货物在排序上归为一类，容易管理。缺点是随着易腐货物的种类增多造成代码过长、管理不便、浪费存贮资源。

另一种方法是采用属性结构表方式进行物料属性的定义。通过首先定义物料的分类及其分类属性，然后再定义属性值。典型的分类法是Nato Auslang。这种金字塔型结构的分类方法，可以做到物料代码的编撰与物料属性无关，分类可以无限增加。在统一数据库系统中表达不同属性描述类别，不存在字段过多的情况。

② 易腐货物的存贮描述。存贮描述包括存贮地区、低温仓库、低温仓库内的存贮区域以及货架贮位。易腐货物的存贮信息包括物料的存贮库存和在途库存。

(2) 仓贮配置管理

易腐货物的存贮条件需要进行配置，先进的仓贮管理能够对仓贮实体进行参数配置，实现对仓贮资源的识别和管理，需要配置的信息主要有仓贮编号、仓贮面积、贮位编号、贮位面积以及贮位存贮规则等。通过仓贮配置，可以根据实际作业需求制定优化的仓贮作业计划，实现对仓贮环境的高效利用。使有限的人力物力、仓贮面积得到充分利用。

(3) 仓贮作业计划

仓贮作业计划是通过采集易腐货物订单以及根据系统中的仓贮配置数据，结合系统中已经设定的作业规则，在规定的时间内完成仓贮计划。包括易腐货物的收货上架、拣货、补货、月台或码头装载等。

同时，冷链系统要求及时配送、顺畅流动以及全程质量管理。为实现这一要求，需要连续补货计划、供应商管理库存等现代物流管理技术。连续补货计划是利用及时准确的销售数据，根据零售商的库存信息和预先规定的补货程序确定补货数量和补货时间，以小批量多频率方式进行易腐货物的连续配送，提高库存周转率。供应商库存管理是冷链生产由企业对零售商等下游企业的流通库存进行管理和控制的供应链管理技术，利用供应商库存管理可以提高冷库利用率，降低冷链总成本。

(4) 仓贮作业执行控制

仓贮作业执行控制是对易腐货物冷链作业计划生成以后执行情况的管理。在作业执行方面，很多 WMS 系统都有比较先进的解决方案和相应的产品，如 EXE 的 Exceed，ES/LAWM 等系统，其中 ES/LAWM 还提供了基于打印工作指令的执行管理系统以适应自动化水平较低的仓贮作业环境。

(5) 仓贮资源管理

仓贮资源除了易腐货物之外，还包括仓贮结构、设备以及作业人员等。主要功能体现在仓贮结构合理配置，提高场地利用率；合理组织仓贮作业人员，合理安排工序，使作业效率最大化；合理调配仓贮设备，通过设备检修计划提高设备完好率。

(6) 异常处理

在实际操作过程中，由于易腐货物的特性和客户小批量、多品种的需求，冷链物流的仓贮管理非常复杂。在仓贮管理中，存在各种突发事件以及异常交易作业，因此需要设计一个完善的 WMI 系统来处理这些异常情况。

(7) 作业成本管理

易腐货物的冷链物流仓贮管理信息系统的主要目标是优化仓贮作业管理，实现低成本化、效率最大化。WMS 系统的主要管理对象是易腐货物，主要通过关注仓贮作业活动实现作业成本的可控和优化。而一般企业里采用的 ERP 系统（Enterprise Resource Planning，企业资源计划），是以物料成本为中心展开的成本控制管理活动，二者的实现手段不一样。随着第三方冷链专业物流服务形式的出现，专业、先进的 WMS 系统将提供更加全面的基于作业的成本管理功能，以便更好地进行优化管理，控制成本并提高效率。

8.2.2 冷链物流运输信息管理系统

(1) 冷链运输装备

冷链运输装备主要包括铁路、公路、航空及水路冷链运输工具。其中要管理的元素有运输能力（包括装载体积、重量）、运输速度、能源消耗计量等。运输业务包括外包服务，因此冷链运输资源还要包括冷链运输服务提供商的管理。

（2）冷链运输线路管理

冷链运输线路管理主要目的是建立冷链运输服务区域数据库。可分为区域型、线路型和混合型运输线路管理。运输线路的通畅是进行优化的基础，需要考虑站点之间的路径流量、高峰时间流量、站点之间发生事故的频率以及运输工具等因素。

（3）操作人员管理

因为易腐货物的在途运输会遇到许多意外情况，因此要综合考虑驾驶员的技能、操作经验值与人力资源成本之间的关系，合理定岗。

（4）客户管理

冷链运输管理的需求主要来自物流公司的运输需要、厂家送货需求以及客户提货需求。冷链物流公司主要是指第三方物流公司，包括货代企业。因此冷链运输管理系统主要针对不同的用户需求分别提供不同的运输服务。

（5）冷链运输订单管理

冷链运输管理系统根据用户的不同需求产生不同的运输订单，提供合理、成本最低的运输方案。根据运输订单运行运输的组合作业，可以提高运输效率。由此制订的运输计划安排的结果要最大程度地保证时效性、经济性及安全性。

（6）冷链运输成本核算

冷链运输管理主要关注可变成本中的能源消耗的影响因素，如路径长度、道路通畅能力、驾驶员操作技术以及气候原因等因素。

（7）作业跟踪

在实际的冷链运输作业中，作业跟踪主要是通过运输订单的回单收集、手机短信、GPS实现合理安排运输计划、减少空车营运、提高异常事件的处理应对能力。

8.2.3 冷链物流配送信息管理系统

供应商管理包括供应商名录更新，供应产品更新，以及对应查询等。

易腐货物信息管理主要是对采购或承运易腐货物的管理，包括易腐货物相关信息更新、库存货位或者配送车辆，发往客户所在地等。

仓库管理主要是低温仓库温度的设置与调节、库存控制、易腐货物盘点和货架管理，以及根据配送安排，将易腐货物调度出库发往客户所在地。

配送管理主要是易腐货物的管理，包括配送易腐货物的查询、添加、更新、检验，实现对易腐货物的装车、运输情况，发往目的地等信息的管理。

车辆信息管理主要是对冷链运输装备进行管理。车辆的数量添加、删除等操作以及根据配送路线优化方案进行统筹调度，安排合适的车辆为客户快速、经济、安全地提供所需的易腐货物。

8.2.4 其他信息系统

冷链物流信息公共服务平台是配合冷链配送业务，将所有冷链应用相关的信息公布到平台上对社会开放。该平台可以应用于冷链工程设计开发，整合冷链配送业务，与农产品电子商务于一体，解决冷链装备调控和回程缺货的问题，有利于合并运输、共同配送，提高农产品的冷链物流效率。

食品物流安全信息系统，可实现食品信息的可追溯性，保证食品从原料采购到送达消费者手中的全过程信息（如原料产地、加工配料、包装、贮运温度及有关作业信息）可追溯、透明。也包括相关的知识库、辅助决策支持系统及食品物流安全事故应急预案。

此外，还有适应冷链物流系统需求的财务管理、人力资源管理功能模块。

8.2.5 冷链物流信息管理系统应用

冷链物流信息管理系统是基于易腐货物的监控设备和网络服务的软件管理系统，对冷链所监测的数据进行存贮、查询和实时显示，协助冷链管理，对提高冷链运营质量有极大的帮助。这里介绍一些冷链信息系统。

Procuro 公司的 PIMM 服务，专门监控冷链的各个环节是否断链。它可以与不同的硬件对接，接收温度、GPS、能量消耗等数据并警报。这项服务不仅仅测量温度，同时引入了 Temperature-Minutes 的概念，根据不同产品在不同情况下评估所受到的温度损害。不同的企业根据其权限共享数据，提高了整个冷链的可视性。

比利时的 Rmoni 公司建立了自己的数据中心为其客户服务，这套系统的名称叫做 Sensor2Web。客户不需要建立自己的服务器就可集中查看下辖所有冷库、配送中心甚至车队的温度，同时可以看到温度监控设备是否有故障。如温度超出许可范围可立即通过电子邮件、SMS 发出警报。同时客户可以通过各种手提终端察看温度和接收系统警报。可以在浏览器上生成 PDF 格式的各种管理报表。由于 Rmoni 能通过 GPRS、LAN 等渠道主动将监控的信息发送到数据中心，使用 Rmoni 服务的企业不需要投资昂贵的防火墙设备。

总部位于德国的 EuroScan 公司的 EuroBase 系统也是较为先进的冷链信息管理系统。客户可选择自置服务器并安装 EuroBase 系统，对旗下车队进行全面监查。采集数据方式有手动上载、回到基地后通过蓝牙或 WiFi 上载和 GPRS 实时上载。客户可通过浏览器或 EuroBase 特有的软件查看管理报表，更可通过 EuroTrace 插件实时查看车队位置和状态，同时客户可以自己定义规则根据不同的情况生成警报。

NOLVATEK 有一个非常全面的环境监控软件，可以帮助客户满足最严格的国际环境及安全验证标准。它不仅监查温度，同时可以集中所有环境数据，根据其趋势预测任何可能发生意外的情况并发出警报。其全面的报表可以满足国际标准的认证要求。

有一些源代码开放的中央监控软件也可以实现冷链监控。这些软件可以提取数据采集硬件中的数据，并绘图显示。通常它们会被用来监控数据中心的数据流量，利用它们的功能进行温度监控的实时显示，能够起到很好的效果。

美国的 Freshdirect 公司，主要从事新鲜食品的供应链服务，其食物直接购自农场、牧场和渔场，进货都要进行严格的检验，食品价格低于食品店和超市的价格，客户可通过电话、互联网订货，公司将货物直接送到指定地点。

PIMMTM 冷（冻）链管理系统的目标是最大限度保证出口和本地分销的食品品质。像 QQ 一样容易使用，平时只占一个 icon 的位置，用浏览器便可设置所有参数。也可在智能手机浏览器上使用。食品处理流程涉及许多不同单位，可同时监测原料包装、原料运送、加工处理、成品运送、冷冻低温仓库、分销商等所有单位有否保持冷链标准。可以进行冷冻仓库温度监测。生成冷链合格等级综合报表、保证分销商及客户即时收到通知。图 8-7、图 8-8 是一个海产品的食品安全贮存期的例子，对于易腐货物的温度、时限、高品质货架期都有详细记录。

在公路/铁路物流、集装箱出口物流运输温度监测中，有车队管理、运输记录、PIMM 数据分析、PIMM 温度损害评估，促进各单位全面保全冷链。

Time at Holding Temperature	Holding Temperature (°F)										
	29	30	32	34	36	38	40	45	50	55	60 65
	Equivalent Age of Product in Days at 32°F										
2 hours	0.1	0.1	0.1	0.1	0.1	0.1	0.2	0.2	0.3	0.4	0.5 0.7
4 hours	0.1	0.1	0.2	0.2	0.2	0.3	0.3	0.5	0.7	0.9	1.1 1.3
6 hours	0.2	0.2	0.3	0.3	0.4	0.4	0.5	0.7	1.0	1.3	1.6 2.0
12 hours	0.3	0.4	0.5	0.6	0.7	0.9	1.0	1.5	2.0	2.6	3.3 4.0
18 hours	0.5	0.6	0.8	0.9	1.1	1.3	1.6	2.2	3.0	3.9	4.9 6.0
1 day	0.7	0.8	1.0	1.2	1.5	1.8	2.1	3.0	4.0	5.2	6.5 8.0
2 days	1.4	1.6	2.0	2.5	3.0	3.6	4.2	5.9			
3 days	2.1	2.4	3.0	3.7	4.5	5.3	6.3				
4 days	2.8	3.2	4.0	4.9	7.1	8.4					
5 days	3.5	4.0	5.0	6.2							
6 days	4.1	4.7	6.0								
7 days	4.8	5.5	7.0								
8 days	5.5	6.3	8.0								
9 days	6.2	7.1									
10 days	6.9	7.9									
11 days	7.6										
12 days	8.3										

Holding Temperature (°F)	High Quality Shelf Life	Edible Shelf Life
90	14 hours	1 day
60	1½ days	2½ days
42	3 days	6 days
32	8 days	14 days
30	10 days	17 days
29	12 days	20 days

Example			
	Actual Elapsed Time	Temp.	Equivalent Age at 32°F
Fish Caught	2 hours	60°F	0.5 days
Storage on vessel	3 days	34°F	3.7 days
Processing	12 hours	45°F	1.5 days
Distribution	12 hours	36°F	0.7 days
Retail case	1 day	38°F	1.8 days
TOTAL	5.1 days		8.2 days
Remaining high quality shelf life at		32°F	5 hours
Remaining edible shelf life at		32°F	5.8 days
		40°F	2.7 days

来源：美国 UC Davis 大学

图 8-7　某地区海产品的食品安全贮存期

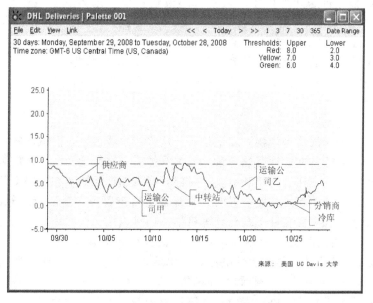

图 8-8　某集装箱出口物流运输温度监测

8.3　冷链温度监控

　　温度监视和跟踪能够让用户知道易腐货物在冷链流通中所处的条件和位置。监控设备监视冷藏/冷冻设备（比如冷藏卡车、低温仓库）的运行性能，以及易腐货物在运输过程中不同环境下的温度。监视跟踪易腐货物能够获得产品的整个温度历史记录，包括在产品中转和在途运输。监视冷藏/冷冻设备的一个附加好处是能够及时发现冷藏/冷冻设备的运行问题，比如贮存空间温度偏离设定值并及时进行解决。

下面介绍用于冷链温度监视、跟踪和控制的各种设备，包括简单的低成本的电子记录器和复杂的设备控制器。

8.3.1 货物监视设备

(1) 手持温度检测器/传感器

这种手持仪器是冷链中应用最多的基本设备。它们具有各种各样的形式，包括使用热电偶的无线探测器和一些新型电子温度计。它们需要手工操作来获取数据，包括将探头插入货物中或者手工打开电子温度计。这些设备具有准确、易用、相对便宜、购买方便等特点。

(2) 圆图记录仪

圆图记录仪发明于100多年前，通常被称为帕罗特图。设备记录在图纸上显示数据曲线并定期存档。这是采集和存贮数据的简单方法，因为原图记录仪可以被设计到各种各样的设备里面。这种方法的缺点是经常需要人手动更换纸笔，设备记录需妥善保存，自动化程度不高，有时会出现机械故障并导致记录不准确。

(3) 电子温度记录器

温度记录器有多种类型。包括单个构造和具有硬接线的探头设备。一些设备可以利用机械、模拟或者电子手段与控制系统连接。大多数设备利用可以感应温度的热电偶，然后用各种各样的方式进行存贮和显示。有一些记录器可直接在本地设备上显示温度，而另外一些则将数据传送到远程显示设备。不过这些设备通常也会存贮数据，并提供计算机程序的数据读取接口。也可以包含打印设备或者与打印设备相连来打印温度记录。

和其他的冷链监视技术一样，温度监视设备也具有各种各样的形式。例如，固定设备，安装在各种冷藏设备上面，比如冷藏库、冷藏运输车或者冷藏零售柜。也可以是移动式设备，主要用来跟踪一些易腐货物，从供应链的发货地到接收地全程监视。固定式和移动式监视设备，都可以重复使用。

(4) 货物温度记录器

在冷链中使用最广泛的是货物温度记录器。这些记录器很小，由电池提供能量，可以跟随货物记录温度。它们具有多种存贮容量，根据具体需求进行选择。可实施频率的记录和警报数据界限的更改。用户在货物装载出发的时候，将温度记录器装在运输空间或者和货物包装在一起。在运输过程中超出温度设置时，警报器会发出警报。温度记录器的时间/温度数据可以通过数据接口和桌面软件下载到计算机中。还可以用一些网络软件对数据进行处理以适应多种站点的应用。温度记录器的准确度较高：冷藏时误差是 0.6℃；冷冻时误差为 1.1℃。大多数设备使用的不是一次性电池，而电池寿命取决于具体使用情况（例如记录和下载频率），一般在1年左右。一些制造商销售一些一次性产品，这些产品的电池是不可更换的，通常具有更好的精度和电池寿命，能够适应一些要求较高的货物，比如药品。这种一次性温度记录器使用完毕后，由厂家提供回收服务。

(5) 产品温度记录的射频识别标志（RFID）

① 被动射频识别标志。射频识别标志和条形码技术比较相似。它由连接在微处理器上的天线构成，里面包含了唯一的产品识别码。当用户激活标志的感应天线时，标志将返回一个识别码。和条形码不同的是，射频识别可以容纳更多的数据，不需要可见的瞄准线（line-of-sight visibility）即可读取数据，并允许写入电脑。使用射频识别标志的最大问题是成本，每个射频识别标志大概需要5美分。也有一些新的制造技术，例如 Alien Technology 公司的 FSA（液体自动分布式）封装工艺，能够在很大程度上降低成本，射频识别技术还面临着可读性的挑战。含有金属和水的产品会减弱射频波，导致数据不可识

别。2.4GHz波段的射频识别标志不适合在水分较多的环境里使用。因为水分子在2.4GHz的时候发生共振，并且吸收能量，导致信号减弱。大多数射频识别是简单的被动标志。因为射频识别标志的主要目的是产品管理和跟踪，所以并不需要能量去操作温度传感器或者进行远程通信。

② 半被动温度感应射频识别标志。半被动标志保持休眠状态，被阅读器激发后会向阅读器发送数据。和主动式标志不一样，半自动识别标志具有较长的电池寿命并不会有太多的射频频率干扰。另外，数据传输有更大的范围，对半被动标志来说可以达到10~30m，而被动标志则只有1~3m。

③ 主动温度感应射频识别标志。主动识别标志同样有电池，不过跟半被动识别标志不一样，它们主动地发送信号，并监听从阅读器传来的响应。一些主动识别标志能够更好改变程序转变成半被动标志。

（6）利用射频识别技术的冷链监视

主动式温度感应射频识别标志能够用来提供更为自动化的冷链监视程序。它可以贴在托盘上或者货物的包装箱上（使用何种方式由成本决定），保存的温度记录在经过阅读器时被下载。阅读器可以放置在冷链运输的开始及中间的一些交接站。主动式温度感应射频识别标志为冷链温度监视提供了能够100%保存数据的解决方案。

8.3.2 冷链温度监控

为了维持高效、完整的冷链，需要在贮藏、处理和运输全过程中进行温度控制，在低温存贮设施和加工配送中心都需要安装温度监视系统。在监视之外，这些系统需要提供数据采集和警报等一些功能，确保货物能够一直处在合适的温度环境中。

（1）温度监视系统

自动型温度监视系统包括中央监视系统和网络数据记录系统。中央监视系统在各设备上装有远程感应器，组成一个网络并与输入设备连接。定制系统通常要满足特定的监视和记录功能需要，可以和远程监视、警报和报告系统整合在一起。另外一种类型是网络数据记录系统，这种类型的系统具有高度的分布式程度。多个数据记录器与各个设备相关联，每个记录器都有自己的感应器、存储器、时钟和电池。独立地记录各个设备的数据，并与计算机网络相连。这些网络的规模和配置都非常灵活，能让操作员简单地添加记录器或者将一个记录器从一个位置移动到另外一个位置，同时实现中央监视、报警和数据采集功能。

（2）监视和数据采集

实时数据采集的能力（容量和速度），反映了一个监控系统的监控能力和对故障反应的及时性。一些标准和认证也对数据的采集容量和速度进行了规定。同时，管理设备的职员也需要能够实时地获取这些信息，以确保冷链的完整性，并在故障发生时能够迅速维护，许多先进的系统和硬件能够同时允许本地监视和远程监视，本地监视通常简单地与PC连接而实现，远程监视则常常利用有线或者无线网络。

（3）温度控制规程

温度监控系统需要一个合适的规程来进行温度控制。这些系统都需要利用一个温度读取设备来读取冷藏或冷冻区域的温度。除了这些温度的监视和记录设备本身以外，还需要按照规程整合所有的温度记录。这些规程规定温度监控不仅包含产品的温度记录，同时也要记录运输工具（包括拖车、货车、容器以及有轨车等）的温度。规程还要求记录产品从一个处理环节转换到另一个处理环节的时间，例如从运输车到零售商或者其他物流中心的时间。这些步骤对保证冷链的完整性非常重要，一旦出现问题，能够迅速找到问题发生的时间和地点。

规程还规定，操作员需要定时对温度计或者其他设备进行校准，并对这些校准操作进行记录。校准记录包括所有的设备并能查到每次的校准时间。通常使用冰水对温度计进行校准，这个时候读数应该是0℃。

(4) 温度与湿度测量布置

合理的温度与湿度测量采样布置能够准确地反映货物所处的环境或者冷藏设备所处的工作状态。

当设计这个方案的时候，操作人员需要首先查明关键的布置区域。在很大的开放式冷冻/冷藏区域中，有几个区域温度特别容易波动。比如，距离天花板或者外墙很近的空间容易受到外界温度的影响；当冷藏门打开时，外界温度会对门附近的区域造成很大影响。棚架、支架或者集装架子区域，因为阻挡了空气循环，可能会有较高的温度点。上述重要区域需要使用设备进行监视。同时，为了进行对比，在冷藏/冷冻区域的出口区域、外部区域和冷藏/冷冻区域的不同高度区域都需要使用设备进行测量监视。许多设备的设计者还建议在蒸发器的回风处放置温度计，这样能够比较准确地反映室内空气的平均温度。在出口设置温度计的读数，通常比回风口低2~3.5℃。

在冷藏库中，一般推荐操作人员每隔900~1500m的直线距离放置一个监视设备。如果冷库由小的冷藏/冷冻室单元组成的时候，应该在每个单元里面都放置监视设备。一旦安装后，温度监视设备应该尽可能多地取样，以避免激烈的温度变化，但是这种取样也不能过于频繁，以免带来大量多余的数据，一般来说，每15分钟进行一次采样是比较合理的。

8.3.3 冷链监控规范与实例

(1) 中国冷链的温度监控规范

随着中国冷链市场的迅速发展，东部沿海发达地区的一些运作模式已逐步与国际接轨，也制定了一些冷链规范，其中对温度监控提出了较为明确的要求。

① 国家标准。我国颁布的国家标准《易腐食品控温运输技术要求》（GB/T 22918—2008）是国家统一执行的专业类六项冷链标准之一。该标准对易腐食品冷链运输的相关术语和定义、运输基本要求、装载要求、运输途中要求、卸货要求和转运接驳要求作出了详细规定，适用于易腐食品的公路、铁路、水路及上述各种方式的多式联运的运输管理。

② 行业规定。中国政府于2005年颁发的《疫苗流通和预防接种管理条例》中明确指出，从事疫苗批发经营的企业必须具有保证疫苗质量的冷藏设施、设备和冷藏运输工具；具有符合疫苗贮存、运输管理规范的管理制度；应对冷藏设施、设备和冷藏运输工具定期检查、维护和更新，以确保其符合规定要求。同时进行疫苗接种的单位也需要具有符合疫苗贮存、运输管理规范的冷藏设施、设备和冷藏保管制度。此后在2006年卫生部颁布的《疫苗贮存和运输管理规范》的第十六条中明确了温度记录的要求，规定疫苗贮存必须有温度记录，同时要求"疾病预防控制机构、疫苗生产企业、疫苗批发企业应对运输过程中的疫苗进行温度检测并记录。记录内容包括疫苗名称、生产企业、供货（发送）单位、数量、批号及有效期、启运和到达时间、启运和到达时的疫苗贮存温度和环境温度、运输过程中的温度变化、运输工具名称和接送疫苗人员签名"。可以看出，在疫苗的贮存和运输中，温度监控是强制的。

③ 地方标准。2007年上海市出台了我国冷链物流的第一个地方性标准DB31/T 388—2007《食品冷链物流技术与管理规范》，对食品的冷链流程、冷藏贮存、批发交易、配送加工和销售终端等流通环节的温度控制质量卫生管理要求提出规定，制定标准。规范明确要求运输用的冷藏车、保温车，车厢外部应设有能够直接观察的测温仪；同时测温记录应该在货

物交接的时候提供给接货人员；还规定了货物中转的时间限制。比如，冷冻产品应在15min内，冷藏产品应在30min以内装卸完毕。该规定还对食品整个冷链过程的温度控制进行了非常详细的规定。为了满足规范要求，必要的监视与记录技术和工具在食品冷链中应予以保证。因此可以预测，随着规范的贯彻实施，冷链物流设备中详细的温度记录、实时的温度监控设备将随之普及。

（2）固定冷藏设备的监控实例

某公司的冷冻设备监控中心在产品的某些关键部件上安装了温度或者其他一些参数的传感器，同时连接通信设备向监控中心发送实时监控的数据。

监控中心采用的监控手段多种多样。包括传统利用电话线拨号的方式建立点对点连接，将数据从设备传送到服务器。也可以采用电信公司提供的有线互联网络或者移动公司的无线网络的通信方式进行数据记录的传输和警报信息的发送。这些系统不仅提供了监视功能，在某些特殊的场合还能够实现远程控制。

通过远程监控的实现，针对客户的售后服务得到了极大的改善。所有设备出现的故障都能够在第一时间获取信息，并及时派遣工程人员进行处理或进行远程诊断处理，使得设备运行的可靠性有了保障。

（3）移动运输设备和产品温度监控

某公司在疫苗的运输中采用了非常完善的温度监控措施，所有疫苗都在2～8℃的环境下运输，在运输过程中，使用了TESTO公司的温度记录仪，对疫苗的配送起始时间和到达时间，以及这个过程中的温度变化曲线都作了详细的记录，在很大程度上保证了疫苗运输的安全。

我国食品行业的一些大型企业拥有成熟的低温冷链运输队伍。例如肉制品、乳制品行业的企业，都拥有自己的低温运送车队，并具有良好的运输调度系统，从产品出厂到消费者阶段，一直让产品处于低温状态，同时在运输过程中也利用温度记录仪进行全程的温度记录。

良好的物流体系需要完善的设备和操作能力强的实施者，同时也需要良好的监控系统进行管理。冷链中的温度需要进行全程跟踪监控。目前，我国的冷链市场还处于起步阶段，冷链运营者往往在冷藏/冷冻设备上有较大的投入，而温度监控跟踪却容易被作为一个附件而忽略。随着食品安全在社会中重视程度的不断提高、标准法规的健全，以及与国际接轨，在国外已经得到广泛应用的冷链温度监控必将在国内得到越来越多的应用，对冷链运营者、温度监控提供商以及温度监控设备研究机构，应该及早做好准备。

8.4 物联网与追溯技术

8.4.1 物联网

物联网（Internet of Things），被称为"物物相连的互联网"，把所有物品通过射频识别（RFID）、红外感应器、全球定位系统、激光扫描器等信息传感设备与互联网连接起来，进行信息交换和通信，实现智能化识别、定位、跟踪、监控和管理。物联网可以广泛地应用于公共管理、企业应用、个人和家庭应用几个方面，被称为继计算机、互联网之后，世界信息产业的第三次浪潮。

（1）物联网的内涵

物联网的概念首先由麻省理工学院（MIT）的自动识别实验室于1999年提出，当时被称为"传感网"。

2005年ITU(国际电信联盟，International Telecommunications Union)在突尼斯举行的信息社会世界峰会上发布了《ITU互联网报告2005：物联网》，正式提出了"物联网"概念。其实质是利用无线射频识别（RFID）技术，通过计算机互联网实现物品的自动识别和信息的互联与共享。

目前，世界各国的物联网发展基本上处于技术研究与试验期阶段。美、日、韩、中、欧盟等国家和组织都投入巨资深入研究探索物联网，并启动了以物联网为基础的"智慧地球"、"U-Japan"、"U-Korea"、"感知中国"等国家或区域战略规划。IBM的学者认为，"智慧地球"就是将感应器嵌入和装备到电网、铁路、桥梁、隧道、公路、建筑、供水系统、大坝、油气管道等各种物体中，并通过超级计算机和云计算组成物联网，实现人类与物理系统的整合。

连接到物联网的每个"物"都被期望具备地址标识、感知能力、通信能力和可控。物联网提供服务的特点是任何人（Anyone，Anybody）可以在任何时候（Anytime，Any context）、任何地方（Any place，Anywhere）、通过任何网络或途径（Anypath，Anynetwork）访问任何事（Anything，Any device）和任何服务（Any service，Any business）。因此，可以将物联网理解为"物-物相连的互联网"，"互联网的延伸与扩展"，"物理世界与信息世界的无缝链接"，也有的称为无所不在的"泛在网"和"传感网"。物联网的特点如图8-9所示。

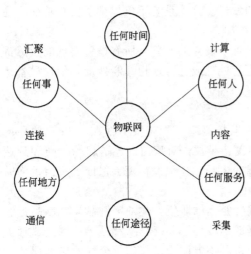

图8-9　物联网提供服务的特点

（2）物联网在冷链产业中的应用

物联网在冷链中的运用将导致冷链运输的智能化，即管理智能化、物流可视化及信息透明化，使冷链创造更多的价值。冷链产业中的生产商、物流商、销售商、消费者，不用付出任何成本，通过可接入互联网的各种终端，随时随地获知易腐货物状况，享受物联网技术带来的安全性和及时性等方面的变革。

物联网技术接口丰富，如无线终端、电子闸口、电子地磅、条码应用、电子标签和EDI接口等，可以进行实时监控。

物联网技术可以对冷链运输车辆进行自动识别，提高关口通过速度，减少集疏作业的拥堵现象，也可以对易腐货物进行跟踪。

在作业指导方面，物联网技术可以进行智能预警，通过对重要或异常数据的预警，提高管理的效率，规避风险。消息通知可对实效性要求高的信息进行即时提醒，加快作业效率。也可以进行柔性智能控制、统一指挥作业。

物联网技术的应用可以减少冷链中的冷库和分销点因劳动力雇佣所带来的人力成本，同时节约了大量的冷库和分销点监控成本。

（3）物联网技术在港口物流中的应用

港口口岸物联网是物联网的一个子系统，它利用各类传感、GPS定位、视频监控等技术采集港口物流的信息，并通过互联网把陆路客货运输、港口码头作业、堆场（园区）仓贮作业、物流装备等港口物流系统有机整合起来，为口岸管理部门和港航企业提供各类监管和生产信息。港口物流物联网技术主要体现在无线终端、电子闸口、电子地磅、条码应用、电子标签、EDI接口；支持手持终端操作、车载终端操作、EDI电子数据交换功能可产生自定义报文，与客户的信息系统进行资料交换。能够完成船舶管理、集装箱单证管理、堆场管理、场站管理、数据交换、客户管理、综合自动计费管理及数据统计分析等业务功能。港口信息物流系统主要包括客户管理子系统、船务管理子系统、码头堆场管理子系统、机械设备管理子系统、综合计费管理子系统、EDI管理子系统、查询统计子系统。

① 提高管理水平。码头管理系统的设计将行业知识固化到底层代码中，作为柔性智能控制的核心。在行业知识的基础上，对堆场、机械以及执行方式等参数进行自定义，也可自行增加翻箱规则、安全规则、执行规则。采集堆场策划、指定箱、特殊箱、CFS（集装箱货运站，Container Freight Station）、卸船、重进、空进、空出等各种类型的计划。通过对参数、计划的大量监控计算，提供每一时刻可选择的最优作业安排。建设电子闸口，实现集装箱箱号识别、车辆识别、放行控制、电子地磅、IC卡读写控制及后台数据比对系统，提高港口吞吐效率和海关放行速度。提高操作效率，节约操作成本。港内集装箱智能指挥系统通过对堆场指挥的经验总结和标准化、规范化管理，将知识通过系统予以管理，从而更好地融入计算机系统，运用先进的算法，根据堆场规划要求，对集装箱的进出港、装卸船等予以实时响应，动态管理，实现了计算机智能管理堆场集装箱，可以简化指挥过程，提高作业效率，降低作业成本。不论空车或重车，均能自动产生去向及作业内容。此外，应用物联网技术可实现无纸化办公，降低办公成本。

应用物联网技术可以进行查询统计，为管理决策提供正确的数据依据和市场分析数据；可以进行多条件查询统计；可以进行成本控制和经营管理，对收入和成本进行统计，形成收支报表；可以进行操作管理和异常分析；可以对码头的各种作业进行统计，如对吞吐量、周转率、翻箱率等进行统计；并对其中的异常数据进行提醒，如超期未提货柜；还可对客户的业务量、收入、利润进行汇总统计，形成客户报表，并对客户的等级进行维护。

② 涵盖码头业务管理。可以执行作业安排和人工干预。a. 集中控制的船舶调度：对船舶的预报、靠泊、装卸、移舶、离舶等操作进行集中调度。b. 智能的堆场管理：提供动态堆场图管理、堆场策划、柔性智能控制等先进的堆场管理方法。c. 全面的场站管理：提供拆装箱、掏箱、查验、过磅、打冷等场站管理模块。d. 全自动的计费管理：提供通用费率及客户合同费率的维护，系统自动获取码头作业信息实现自动计费。e. 强大的设备管理：提供机械的日常运行、维修、保养、定点检验等信息的维护及预警，备品的采购、领用、库存、流程控制多方位的管理，可有效地控制备品金额并结合码头作业情况计算机械作业的平均成本。f. 丰富的网站服务：客户可通过登录网站对货物的状态进行跟踪，并可实现网上对账。

③ 安全生产效应。应用物联网技术在安全生产方面的效应体现在：a. 可以减少车辆拥塞，提高交通安全公共信息交换平台的建立，提高通关效率，极大地缩短车辆的在途时间，减少了交通事故的发生，有利于市区交通的疏通。b. 可以减少中间流转作业，保证货物安全。智能化物联网技术在集装箱港口应用后可以实现货物运输的无缝连接，减少人工操作，有效避免货物破损、货物丢失等事故的发生，提高了货物的安全性。c. 可以简化人工检查，提高保安效率。智能化物联网技术在集装箱港口中的应用可以省却闸口保安检查程序，减轻保安工作强度，提高保安工作专业化，有利于集中精力维持货场安全防卫工作，提高保安效率。

④ 良好的经济效益。智能化物联网技术在集装箱港口应用后，可以极大提高物流操作的效率，降低船舶等待成本，缩短装卸准备、卸船计划的时间，从而降低港口作业成本。通

过应用物联网技术实现不间断作业,减少集装箱在闸口滞留时间,缩短港口平均周转时间,提高集装箱装卸效率。提高港口吞吐能力,从而增加港口营业收入。

物联网技术在港口物流中的应用也对周边产生了较好的社会效益。根据柔性智能控制、船舶调度等模块形成作业指令,统一指挥作业;通过对重要或异常数据的预警,提高管理的效率、规避风险;对实效性要求高的信息进行即时提醒,加快作业效率,提高码头与周边物流企业的操作协同,减少交通拥挤和不必要的物流操作,实现节能减排。

8.4.2 追溯技术

当今客户越来越希望知道产品原料的来源、能量值、贮存温度、生产和销售日期。有些食品加工企业已经建立了"全流程追溯体系",每一头生猪都配备唯一的"检验检疫及酮体追溯"条形码,真正做到"来源可追溯、去向可查询、责任可追究",所有产品百分之百合格方能出厂。

在冷链过程中需要跟踪和追溯一个或一组产品。可追溯技术关键之一是可追溯信息链源头信息的载体技术,由此产生和发展起来一门重要技术——标识技术。冷链全程中常用的标识技术有条码技术和 FRID 技术。目前,针对动物个体,在饲养场、屠宰加工厂经常使用 FRID 技术,在蔬菜等种植业产品上,主要运用条码技术。

(1)条码技术

条码技术在当今自动识别技术中占有重要的地位。条码技术属于自动识别技术范畴。

自动识别技术提供了快速、准确地进行数据采集输入的有效手段。条码是由一组宽度不同、反射率不同的条和空按规定的编码规则组合起来,用以表示一组数据和符号。包括一维条码如 EAN、UPC、39 码,交插 25 码和 EAN128 码等。其共同的缺点是信息容量小、需要与数据库相连,防伪性和纠错能力较差。二维条码是矩阵代码和点代码、包含重叠的或多行条码。

条码功能强大,输入方式具有速度快、准确率高、可靠性强等特点,在我国物流业得以广泛地应用。

① 应用于大型超市或购物中心。超级市场中打上条码的商品经光笔扫描,自动计价,并同时做好销售记录。相关部门可利用这些记录做统计分析、预测未来需求和制订进货计划。在这种情况下,一般会配套使用销售时点系统 POS 机(销售终端,point of sale)。POS 系统在物流中的应用通过以下流程实现:先将店内销售的商品贴有表示该商品信息的条形码(可能是 Bar Code,也可能是内部码)。然后在顾客结账时,收银机通过扫描仪自动读取商品条形码,通过店铺内的计算机确认商品的单价,计算顾客购买总金额,收银机打印出小票。随后各个店铺的销售信息通过在线连接方式传送给总部或物流中心。最后总部、物流中心和店铺利用销售信息来进行库存调整、配送管理、商品订货等作业。条形码与 POS 系统应用实例如图 8-10 所示。

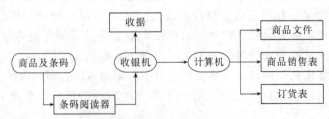

图 8-10 条形码与 POS 系统应用实例

② 应用于配送中心。订货信息先利用计算机网络从终端向计算机中心输入,然后通过

打印机打印，以条码及拣货单的形式输出。操作人员将条码贴在集装箱的侧面，并将拣货单放入集装箱内。在拣选过程中，集装箱一旦到达指定的货架前，自动扫描装置会立即读出条码的内容，并自动进行分货，极大地提高了配送效率和配送速度。

③ 应用于库存管理。在库存物资的规格包装、集装、托盘货物上应用条码技术，入库时自动扫描并输入计算机，由计算机处理后形成库存信息，并输出入库区位、货架、货位的指令；出库程序则正好相反。这样经过信息系统的分析处理，可精确地掌握并控制库存信息。

④ 应用于国际贸易。包括商品检验、进出口订货业务等均采用条码技术进行识别标签、定位入库等。

(2) RFID 技术

RFID（射频识别，Radio Frequency Identification）技术，是一种利用射频通信实现的非接触式自动识别技术（以下通称 RFID 技术）。

RFID 标签由电子标签、读写器、天线三部分组成。分类按可读性可以分为可读写、一次写入和只读标签；按能量供给方式可分为有源、无源和半有源标签；按工作频率可分为低频、中频和微波标签。

RFID 具有广阔的市场前景和巨大的经济推动力。其作为一种新的非接触性的自动识别技术，因为具有使用寿命长、读取数据大、数据可加密、存贮能量大和存贮数据可以更换等重要优点，因而在多种领域具有广泛的应用前景。其应用将给零售业、物流业带来革命性的变化，给未来世界经贸带来巨大影响。任何机器和物品从产品的生产、运输、存贮、销售到售后服务，将全面实现智能化管理，即全球建立起一个庞大的物联网，和目前的计算机网络、无线通信网、互联网一起构成新一代的数据和网络系统，人类经济和社会生活将会发生巨大变化。

① RFID 基本工作原理。电子标签进入工作区后，接收阅读器发出的射频信号并获得能量进而发送存贮在芯片中的有用信息，或主动发送某一频率的信号；阅读器读取信息解码后，传至后端的信息系统进行数据处理。RFID 基本工作原理如图 8-11 所示。

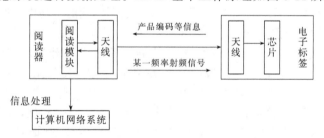

图 8-11　FRID 基本工作原理

② RFID 标准。RFID 标准包括技术、数据内容、一致性及应用方面的标准。国际上主要是 ISO 组织的 ISO/IECI8000、美国德尔 EPC Global 和日本的 UID（唯一标识符，unique identifier）几大阵营，现阶段 RFID 技术有多个全球标准。韩国有两个 RFID 标准。一个是商业行业制定的 CID（手机的平台版本，Customer Identity）标准，符合 ISO 要求，与 EPC（产品电子代码，Electronic Product Code）标准兼容；另一个是韩国信息通讯部提出的适应性标准 ITUI。日本的专家认为，RFID 技术的核心就是为每个产品设立一个独特的 ID，也就是为每个产品赋予一个 UID 代码，并且使各终端系统能够读取这些信息。

③ RFID 在冷链物流领域中的应用。RFID 标签具有体积小、容量大、寿命长、可重复使用等特点，具有很强的环境适应性，可支持快速读写、非可视识别、移动识别、多目标识

别、定位及长期跟踪管理。RFID 技术与互联网、通信等技术相结合，可实现全球范围内物品跟踪与信息共享。RFID 技术应用于物流、制造、公共信息服务等行业，可大幅提高管理与运作效率，降低成本。RFID 技术应用在物品的流通环节，实现物品跟踪与信息共享，彻底改变了传统的供应链管理模式，极大地提高了企业运行效率。具体应用方向包括仓贮管理、物流配送、零售管理、集装箱运输、邮政业务等。

RFID 技术在冷链物流领域应用的目标就是要保持易腐货物始终处于规定的低温状态，从而保证质量，减少物流过程中的损耗。因此，冷链物流过程对温度控制的要求非常高，任何一个环节的温度出现问题，都可能会造成物品的变质、腐烂或污染。由于信息更精确，企业及其联盟可以建立应用 RFID 技术覆盖全程冷链的冷链检测中心平台，有效控制全程冷链。

第一，应用 RFID、GPRS 等物联网技术提供低温仓库进出仓车辆、集装箱、货物的全程智能化管理，有助于提高低温仓库的作业效率，实现电子车牌一卡通。在卸载区域自动通知开门并自动登记；有效管理卡车通行，实时监控进出状态；缩短等待时间，提高运营的效率；优化卡车通行管理，加快物流过程，从而降低产品损耗、保证安全，提高企业收益。

第二，实现冷链中的温控。可以通过 RFID 技术的电子代码（EPC），监控集装箱内不同包装单位的不同温度，连续记录温度变化的数据和相应的时间，准确掌握冷链管理中最重要的运输环节中的温度变化。应用 RFID 技术，易腐货物在冷链全程都会被及时、准确地跟踪，并做到透明化。

基于 RFID 芯片的 EPC 码、追踪和分享产品信息的 EPC 全球网络，这两项技术使得全程冷链追踪和信息共享成为现实。EPC 码是一种组长加码编码，可以用独一无二的编码方式标示出所有的易腐货物。RFID 标签包含一块小型电脑芯片和一个无线装置的纸质或塑料标签，这套装置可以发射一组包含 EPC 码的射频信号。但 RFID 高昂的价格限制了它们的使用范围，仅限于一些昂贵的货物。这套装置可以扫描一个或者一组货物上的 EPC 编码，不需要直线扫描，可以从几米之外把编码和信息传送到联网的电脑中。联网软件可以管理并在整个冷链中共享这些易腐货物信息。

第三，实现易腐货物可追溯。比如生猪从养殖阶段出生开始，就为其配带载有其唯一 ID 号码的 RFID 标签，在饲养过程中采集并记录所有相关信息，应用动物射频芯片管理系统来处理生猪养殖信息，对单个生猪生长全过程进行记录，获取有关生猪的饲料、病历、喂药、转群、检疫等信息并进行数据分析和管理。在运输阶段养殖场将出栏猪通过固定的运输车辆运输，并且每车生猪的 RFID 标签通过读写器记录到动物产品 RFID 信息登记卡，并经生猪产品 RFID 检疫卡道口，经过检疫登记后前往指定屠宰场，数据通过专线传至管理中心。在屠宰阶段全过程都需要在挂钩上安装 RFID 芯片进行过程管理和追溯。采用标准芯片，封装后镶嵌进猪肉挂钩中，在挂钩流转的各个环节导轨两旁安装读写器。屠宰完成后，就将屠宰好的原始猪肉进行分割加工，采用原料上携带 RFID 继续追踪，凡需要对原料进行分切的环节，均对标签进行复制张挂，使识别号码跟随原料完成整个分割加工过程。在生产线末端，对完成加工的产品进行包装时，读取 RFID 标签中的信息，通过系统转换打印成条码标签贴在产品的包装上；在零售阶段，顾客通过推车上的"购物助手"，可以方便地找到需要的肉类产品；当顾客从货架上取下商品后，装有 RFID 的识读器的货架就自动记录货架上存货的情况，并及时通知仓库补货；店员不再多次搬运和扫描，当顾客将装有商品的推车推至收银台时，所购物品的清单和价格已经显示在电脑上；在走出店门之前，识读器在瞬间就可以实现商品的自动智能销售结算，并从顾客的结算卡上自动扣除相应的金额。

复习思考题

1. 请举例说明 GPS 在物流领域中是如何应用的。
2. 请阐述冷链物流信息管理系统的构成。
3. 简要阐述冷链温度监控系统包括哪些内容。
4. 举例说明物联网在冷链中发挥哪些作用。
5. 谈谈 RFID 技术在冷链物流领域的应用前景。

案例分析

北京奥运会的食品安全

北京市政府食品安全监督协调办公室新闻发言人接受新华社记者采访时透露，奥运会期间，北京未发生一例食品安全事故。

2008 年 8 月 7 日至 8 月 24 日，北京奥运食品安全保障团队驻奥运村、媒体村、主新闻中心、国际广播中心和各竞赛场馆监管人员，共监控供应运动员、随队官员、注册媒体记者早餐、午餐、晚餐、夜宵 170 多万份，无一例食品安全事故。各竞赛场馆、非竞赛场馆、训练场馆、奥林匹克大家庭饭店、贵宾饭店、运动员自选酒店、媒体酒店、奥运食品生产企业，共发出和接收食品原材料 4864 批次、4987 车次，也未发生食品安全事故。

北京市全面启用了奥运食品安全监控和追溯系统，将奥运食品备选供应基地、生产企业、物流配送中心、运输车辆、餐饮服务场所纳入监控范围，对奥运食品种植、养殖源头、食品原材料生产加工、配送到奥运餐桌，进行全过程监控和信息追溯。奥运会期间，共备案供"两村两中心"正餐、茶点和场馆工作人员盒饭菜谱 9843 个，涉及食品原材料品种 3564 种。目前，北京奥运食品安全追溯系统已归集数据 218 万条，涉及 151 家农产品生产基地和配送企业、22 家畜禽屠宰加工企业。

北京市还对运输途中的食品安全实行了严密监控，为 206 辆运送高风险的鲜活易腐食品的车辆安装了 GPS 实时监控和温度记录装置，对车厢实行电子签封，专车专人押运。8 月 8 日至 24 日，共监控食品运输车次 3838 次，未发现温度超标、车门非正常开启及偏离行驶轨迹等现象。

（资料来源：新华网，作者：刘浦泉）

思考题：在大型活动或突发事件时，应用追溯技术对食品安全有哪些作用？

参 考 文 献

[1] Sherri. D. Clark. 易腐货物冷链百科全书. 周水洪，欧阳军. 上海：东华大学出版社，2010.
[2] 刘南等. 交通运输学. 杭州：浙江大学出版社，2009.
[3] 武奇生，刘盼芝. 物联网技术与应用. 北京：机械工业出版社，2012.
[4] 陈长琼. 物流运输组织与管理. 武汉：华中科技大学出版社，2009.
[5] 刘佳霓. 冷链物流系统化管理研究. 武汉：湖北教育出版社，2011.
[6] 孙宏岭，周行. 物联网在猪肉供应链管理中的应用研究. 中国畜牧杂志，2010，46（8）：20-21.
[7] 何建崎. 基于物联网技术的易腐货物安全监控系统框架. 中国易腐货物物流产业，2012，(3)：21-22.
[8] 黄广文. 基于 RFID 和 EPC 物联网的水产品供应链追溯研究. 华南理工大学硕士论文，2011.
[9] 曾强等. 无线射频识别与电子标签——全球 RFID 中国峰会. 北京：中国经济出版社，2005.

英语缩写词汇索引表

C
CAC(Codex Alimentarius Commission，食品法典委员会) 153
CFS(集装箱货运站，Container Freight Station) 205
CID(手机的平台版本，Customer Identity) 207

E
EDI(Electronic Data Interchange，电子数据交换) 187
EPC(产品电子代码，Electronic Product Code) 207
ERP(Enterprise Resource Planning，企业资源计划) 24
EU(欧盟，The European Union) 153

F
FSA(Formal Safety Assessment，综合安全评价方法) 173
FTA(Fault Tree Analysis，事故树分析) 174

G
GAP(Good Agricultural Practices，良好农业规范) 24
GCCA(Global Cold Chain Alliance，全球冷链联盟) 22
GIS(Geographic Information System，地理信息系统) 24
GMP(Good Manufacturing Practice，良好生产规范) 24
GPRS(General Packet Radio Service，通用分组无线服务技术) 194
GPS(Global Positioning System，全球定位系统) 24
GSM(Global System for Mobile Communications，全球移动通信系统) 194
GVP(Good Veterinarian Practice，良好兽医规范) 24
GWP(Global Warming Potential，全球变暖指数) 39

H
HACCP(Hazard Analysis Critical Control Point，危害分析及关键控制点) 162

I
ISM(Interpretative Structural Modeling，解释结构模型) 175
ISO(International Standardization Organization，国际化标准组织) 24
ITS(Intelligent Transportation Systems，智能运输系统) 188
ITU(International Telecommunications Union，国际电信联盟) 204

M
MIS(Management Information System，管理信息系统) 24
MTO(Multimodal Transportion Operator，多式联运经营者) 17

O
ODP(Ozone Depletion Potential，臭氧消耗潜值) 39

R
RFID(Radio Frequency Identification，射频识别技术) 24

T
TEWI(Total Equivalent Warming Impact，总当量变暖影响) 39
TRP(Transportatione Requirement Planning，运输需求计划) 193

U

UCC(Uniform Code Council,国际物品编码协会) 195

UID(Unique Identifier,唯一标识符) 207

UN/ECE (United Nations Economic Commission for Europe,联合国欧洲经济委员会) 193

UNSPSC(United Nations Standard Products and Services Code,联合国标准产品和服务分类代码) 195

W

WAAS(Wide Area Augmentation System,广域增强系统) 191

WMS(Warehouse Management System,仓贮管理系统),195